Verbund Care Leaver Statistics (Hrsg.)
Teilhabe und Zukunftswünsche | Band 1 der Reihe Leaving Care

Verbund Care Leaver Statistics (Hrsg.)

Teilhabe und Zukunftswünsche

Ergebnisse der ersten Befragungswelle der CLS-Studie

Band 1

BELTZ JUVENTA

Gefördert vom:

Bundesministerium
für Bildung, Familie, Senioren,
Frauen und Jugend

care leaver statistics

Dieses Buch ist erhältlich als:
ISBN 978-3-7799-9255-4 Print
ISBN 978-3-7799-9256-1 E-Book (PDF)
DOI 10.3262/978-3-7799-9256-1

1. Auflage 2025 Band 1 Reihe Leaving Care

Verlagsgruppe Beltz
Werderstraße 10, 69469 Weinheim
service@beltz.de

Satz: Datagrafix, Berlin
Druck und Bindung: Beltz Grafische Betriebe, Bad Langensalza
Beltz Grafische Betriebe ist ein Unternehmen mit finanziellem Klimabeitrag
(ID 15985-2104-1001)
Printed in Germany

Weitere Informationen zu unseren Autor:innen und Titeln finden Sie unter: www.beltz.de

Inhalt

Vorwort

Verbund Care Leaver Statistics

Die Studie „Care Leaver Statistics: Soziale Teilhabe im Lebensverlauf junger Erwachsener – Eine Langzeitstudie" – im Folgenden auch CLS-Studie – ist die bisher größte trägerübergreifende Befragung junger Menschen in Pflegefamilien und Einrichtungen der stationären Hilfen zur Erziehung in Deutschland. Die Langzeitstudie untersucht über mehrere Jahre hinweg die Teilhabe im Lebensverlauf junger Menschen, die (eine Zeitlang) in einer Pflegefamilie, einer Wohngruppe oder in sonstigen betreuten Wohnformen gelebt haben. Jedes Jahr werden die Studienteilnehmenden dazu befragt, wie es ihnen in verschiedenen Bereichen ihres Lebens geht und welche Veränderungen sie in ihrem Lebensverlauf erleben.

Das Ziel der CLS-Studie ist es, Daten zum „Leaving Care" – zum Verlassen der stationären Kinder- und Jugendhilfe – zu erheben. Mit dieser Studie wird somit eine bedeutende Datengrundlage für die Weiterentwicklung der Kinder- und Jugendhilfe geschaffen. Zum Ende der Studie, voraussichtlich im Jahr 2030, werden Daten zu den langzeitlichen Lebensverläufen der Care Leaver*innen vorliegen, wie sie bisher in Deutschland noch nicht erhoben wurden. Die Befragungen im Paneldesign in bis zu sieben Befragungswellen mit einem Abstand von einem Jahr mit den gleichen Studienteilnehmenden dienen dazu, deren Situation sichtbarer zu machen, wobei der Schwerpunkt auf (der Frage nach) ihrer Teilhabe liegt.

Die CLS-Studie wird von einem Projektverbund durchgeführt, bestehend aus der Universität Hildesheim (Institut für Sozial- und Organisationspädagogik), dem Deutschen Jugendinstitut (DJI), der Gesellschaft für innovative Sozialforschung und Sozialplanung e. V. (GISS) und der Internationalen Gesellschaft für erzieherische Hilfen (IGfH). Die Langzeitstudie wird vom Bundesministerium für Bildung, Familie, Senioren, Frauen und Jugend (BMBFSFJ) gefördert.

Die Unterstützung durch stationäre Kinder- und Jugendhilfeeinrichtungen, Jugendämter, Pflegekinderdienste, Pflegeeltern und Dachverbände, Initiativen und Selbstvertretungen von Care Leaver*innen sowie interessierte (angehende) Care Leaver*innen ist besonders wichtig für das Gelingen der Studie. Ebenso die wissenschaftliche und fachliche Begleitung durch weitere Unterstützer*innen und insbesondere die Beiräte der CLS-Studie ist von großer Bedeutung für die Umsetzung der Studie, und hierfür kann ein besonderer Dank ausgesprochen werden. An oberster Stelle steht jedoch die Bereitschaft der jungen Menschen, an der Studie teilzunehmen. Dafür dankt das Team der CLS-Studie vor allem den Studienteilnehmenden ganz besonders.

Weitere Informationen zur CLS-Studie sind auch erhältlich über www.cls-studie.de und info@cls-studie. de

Warum Care Leaver Statistics? Eine Einordnung in die Kinder- und Jugendhilfeforschung und die Fachdebatte

Verbund Care Leaver Statistics[1]

Die stationären Hilfen zur Erziehung – also die durch die Kinder- und Jugendhilfe organisierten Vollzeitangebote des Aufwachsens von jungen Menschen in Pflegefamilien oder in Wohngruppen und anderen betreuten Wohnformen[2] im Rahmen unter anderem des Achten Sozialgesetzbuches (SGB VIII) – stellen eine der intensivsten staatlichen Interventionen in das persönliche Leben und die soziale Teilhabe junger Menschen dar. Damit übernimmt der Sozialstaat eine Verantwortung für die jungen Menschen und ihre Familien, die er in einem sozialen Rechtsstaat transparent zu legitimieren und auf der bestmöglichen Wissensbasis zu gestalten hat. Es wird von der Kinder- und Jugendhilfe zu Recht Auskunft verlangt über Leistungen und Strukturen dieser stationären Hilfen zur Erziehung und eine fachliche wie gesellschaftliche Verortung für diesen Bereich angefragt, wie staatliche Verantwortung für das persönliche Leben und die Teilhabe junger

1 Wir möchten uns zu Beginn des Buches bei Christian Erzberger, Maria Groinig, Andreas Herz, Andrea Pohling, Stefan Köngeter und Maren Zeller bedanken, die zu ganz unterschiedlichen Zeiten die CLS-Studie mitentwickelt und -ermöglicht haben und auch direkt und indirekt an diesem Buch – unter anderem an der Erarbeitung auch der Forschungshintergründe und -zugänge – beteiligt waren. Zudem danken wir Aïda El Yassem-Mastari für die Unterstützung bei der Erarbeitung dieses Buches.

2 In diesem Buch wird – neben weiteren verwendeten Begrifflichkeiten – auch von „Heimerziehung“ gesprochen, sofern es um historische Kontexte dieser Wohnform geht. In jeglichen anderen Kontexten wird von Wohngruppen und sonstigen betreuten Wohnformen, Einrichtungen der stationären Hilfen zur Erziehung oder Einrichtungen gesprochen. Dieser Begriffswahl liegt die Reflexion zugrunde, dass mit dem Begriff „Heimerziehung“ oder „Heimunterbringung“ verbundene Stigmatisierungs- und Ausgrenzungserfahrungen junger Menschen verbunden sind. Die kritische Rahmung des Begriffs „Heimerziehung“ wurde in den letzten Jahren vielfach diskutiert, sodass es beispielsweise in neueren Papieren aus der Fachszene der Kinder- und Jugendhilfe heißt: „Der Begriff ‚Heimerziehung‘ ist zur Kennzeichnung des Feldes mittlerweile umstritten und ohnehin historisch belastet. Gerade Kategorisierungen, von denen nicht nur aus der Betroffenensicht bekannt ist, dass sie Stigmatisierungen verstärken – wie zum Beispiel die des Heimkindes –, weisen auf die öffentlich wahrgenommenen Belastungen dieser Form der Hilfen zur Erziehung deutlich hin“ (Zukunftsforum Heimerziehung 2021, S. 12; auch Pluto/Schrapper/Schröer 2020, S. 5). Auch ein Ende 2024 von der Bundesregierung vorgelegter Kabinettsentwurf zum Gesetz zur Ausgestaltung der Inklusiven Kinder- und Jugendhilfe (Kinder- und Jugendhilfeinklusionsgesetz – IKJHG) beabsichtigt, die Begrifflichkeit zu verändern.

Menschen übernommen wird. Zudem wird berechtigterweise auch erwartet, dass die Hilfen nachhaltige Zukunftsperspektiven für die und mit den jungen Menschen gestalten.

Im Jahr 2023 wurden – zumindest zeitweilig – rund 215.000 Kinder und Jugendliche oder junge Erwachsene in Deutschland in Wohngruppen etc. und in Pflegefamilien betreut. Davon wurden rund 128.000 junge Menschen in einer Wohngruppe betreut, und weitere rund 87.000 Heranwachsende wuchsen in einer Pflegefamilie auf. Während die Unterbringung in einer Wohngruppe etc. im Schnitt 1,8 Jahre dauerte, waren es in einer Pflegefamilie 4,2 Jahre (vgl. Destatis 2024). Etwa 7,2 Milliarden Euro wurden 2022 für die Unterbringung junger Menschen außerhalb des Elternhauses in Vollzeitpflege, Wohngruppen oder anderen betreuten Wohnformen an öffentlichen Mitteln aufgebracht.

In den vergangenen zehn Jahren hat die intensive Diskussion um den Übergang ins Erwachsenenalter von sogenannten Care Leaver*innen – also Personen, die eine Zeitlang in ihrer Kindheit und/oder Jugend in staatlicher Verantwortung aufgewachsen sind – offensichtlich werden lassen, dass in Deutschland nicht sozialstatistisch erfasst wird, wie diesen jungen Menschen Teilhabe ermöglicht wird. In den allgemeinen Surveys zum Jugend- und jungen Erwachsenenalter ist die Gruppe der jungen Menschen, die in Wohngruppen oder Pflegefamilien aufgewachsen sind, nicht aussagekräftig repräsentiert. Zudem werden häufig die Kategorisierungen von stationären Hilfen zur Erziehung in den Surveys nicht entsprechend dem Stand der Kinder- und Jugendhilfeentwicklung differenziert vorgenommen (Erzberger et al. 2019). In der Forschung fehlen gleichzeitig Langzeituntersuchungen, die jenseits von Wirkungsanalysen Aussagen über die Teilhabe der jungen Menschen im jungen Erwachsenenalter machen und insbesondere auch das Aufwachsen in Pflegefamilien und Wohngruppen etc. in den Fokus nehmen. Dieser Bedarf an einer Langzeitbetrachtung wurde bereits von der Jugend- und Familienministerkonferenz der Länder vor zehn Jahren für das Handlungsfeld der Hilfen zur Erziehung (JFMK 2014) gesehen. Die Forderung nach mehr Langzeitstudien zu diesen Themen wurde ebenfalls vom Deutschen Verein für öffentliche und private Fürsorge (DV 2015) sowie der Arbeitsgemeinschaft Kinder- und Jugendhilfe (AGJ 2015) erhoben.

Gleichzeitig werden seit einigen Jahren beabsichtigte und nicht-intendierte Folgen und Nebenfolgen von sozialen Hilfen systematisch in der sozialpädagogischen Forschung untersucht wie zum Beispiel in Graduiertenkollegs der Deutschen Forschungsgemeinschaft an den Universitäten Siegen (Weinbach et al. 2017) und – bezüglich der Übergänge (Transitions) – in Frankfurt und Tübingen. Diese Kontexte verweisen ebenfalls auf die Notwendigkeit, nach den Folgen und Übergängen aus stationären Hilfen zur Erziehung und Ermöglichung und Verhinderung von sozialer Teilhabe zu fragen.

Die Ermöglichung diskriminierungsfreier sozialer Teilhabe junger Menschen ist für einen demokratischen und sozialen Rechtsstaat ein zentraler normativer

Bezugspunkt sozialstaatlichen Handelns – sowohl für die Gestaltung des Settings der Hilfen zur Erziehung als auch für die Begleitung und Unterstützung im jungen Erwachsenenalter sowie die weitere existenzielle und soziale Absicherung und berufliche Bildung. Entsprechend bedarf es differenzierten und empirisch fundierten Wissens darüber, wie Care Leaver*innen ihre Teilhabe gestalten und sich im jungen Erwachsenenalter gesellschaftlich positionieren können. Eine sozialstatistische Grundlage zur Teilhabe von Care Leaver*innen in Deutschland ist mit Blick auf die Fort- und Weiterentwicklung der Kinder- und Jugendhilfe sowie „angrenzender" sozialer Dienste und (Aus-)Bildungsinfrastrukturen zur Unterstützung der jungen Menschen daher dringend notwendig. Erst durch sie wäre – im Zusammenspiel mit anderen Untersuchungen und Evaluationen – eine datenbasierte Politikberatung zur Fortentwicklung der Kinder- und Jugendhilfe möglich.

Anschlüsse und Anregungen aus dem internationalen Forschungsstand

Die CLS-Langzeitstudie untersucht die Frage, inwiefern die Ermöglichung einer gleichberechtigten Teilhabe nach dem Verlassen der stationären Hilfen zur Erziehung gelingt (zum Teilhabekonzept der CLS-Studie: Brüchmann/Schäfer 2025 in diesem Band sowie Brüchmann et al. 2025). Die CLS-Studie knüpft dabei an den internationalen Forschungsstand an. Während Studien zu Langzeiteffekten der stationären Hilfen zur Erziehung aus einem internationalen Blickwinkel noch vor zehn Jahren ein Desiderat darstellten (Knorth et al. 2008), hat sich diese Situation zumindest in einigen Ländern geändert.

Seit den 2010er-Jahren liegen beispielsweise Langzeitstudien zu jungen Menschen vor, die ehemals vor allem in Pflegefamilien gelebt hatten: für die USA (Courtney et al. 2011; Okpych et al. 2018), für Australien (Muir et al. 2019; Purtell/Muir/Carroll 2019), Israel (Dinisman et al. 2013) und Schweden (Brännström et al. 2017; Forsman et al. 2016). Diese Entwicklung geht gegenwärtig auch in anderen Ländern weiter wie zum Beispiel in der Schweiz (Schmid et al. 2022).

Insgesamt basiert diese Entwicklung auf der Lebenslaufforschung im globalen Norden, in der seit den 1980er-Jahren das junge Erwachsenenalter – „emerging adulthood" (Arnett 2000) – zunehmend in den Fokus geraten ist und inzwischen als eigenständiger Lebensabschnitt analysiert wird. In Deutschland wurden die ersten Studien in den 1980er-Jahren durchgeführt: Dafür bilden unter anderem spätere Qualifikationen, wachsende Studierendenzahlen, entstrukturierte Übergänge in Arbeit, veränderte Wohnformen im jungen Erwachsenenalter sowie späteres Heiratsalter die empirischen Eckdaten (vgl. Müller 1990; Böhnisch 1992). Seit den 1990er-Jahren liegen europäische Vergleichsuntersuchungen (vgl. Walther 2000) vor, die sich insbesondere auf die „transitions to adulthood" und die sich in diesem Lebensabschnitt ergebenden Bildungsherausforderungen angesichts der Verschiebung des ökonomischen, qualifikatorischen und sozialen Verselbstständigungsprozesses ins junge Erwachsenenalter konzentrieren (vgl. Stauber/Walther 2013). Dabei wird auch auf die Bedeutung der familialen Unterstützungsressourcen im jungen Erwachsenenalter strukturell verwiesen (Du Bois-Reymond/Plug/Zeijl 2003). Entsprechend stellte sich auch in Deutschland die Frage, wie Care Leaver*innen den Übergang ins Erwachsenenalter gestalten, nachdem sie in öffentlich verantworteten Kontexten gewohnte und dort prägende Bildungs- und Erziehungserfahrungen gemacht haben.

So hat die Sachverständigenkommission zum 15. Kinder- und Jugendbericht der Bundesregierung 2017 (BMFSFJ 2017) die Bildungs- und Sozialpolitik aufgefordert, diese Veränderungen im jungen Erwachsenenalter systematisch anzuerkennen und die Konsequenzen für die Kinder- und Jugendhilfe zu ziehen. Im 15. Kinder- und Jugendbericht wurde Leaving Care als eine zugespitzte Konstellation dieses Übergangs beschrieben, in der sich die unterschiedlichen Herausforderungen des jungen Erwachsenenalters wie in einem Brennglas bündeln (Bundesjugendkuratorium 2021), da sie weniger durch familiale Netzwerke abgefedert werden: Care Leaver*innen befinden sich demnach im dritten Lebensjahrzehnt häufig in einer Lebenskonstellation, in der sie ohne weitere Unterstützung durch die Kinder- und Jugendhilfe und/oder die Eltern beziehungsweise Sorgeberechtigten den Statusdruck des Erwachsenenalters – Verselbstständigung, Selbstpositionierung, Qualifizierungsabschluss – erfahren, sich aber weiterhin in Bildungs- und Qualifizierungspositionen befinden, in denen sie noch nicht über eine ökonomische und arbeitsweltbezogene Selbstständigkeit verfügen (vgl. BMFSFJ 2017).

Ein Blick in die englischsprachige Forschung zum Prozess des Leaving Care, die sich seit den 1990er-Jahren entwickelt hat, zeigt, mit welchen Herausforderungen diese jungen Erwachsenen in Bezug auf Teilhabe konfrontiert sind, vor allem, welche Benachteiligungen sie erfahren. Insbesondere die Langzeitstudie von Courtney (die sogenannte Midwest-Study in den USA, Courtney et al. 2011)[3] kann im internationalen Kontext als Referenzstudie angeführt werden. Diese hat über neun Jahre hinweg die Lebensverläufe von circa 600 jungen Menschen vor allem aus Pflegefamilien untersucht und dabei deren Übergang im Hinblick auf zentrale Dimensionen erfragt – von der Wohnungs- über die Bildungs-, Ausbildungs-, Arbeits-, Einkommenssituation, soziale Beziehungen, Gesundheit bis hin zur Lebenszufriedenheit. Die Ergebnisse belegen langfristige Effekte, zum Beispiel eine zeitlich verzögerte Bildungsbiografie, die verdeutlichen, dass junge

3 Nach dem Vorbild der Midwest Young Adult Study ist CalYOUTH – die California Youth Transitions to Adulthood Study – eine Evaluation der Auswirkungen von AB12, dem California Fostering Connections to Success Act, auf den Übergang der jungen Menschen in das Erwachsenenalter. Bei CalYOUTH handelt es sich um eine Längsschnittstudie mit ungefähr 800 Teilnehmenden im US-Bundesstaat Kalifornien.

Menschen, die zumindest zeitweise außerhalb der eigenen Familie gelebt haben, in ihrem dritten Lebensjahrzehnt weiterhin damit konfrontiert sind, die Folgen der stationären Unterbringung in ihr persönliches Leben zu integrieren.

Forschungstraditionen zu den Effekten sozialstaatlicher Interventionen in Form von Wohngruppen und Pflegefamilien – ein kurzer Rückblick

Aber nicht nur aktuelle internationale Studien zu Langzeiteffekten der stationären Hilfen zur Erziehung zeigen die Notwendigkeit, Auskunft darüber zu geben, welche Folgen die Unterbringung in stationären Settings für die Teilhabe und Lebensgestaltung für junge Menschen haben können. Auch in Deutschland kann an Forschungen angeknüpft werden.

So wurde beispielsweise die Frage, welche Effekte mit der sozialstaatlichen Intervention, junge Menschen aus ihren Familien heraus in staatlich organisierte Obhut zu geben, verbunden sind, im vergangenen Jahrhundert von der empirischen Forschung immer wieder aufgegriffen (Fuchs-Kamp 1929; Vogel 1933). Die katamnestischen Studien, bei denen die sogenannte Lebensbewährung unmittelbar nach der „Heimerziehung“ im Mittelpunkt stand, (Pongratz/Hübner 1959; Raithel/Wollensack 1980; Schüpp 1978) waren für die Zeit typisch.

Danach gab es sowohl international als auch in Deutschland in den 1990er- und 2000er-Jahren Studien, die die unmittelbaren Wirkungen von stationären Hilfen zur Erziehung für die situative individuelle psychosoziale Lage in den Aufmerksamkeitsfokus der Kinder- und Jugendhilfeforschung stellten. Diese Wirkungsstudien zielen – pointiert formuliert – vor allem darauf ab, den Outcome während einer Intervention oder unmittelbar nach deren Abschluss zu erfassen (Baur et al. 1998; Macsenaere/Hiller/Fischer 2010; Schmid et al. 2022; Thompson et al. 1998). Insbesondere in der englischsprachigen Literatur lassen sich eine große Anzahl von sogenannten Outcome-Studien vor allem im Bereich des Pflegekinderwesens, aber auch und in geringer Anzahl zu institutionellen Settings finden (vgl. Überblick in Fernandez/Barth 2010; Knorth et al. 2008).

Diese Studien konzentrieren sich in erster Linie auf die Erhebung von Outcomes im Bereich der Persönlichkeitsentwicklung (Gehres 1997; Hansen 1994) und im Hinblick auf Veränderungen von sogenannten „Verhaltensauffälligkeiten“ (Schmid et al. 2022; Scholte/van der Ploeg 2006; Turner/Macdonald 2011). Sie zeigen, dass stationäre Hilfen zur Erziehung moderate positive Effekte auf die Persönlichkeitsentwicklung haben können, zum Beispiel im Bereich des Selbsterlebens von Angst und Minderwertigkeit (Hansen 1994). Die Befunde aus der Studie von Esser (2010) haben darüber hinaus förderliche und belastende Faktoren in einer retrospektiven Untersuchungsperspektive hervorgehoben: das Verstehen der Gründe für die Unterbringung, die Qualität der Beziehungen zu den Bezugspersonen, die Qualität der Gemeinschaft in der Einrichtung, die individuelle Förderung – aber auch die Stigmatisierung – als „Heimkind“ sowie Strenge und Ungerechtigkeiten. Eine weitere Differenzierung zentraler Faktoren konnte durch die Evaluation des Bundesmodellprogramms „Wirkungsorientierte Jugendhilfe“ herausgearbeitet werden (Albus et al. 2010). Hier werden aus professionstheoretischer Perspektive besonders die Bedeutung von Arbeitsbündnissen zwischen den jungen Menschen, ihren Familien und Fachkräften sowie die Möglichkeiten der Partizipation an der Hilfegestaltung in den Mittelpunkt gerückt.

Einen anderen Aspekt von Verläufen von Hilfen fokussieren Tornow und Ziegler (2012) in ihrer Studie zu Abbrüchen in stationären Hilfen zur Erziehung. Abbrüche werden vor dem Hintergrund der Merkmale der Vor- und Rahmenbedingungen der Hilfe sowie der Verlaufsmerkmale der Hilfe analysiert. Im Ergebnis zeigt sich unter anderem, dass das Abbruchrisiko von Hilfen stark altersabhängig ist. Weiterhin ist dieses Risiko besonders dann hoch, wenn eigentlich keine Alternative zur stationären Hilfe zur Erziehung besteht, die jungen Menschen stark „problembelastet“ erscheinen und bereits mehrere Hilfen durchlaufen wurden (ebd., S. 105).

Die umfangreiche Jugendhilfe-Effekte-Studie (JES), eine der wenigen prospektiven Längsschnittstudien in Deutschland, untersuchte die sogenannte „Gesamtauffälligkeit“ der Befragten (nach ICD-10), deren Funktionsniveau (die altersgemäße Wahrnehmung von Entwicklungsaufgaben) und die Belastungsfaktoren in deren Umfeld. Bei Beendigung der Hilfen wurde von der Forschungsgruppe eine mittlere Reduktion der „Gesamtauffälligkeit“ des jungen Menschen um 34,4 Prozent errechnet (Schmid et al. 2022). Erfolgreiche Hilfeverläufe werden insbesondere auf die Qualität der Leistungserbringung zurückgeführt. Die Kooperation mit dem jungen Menschen erweist sich als wichtiges Merkmal der Prozessqualität und ein differenziertes Leistungsspektrum als bedeutsames Merkmal der Strukturqualität.

Insgesamt konnten die Wirkungsstudien einen wichtigen Beitrag zum Beispiel zur sogenannten Hilfegestaltung und -passung (Graßhoff 2012) während der Hilfe leisten, doch es blieb die Frage nach der Teilhabe und den Folgen von stationären Hilfen zur Erziehung weitgehend offen. Dabei hat eine Studie von Bieback-Diel, Lauer und Schlegel-Brocke (1983) bereits die Herabsetzung des Volljährigkeitsalters 1975 zum Anlass genommen, danach zu fragen, ob Jugendliche aus der „Heimerziehung“ schon mit 18 Jahren auf den Übergang ins Erwachsenenalter vorbereitet sind, indem sie über entsprechende Bildungszertifikate verfügen. Als zentrale Ergebnisse werden der begrenzte schulische Erfolg der jungen Menschen und die mangelnden Ressourcen der Einrichtung, junge Menschen während der Hilfe auf Übergänge vorzubereiten, herausgestellt. 1990 legte Bürger eine sozialwissenschaftliche Analyse von Kriminalitätsverläufen und Teilhabechancen junger Menschen im Kontext öffentlicher Erziehung vor (Bürger 1990). Das Ergebnis war, dass die stationären Hilfen zur Erziehung keineswegs

Kriminalität beförderten oder Teilhabechancen der jungen Menschen beschränkten. Auch die vom Landeswohlfahrtsverband Baden (2000) durchgeführte Studie bestätigt diese Ergebnisse und zeigt zudem, dass mit längerer Hilfedauer die Ergebnisse der Hilfen im Hinblick auf Legalbewährung, gesellschaftliche Teilhabe und subjektive Zufriedenheit besser sind.

Integration der Hilfeerfahrungen in das persönliche Leben

Der Fokus vieler Forschungen in dem Feld der stationären Hilfen zur Erziehung lag über viele Jahre vor allem auf gesellschaftlich erwünschten Effekten. Dies wurde in Deutschland seit den 1990er-Jahren zunehmend kritisiert, da dadurch die subjektiven Wahrnehmungs-, Deutungs- und Handlungsmuster der jungen Menschen und ihrer Eltern kaum berücksichtigt wurden. Seitdem öffnete sich die Perspektive der Forschung und zog aus subjekt- und sozialisationstheoretischer Perspektive Kriterien mit heran, die sich stärker an der produktiven subjektiven Realitätsverarbeitung (Hurrelmann/Bauer 2007) und Erfahrungsintegration orientierten.

Paradigmatisch steht hierfür die Studie der Forschungsgruppe JULE (Baur et al. 1998). Der qualitativ angelegte Teil der Studie (45 Interviews mit ehemaligen Adressat*innen der Hilfen zur Erziehung vier bis fünf Jahre nach der Hilfe) zeigt, dass die Ehemaligen die eigene Lebenszufriedenheit sehr häufig mit den Themen in Bezug setzen, die auch in den Hilfen bearbeitet wurden (vgl. ebd., S. 517). Zu ähnlichen Ergebnissen kommt auch die lokale Dresdner Studie zur Lebensbewältigung und Lebensbewährung (Stecklina/Stichler 2006).

Das Forschungs- und Praxisentwicklungsprojekt „Ablösung und Integration: Übergänge in die Zeit nach dem Heim" untersucht Folgen und subjektive Relevanz der Unterbringung. Junge Menschen selbst wurden in einem Abstand von zwei Jahren zweimal zu ihrer Lebenssituation und ihren Erfahrungen mit dem und Sichtweisen auf das Leben in der Einrichtung befragt (Kress 2012). Im Vordergrund stehen Fragen nach Kompetenzen und Eigenschaften, die es wahrscheinlich erscheinen lassen, dass junge Menschen den biografischen Schritt von der Hilfe zur Erziehung in die Eigenständigkeit erfolgreich bewältigen, und nach notwendigen strukturellen Konsequenzen daraus mit Blick auf das Leben in den Einrichtungen der stationären Hilfen zur Erziehung. Es zeigte sich unter anderem, dass die jungen Menschen über ein recht klares Bild von einer zufriedenstellenden Zukunft verfügen, wobei sich dies in beruflicher Absicherung und dem Auf- beziehungsweise Ausbau von Beziehungen sowie einer Familiengründung ausdrückt (ebd.; Parchow 2023).

Diese Perspektive auf die soziale Integration in sozialen Beziehungen und Netzwerken wird auch in Forschungszugängen betont, die sich an Konzepten wie dem Capability Approach oder der Sense of Coherence orientieren. Ergebnisse aus dem Langzeit-Forschungsprojekt zur Handlungsbefähigung von Kindern und Jugendlichen in SOS-Kinderdörfern belegen zum Beispiel einen positiven Zusammenhang zwischen dem Ermöglichungsort Kinderdorf und den Indikatoren für eine Handlungsbefähigung von Jugendlichen in ihren sozialen Beziehungen auch über den Aufenthalt im Kinderdorf hinaus (Höfer et al. 2017; Rudeck/Straus 2014). Die hier erwähnten Studien haben einen neuen Zugang in der Forschung etabliert, der den Blick von der Intervention hin zur Rezeption der Intervention durch die Subjekte lenkt. Damit wird auch die Bedeutung des institutionellen Handelns für die weitere Teilhabe in der Zeit nach dem Leben in der Hilfe zur Erziehung als Forschungsfrage relevant.

Eine ähnliche Perspektive nehmen auch biografieanalytische Studien ein, die davon ausgehen, dass die Erfahrungen mit Hilfen zur Erziehung von den Kindern, Jugendlichen und jungen Erwachsenen zu einem Teil ihrer Biografie und biografisch integriert werden müssen (Zeller 2012). Die biografische Bearbeitung der Zeit in Wohngruppen und Pflegefamilien ist demnach davon geprägt, dass der Verarbeitungsprozess der Erfahrungen in diesen Settings dauerhaft und kontingent ist, er begleitet die jungen Menschen das gesamte Leben: Es geht nicht nur um die unmittelbaren Wirkungen des Settings, sondern darum, dass es im Lebensverlauf immer wieder zu neuen persönlichen und sozialen Interpretationen der Erfahrungen kommt, die mit stationärer Erziehungshilfe verbunden sind, und der Notwendigkeit, diese neu in die eigene Biografie zu integrieren.

Daran, wie gut es gelingt, eine Lebensphase außerhalb der bisherigen Familie in das Leben dauerhaft zu integrieren, lässt sich auch erkennen, inwieweit es gelungen ist, im Rahmen der Hilfen zur Erziehung für das Subjekt eine Öffnung seiner Lebensgeschichte (Kreher 2002; Reimer/Petri 2017; Winkler 2001) zu erreichen und somit auch die Möglichkeit zu erhalten, den eigenen Lebensweg zu verändern. In diesem Zusammenhang verweist eine Studie von Normann (2003), darauf, dass eine (zu) frühe Verselbstständigung der jungen Menschen für diese eine „Überforderung“ darstellt. Die Studien von Finkel (2004), Reimer/Petri (2017) und Ehlke (2020) zeigen unter anderem auf, dass der Passung zwischen den biografisch entwickelten Handlungs- und Bewältigungsmustern junger Menschen und den institutionellen Unterstützungsleistungen im jungen Erwachsenenalter eine zentrale Rolle zukommt. Ob die jungen Menschen einen eigenen Lebensentwurf entwickeln können, ist demnach maßgeblich von der erfahrenen Unterstützung ihres Selbstständigkeitsstrebens abhängig.

Studien, die junge Menschen mit Erfahrungen in Pflegefamilien und Wohngruppen oder sonstigen betreuten Wohnformen und ihre subjektiven Deutungen in den Mittelpunkt rücken, haben in den letzten dreißig Jahren die wissenschaftliche Auseinandersetzung mit den stationären Hilfen zur Erziehung um wichtige Dimensionen erweitert. Sie helfen, besser zu verstehen, welche hilfreichen Anregungen und hindernden Blockaden für die jungen Menschen spezifische Ausgestaltungen des Settings auslösen. Die Studien zeigen in ihrer Vielfalt und ihren unterschiedlichen Ansätzen, wie komplex die Frage nach den Folgen von diesen stationären Hilfen zur Erziehung ist und dass bei ihrer Beantwortung immer der jeweilige Kontext zu berücksichtigen ist. In einer inklusiven Perspektive wird es zukünftig darum gehen, wie durch stationäre Hilfen zur Erziehung Teilhabe am „regulären" institutionellen Gefüge des Aufwachsens nachhaltig ermöglicht wird.

Ausblick: Bereitstellung sozialstatistischer Grundlagen zur Teilhabe von Care Leaver*innen

Noch fehlen differenzierte Befunde dazu, wie junge Menschen die Erfahrungen aus Pflegefamilien und Wohngruppen etc. in ihr persönliches Leben integrieren und welche Teilhabeverläufe (Bildung, Arbeit, soziales Leben) mit und nach dem (zeitweiligen) Aufwachsen außerhalb der Familie von ihnen gestaltet werden. Dieses Defizit versucht die CLS-Studie zu bearbeiten.

Dabei kann die CLS-Langzeitstudie neben dem internationalen Forschungsstand in Deutschland an trägerbezogene Studien (SOS-Kinderdorfstudie: Höfer et al. 2017; Klein/Mascenaere 2019; Parchow 2023), themenbezogene (zum Beispiel Bildung: Zeller 2012; Arns et al. 2019; Strahl 2019; Kliche/Täubig 2023; Momm 2024) und auch an biografieanalytische Forschungen der letzten Jahre anknüpfen (zum Beispiel Finkel 2004; Kreher 2002; Normann 2003; Reimer 2017; Reimer/Petri 2017; Wieland 1992; Ehlke 2020).

Insgesamt weisen die Lebenslagen von jungen Erwachsenen in Deutschland heute vielfältige Entgrenzungen auf, und die Übergänge ins Erwachsenenalter reichen weit bis in das dritte Lebensjahrzehnt hinein und sind von vielfältigen Umbrüchen und Neu-Entscheidungsprozessen gekennzeichnet (BMFSFJ 2017). Diese Entgrenzung von Lebensläufen kann zu Unsicherheiten bei jungen Erwachsenen führen, weil entstehende Lebenssituationen nicht genügend durch das soziale Umfeld oder wohlfahrtsstaatlich abgesichert sind und Ungewissheiten in Übergangssituationen aufkommen, die nicht verlässlich in einen Erwachsenenstatus einmünden (Stauber/Walther 2016). Gerade bei jungen Erwachsenen werden heute die soziale Pluralisierung von Lebensverläufen sowie die Folgen normierter Altersbegrenzungen und Statuserwartungen an den Übergängen vom Jugend- zum Erwachsenenalter deutlich.

Der Teilhabebegriff (Brüchmann et al. 2025) der CLS-Studie fokussiert darum offen auf soziale Realisierungsmöglichkeiten der jungen Menschen in ihren Lebensverläufen. Die Teilhabe im Lebensverlauf junger Erwachsener wird beispielsweise mit Blick auf schulische Ausbildung, den Auszug aus dem Elternhaus in eine andere Wohnform, Beginn der beruflichen Ausbildung und der ersten Erwerbstätigkeit, den Übergang in eine Paarbeziehung, die erste gemeinsame Haushaltsgründung mit der/dem Partner*in, die Eheschließung und die Geburt eines ersten Kindes betrachtet. Insbesondere Bildung erscheint in der Lebensverlaufsforschung als eine zentrale Kategorie (Hillmert 2014).

Teilhabe wird dabei in der CLS-Langzeitstudie im Spannungsfeld zwischen subjektiver und objektiver Lebenslage sowie individuellen Aspirationen definiert: „Gefährdet (‚prekär') wird Teilhabe dann, wenn sich die äußeren wie verinnerlichten sozialen Anforderungen an die eigene Lebensweise und die tatsächlichen Möglichkeiten zu ihrer Realisierung auseinanderentwickeln. Diese Gefährdung schlägt in Ausgrenzung um, wenn Personen oder Gruppen dauerhaft, biographisch unumkehrbar von gesellschaftlich üblichen Teilhabeformen ausgeschlossen sind, die sie individuell anstreben" (Bartelheimer 2004, S. 53). Lebenslagen sind dabei „nicht einfach als Ursache-Wirkungs-Relationen" (Voges 2002, S. 263) zu beschreiben. „Vielmehr sind individuelle Lebenslagen sowohl die Ursache eines bestimmten Ausmaßes an gesellschaftlicher Teilhabe, als auch die Wirkung und zwar vermittelt über die Kategorie Zeit" (ebd.) im Lebensverlauf.

Die CLS-Studie leistet in diesem Zusammenhang einen grundlegenden Beitrag dazu, eine sozialstatistische Grundlage zur Teilhabe von Care Leaver*innen mit Blick auf die Fort- und Weiterentwicklung der Kinder- und Jugendhilfe und „angrenzender" sozialer Dienste und (Aus-)Bildungsinfrastrukturen zur Unterstützung der jungen Menschen zur Verfügung zu stellen.

Wir wünschen Ihnen viel Freude beim Lesen der ersten Ergebnisse. Kommen Sie gerne auf uns zu, wenn Sie Fragen und Anregungen haben: info@cls-studie. de oder www.cls-studie.de.

Literatur

AGJ (2015): Weiterentwicklung und Steuerung der Hilfen zur Erziehung. Empfehlungen der Arbeitsgemeinschaft für Kinder- und Jugendhilfe – AGJ. URL: https://www.agj.de/fileadmin/files/positionen/2015/Positionspapier_Weiterentwicklung_Hilfen_zur_Erziehung_NEU. pdf (abgerufen am 13.02.2025).

Albus, Stefanie/Greschke, Heike/Klingler, Birte/Messmer, Heinz/Micheel, Heinz-Günter/Otto, Hans-Uwe/Polutta, Andreas (2010): Wirkungsorientierte Jugendhilfe. Abschlussbericht der Evaluation des Bundesmodellprogramms „Qualifizierung der Hilfen zur Erziehung durch wirkungsorientierte Ausgestaltung der Leistungs-, Entgelt- und Qualitätsvereinbarungen nach §§ 78a ff. SGB VIII. Münster: ISA Planung und Entwicklung GmbH.

Arnett, Jeffrey J. (2000): Emerging adulthood: A theory of development from the late teens through the twenties. In: *American Psychologist*, 55, S. 469–480.

Arns, Melanie/Böttcher, Nastassia-Laila/Frey, Johanna/Lucka, Maria/Mangold, Katharina/Schröder, Julia (2019): Queere Familien. Eine Broschüre für sozialpädagogische Fachkräfte und Interessierte. Hildesheim: Stiftung Universität Hildesheim.

Bartelheimer, Peter (2004): Teilhabe, Gefährdung und Ausgrenzung als Leitbegriffe der Sozialberichterstattung. In: *SOFI-Mitteilungen*, 32, S. 47–61.

Baur, Dieter/Finkel, Margarete/Hamberger, Matthias/Kühn, Axel D. (1998): Leistungen und Grenzen von Heimerziehung. Ergebnisse einer Evaluationsstudie stationärer und teilstationärer Erziehungshilfen. Bonn.

Bieback-Diel, Liselotte/Lauer, Hubertus/Schlegel-Brocke, Ruth (1983): Heimerziehung – und was dann? Zur Problematik heimentlassener junger Erwachsener (ISS-Materialien 20). Frankfurt am Main: Institut für Sozialarbeit und Sozialpädagogik.

BMFSFJ (2017): 15. Kinder- und Jugendbericht. Bundesministerium für Familie, Senioren, Frauen und Jugend. Bericht über die Lebenssituation junger Menschen und die Leistungen der Kinder- und Jugendhilfe in Deutschland. URL: https://www.bmfsfj.de/blob/115438/d7ed644e1b7fac4f9266191459903c62/15-kinderund-jugendbericht-bundestagsdrucksache-data.pdf (abgerufen am 13.02.2025).
Böhnisch, Lothar (1992): Sozialpädagogik des Kindes- und Jugendalters. Eine Einführung. Weinheim und München: Juventa.
Brännström, Lars/Vinnerljung, Bo/Forsman, Hilma/Almquist, Ylva B. (2017): Children Placed In Out-of-Home Care as Midlife Adults: Are They Still Disadvantaged or Have They Caught Up With Their Peers? In: *Child Maltreatment*, 22 (3), S. 205–214.
Brüchmann, Katharina/Lips, Anna/Schäfer, Dorothee/Schröer, Wolfgang (2025) (i. E.): Teilhabe und Leaving Care – Care Leaver Statistics (CLS) als Dateninfrastruktur der Kinder- und Jugendhilfe-Teilhabe-Forschung (i. E.).
Bundesjugendkuratorium (BJK) (2021): Kindheit und Jugend in Zeiten von Corona. Konsequenzen für die aktuelle und zukünftige Kinder- und Jugendpolitik. Stellungnahme des Bundesjugendkuratoriums. München. URL: https://bundesjugendkuratorium.de/data/pdf/press/BJK_2021_Stellungnahme_Corona.pdf (abgerufen am 13.02.2025).
Bürger, Ulrich (1990): Heimerziehung und soziale Teilnahmechancen. Pfaffenweiler: Centaurus Verlagsgesellschaft.
Courtney, Mark E./Dworsky, Amy/Brown, Adam/Cary, Colleen/Love, Kara/Vorhies, Vanessa (2011): Midwest Evaluation of the Adult Functioning of Former Foster Youth: Outcomes at Age 26. URL: https://www.chapinhall.org/wp-content/uploads/Midwest-EvalOutcomes-at-Age-26.pdf (abgerufen am 13.02.2025).
Destatis (2024): Pressemitteilung Nr. 477 vom 17. Dezember 2014. URL: https://www.destatis.de/DE/Themen/Gesellschaft-Umwelt/Soziales/Jugendarbeit/_inhalt.html (abgerufen am 15.01.2025).
Dinisman, Tamar/Zeira, Anat/Sulimani-Aidan, Yafit/Benbenishty, Rami (2013): The subjective well-being of young people aging out of care. In: *Children and Youth Services Review*, 35 (10), S. 1705–1711.
Du Bois-Reymond, Manuela/Plug, Wim/Zeijl, Elke (2003): Young People's Perceptions on Youth and Adulthood. A Longitudinal Study from The Netherlands. *Journal of Youth Studies,* 6 (2), 127–144. URL: https://doi.org/10.1080/1367626032000110273 (abgerufen am 13.02.2025).
DV – Deutscher Verein für öffentliche und private Fürsorge (2015): Empfehlungen des Deutschen Vereins zur „Weiterentwicklung und Steuerung der Hilfen zur Erziehung". URL: https://www.deutscher-verein.de/de/uploads/empfehlungenstellungnahmen/2015/dv-10-14_hze.pdf (abgerufen am 13.02.2025).
Ehlke, Carolin (2020): Care Leaver aus Pflegefamilien. Die Bewältigung des Übergangs aus der Vollzeitpflege in ein eigenverantwortliches Leben aus Sicht der jungen Menschen, Weinheim und München: Juventa.
Erzberger, Christian/Herz, Andreas/Koch, Josef/Lips, Anna/Santen, Eric van/Schröer, Wolfgang/Seckinger, Mike (2019): Sozialstatistische Grundlage sozialer Teilhabe von Care Leaver*innen in Deutschland. Datenreport auf der Basis der Erziehungshilfeforschung und repräsentativer Paneluntersuchungen. URL: http://dx.doi.org/10.18442/068 (abgerufen am 13.02.2025).
Esser, Klaus (2010): Die retrospektive Bewertung der stationären Erziehungshilfe durch ehemalige Kinder und Jugendliche. Ein Beitrag zur Qualitätsentwicklung und Wirkungsorientierung. Universität zu Köln: Dissertation.
Fernandez, Elizabeth/Barth, Richard P. (2010): How Does Foster Care Work? International Evidence on Outcomes. London: Jessica Kingsley Publishers.
Finkel, Margarete (2004): Selbständigkeit und etwas Glück. Einflüsse öffentlicher Erziehung auf die biografischen Perspektiven junger Frauen. Weinheim und München: Juventa.
Forsman, Hilma/Brännström, Lars/Vinnerljung, Bo/Hjern, Anders (2016): Does poor school performance cause later psychosocial problems among children in foster care? Evidence from national longitudinal registry data. International Journal of Child Abuse & Neglect, 51, S. 61–71.
Fuchs-Kamp, Adelheid (1929): Lebensschicksal und Persönlichkeit ehemaliger Fürsorgezöglinge. Berlin: Springer.
Gehres, Walter (1997): Das zweite Zuhause: institutionelle Einflüsse, Lebensgeschichte und Persönlichkeitsentwicklung von dreißig ehemaligen Heimkindern. Opladen: Leske + Budrich.

Graßhoff, Gunther (2012): Pädagogische Passungsverhältnisse – reflexive Analysen im Kontext der Sozialpädagogik. *Zeitschrift für Sozialpädagogik*, 2012, Jg. 10, H. 1, S. 140–154.

Hansen, Gerd (Hrsg.) (1994): Die Persönlichkeitsentwicklung von Kindern in Erziehungsheimen. Weinheim: Deutscher Studien Verlag.

Hillmert, Steffen (2014): Bildung, Ausbildung und soziale Ungleichheiten im Lebenslauf. Zeitschrift für Erziehungswissenschaft, 17 (2), S. 73–94.

Höfer, Renate/Sievi, Ylva/Straus, Florian/Teuber, Kristin (2017): Verwirklichungschance SOS-Kinderdorf. Handlungsbefähigung und Wege in die Selbstständigkeit. Opladen: Sozialpädagogisches Institut des SOS-Kinderdorf e. V. (SPI).

Hurrelmann, Klaus/Bauer, Ullrich (2007): Einführung in die Sozialisationstheorie. Das Modell der produktiven Realitätsverarbeitung; Weinheim: Beltz Juventa.

JFMK – Jugend- und Familienministerkonferenz der Länder (2014): Beschluss am 22./23. Mai 2014 in Mainz, TOP 5.3: Weiterentwicklung und Steuerung der Hilfen zur Erziehung, Nr. 2, S. 1. URL: www.jfmk.de (abgerufen am 13.02.2025).

Klein, Joachim/Macsenaere, Michael (2019): Care Leaver – stationäre Jugendhilfe und ihre Nachhaltigkeit. Zusammenfassung der wichtigsten Ergebnisse. 1–2. URL: https://www.ueberaus.de/wws/bin/28571038-28572062-1-care_leaver_zusammenfassung_2019-10-15.pdf (abgerufen am 17.02.2025).

Kliche, Helena/Täubig, Vicki (2023): Schulen der Heimerziehung zwischen Exklusion und Inklusion. Weinheim: beltz Juventa.

Knorth, Erik J./Harder, Annemiek T./Zandberg, Tjalling/Kendrick, Andrew J. (2008): Under one roof: A review and selective meta-analysis on the outcomes of residential child and youth care. In: *Children and Youth Services Review*, 30, S. 123–140.

Kreher, Simone (2002): Sich anpassen und sich behaupten: Wie Kinder Fremduntergebrachtsein verarbeiten. In: Sozialpädagogisches Institut des SOS-Kinderdorf e. V. (Hrsg.): Glücklich an einem fremden Ort. Familienähnliche Betreuung in der Diskussion, S. 137–162.

Kress, Laura (2012): Übergänge in die Zeit nach dem Heim. Ergebnisse aus einem Projekt mit ehemaligen Jugendlichen aus den Erziehungshilfen. Diakonie Rheinland-WestfalenLippe e. V. URL: www.careleaver-kompetenznetz.de/files/diakonierwl-27ffprojektuebergaengeheimunterbringunglangzeituntersuchung2.pdf (abgerufen am 13.02.2025).

Landeswohlfahrtsverband Baden (Hrsg.) (2000): Praxisforschungsprojekt „Erfolg und Misserfolg in der Heimerziehung. Eine katamnestische Befragung ehemaliger Heimbewohner. Karlsruhe: Eigenverlag.

Macsenaere, Michael/Hiller, Stefan/Fischer, Klaus (2010): Outcome in der Jugendhilfe gemessen. Freiburg im Breisgau: Lambertus.

Momm, Manuela (2024): (Nicht) Jeder hat ein (Grund-)Recht auf Bildung!? Care Leaver und das Recht auf Bildung. In: *Zeitschrift für Sozialpädagogik ZfSp*, (1), S. 62–81.

Muir, Stewart/Purtell, Jade/Hand, Kelly/Carroll, Megan (2019): Beyond 18: The Longitudinal Study on Leaving Care Wave 3 Research Report: Outcomes for young people leaving care in Victoria. URL: https://aifs.gov.au/research/research-reports/beyond-18-longitudinal-study-leaving-care-wave-3-research-report (abgerufen am 17.02.2025).

Müller, Hans-Ulrich (1990): Junge Erwachsene in der Großstadt: Annäherung an Lebenslage und Lebensbewältigung einer sich neu ausdifferenzierenden gesellschaftlichen Gruppierung. München: DJI.

Normann, Edina (2003): Erziehungshilfen in biografischen Reflexionen: Heimkinder erinnern sich. Weinheim: Juventa.

Okpych, Nathanael J./Feng, Huiling/Park, Keunhye/Torres-García, Adrianna/Courtney, Mark E. (2018): Living Situations and Social Support in the Era of Extended Foster Care: A View from the U. S. In: *International Journal: Longitudinal and Life Course Studies*, 9 (1), S. 6–29.

Parchow, Alexander (2023): Bedeutung und Folgen von Heimunterbringung im Lebenslauf junger Menschen. Weinheim: Beltz Juventa.

Pluto, Liane/Schrapper, Christian/Schröer, Wolfgang (2020): Was bewegt die Forschung zur Heimerziehung? Stand und Perspektiven. Ein Positionspapier erstellt im Rahmen der Initiative „Zukunftsforum Heimerziehung“. Wissenschaftliche Dokumentation. Frankfurt am Main: IGfH Eigenverlag.

Pongratz, Lieselotte/Hübner, Hans-Odo (1959): Lebensbewährung nach öffentlicher Erziehung. Eine Hamburger Untersuchung über das Schicksal aus der Fürsorge-Erziehung und der Freiwilligen Erziehungshilfe entlassener Jugendlicher. Darmstadt: Luchterhand.

Purtell, Jade/Muir, Stewart/Carroll, Megan (2019): Beyond 18: The Longitudinal Study on Leaving Care Wave 2 Research Report: Transitioning to post-care life. URL: https://aifs.gov.au/sites/default/files/publication-documents/1812_b18_wave_2_final_report_0.pdf (abgerufen am 13.02.2025).

Raithel, Marga/Wollensack, Heinz (1980): Ehemalige Kinderdorfkinder heute. Eine katamnestische Untersuchung zur Lebensbewährung. München: Sozialpädagogisches Institut des deutschen SOS-Kinderdorfes.

Reimer, Daniela (2017): Normalitätskonstruktionen in Biografien ehemaliger Pflegekinder. Weinheim und Basel: Beltz Juventa.

Reimer, Daniela/Petri, Corinna (2017): Wie gut entwickeln sich Pflegekinder? Siegen: Zentrum für Planung und Evaluation Sozialer Dienste / ZPE.

Rudeck, Reinhard/Straus, Florian (2014): Verwirklichungschancen wahrnehmen – trotz unsicherer Lebensperspektiven. Vortrag auf der Jahrestagung der Gesellschaft für Gemeindepsychologische Forschung und Praxis (GGFP) in Benediktbeuern 24. Oktober 2014.

Schmid, Marc/Fegert, Jörg M./Schmeck, Klaus/Boonmann, Cyril (2022): Was wird aus Care Leavern? Ergebnisse einer Längsschnittstudie in einer Hochrisikostichprobe von ehemals außerfamiliär platzierten Jugendlichen. In: *Kindheit und Entwicklung*. Vol. 31 (1). S. 1–8.

Schmidt, Martin H./Petermann, Franz/Macsenaere, Michael/Knab, Eckart/Schneider, Karsten/Hölzl, Heinrich/Hohm, Erika/Pickartz, Andrea/Flosdorf, Peter (2002): Effekte erzieherischer Hilfen und ihre Hintergründe. Schriftenreihe des Bundesministeriums für Familie, Senioren, Frauen und Jugend. 219. Stuttgart: Kohlhammer.

Scholte, Evert M./Ploeg, Jan Douwe van der (2006): Residential treatment of adolescents with severe behavioural problems. In: *Journal of Adolescence*, 29, S. 641–654.

Schröer, Wolfgang/Stauber, Barbara/Walther, Andreas/Böhnisch, Lothar/Lenz, Karl (2013): Handbuch Übergänge. Weinheim: Beltz Juventa.

Schüpp, Dieter (1978): Verwahrlosung und Lebensbewährung: Analyse der Wirksamkeit therapeutisch-pädagogischer Heimerziehung bei neurotisch-dissozialen Jugendlichen. Essen: Dissertation Universität Essen.

Stauber, Barbara/Walther, Andreas (2013): Junge Erwachsene – eine Lebenslage des Übergangs? In: Schröer, Wolfgang/Stauber, Barbara/Walther, Andreas/Böhnisch, Lothar/Lenz, Karl (Hrsg.): Handbuch Übergänge; S. 270–290. Weinheim und München: Juventa.

Stauber, Barbara/Walther, Andreas (2016): Junge Erwachsene. In: Schröer, Wolfgang/Struck, Norbert/Wolff, Mechthild (Hrsg.): Handbuch Kinder- und Jugendhilfe. Weinheim: Beltz Juventa, S. 135–163.

Stecklina, Gerd/Stiehler, Steve (2006): Zivilgesellschaftlicher Status von Mädchen und Jungen in stationären Hilfen. Empirische Forschung über Erfahrungen von Mädchen und Jungen mit der Jugendhilfe. In: Bitzan, Maria/Bolay, Eberhard/Thiersch, Hans (Hrsg.): Die Stimme der Adressaten. Weinheim und München: Juventa, S. 91–105.

Strahl, Benjamin (2019): Heimerziehung als Chance? Weinheim: Beltz Juventa.

Thompson, Ronald W./Smith, Gail L./Osgood, D. Wayne/Dowd, Thomas P./Friman, Patrick C./Daly L., Daniel (1998): Residential Care: A Study of Short- and Long-term Educational Effects. In: *Children and Youth Services Review*, 18 (3), S. 221–242.

Tornow, Harald/Ziegler, Holger (2012): Abbrüche in stationären Erziehungshilfen (ABiE): EREV Schriftenreihe, 3. URL: https://aim-ev.de/sites/default/files/2012-3-SR-EREV-Ergebnisse-ABIE-Tornow-Ziegler.pdf (abgerufen am 13.02.2025).

Turner, William/Macdonald, Geraldine M. (2011): Treatment Foster Care for Improving Outcomes in Children and Young People: A Systematic Review. In: *Research on social work practice*, 21 (5), S. 501–527.

Vogel, Theodor (1933): Die Methoden der Bewährungsprüfung bei Fürsorgezöglingen. Langensalza: Beyer.

Voges, Wolfgang (2002): Perspektiven des Lebenslagenkonzeptes. In: *Zeitschrift für Sozialreform*, 48 (3), S. 262–278.

Walther, Andreas (2000): Spielräume im Übergang in die Arbeit. Junge Erwachsene im Wandel der Arbeitsgesellschaft in Deutschland, Italien und Großbritannien. Weinheim: Beltz Juventa.
Weinbach, Hanna/Coelen, Thomas/Dollinger, Bernd/Munsch, Chantal/Rohrmann, Albrecht (Hrsg.) (2017): Folgen sozialer Hilfen. Theoretische und empirische Zugänge. Weinheim: Beltz Juventa.
Wieland, Norbert (1992): Ein Zuhause – kein Zuhause: Lebenserfahrungen und -entwürfe heimatentlassener junger Erwachsener. Freiburg i. B.: Lambertus.
Winkler, Michael (2001): Auf dem Weg zu einer Theorie der Erziehungshilfen. In: Birtsch, Vera/Münstermann, Klaus/Trede, Wolfgang (Hrsg.): Handbuch Erziehungshilfen. Leitfaden für Ausbildung, Praxis und Forschung. Münster: Votum, S. 247–281.
Zeller, Maren (2012): Bildungsprozesse von Mädchen in den Erziehungshilfen. Weinheim: Juventa.
Zukunftsforum Heimerziehung (2021): Zukunftsimpulse für die »Heimerziehung«. Eine nachhaltige Infrastruktur mit jungen Menschen gestalten! Frankfurt am Main: IGfH-Eigenverlag.

Methodische Herangehensweise

Sibel Dönmez, Christian Erzberger, Martina Pokoj,
Eric van Santen

Zielpopulation der CLS-Studie

Im Zentrum des Erkenntnisinteresses der CLS-Studie steht, Wissen zu Teilhabeverläufen von Care Leaver*innen zu generieren, Erkenntnisse über Sozialleistungsstrukturen und -bedarfe zu gewinnen und zu klären, was junge Menschen im Übergang brauchen und was ihre Teilhabe fördert. Im Zentrum der Studie stehen damit Care Leaver*innen während und nach der Phase des Übergangs von der Kinder- und Jugendhilfe in andere Lebenszusammenhänge. Die Zielpopulation der CLS-Studie sind also junge Menschen, die zum Zeitpunkt der Einwilligung zur Studienteilnahme im Alter von 16 bis einschließlich 19 Jahren waren und in Pflegefamilien oder Einrichtungen der stationären Hilfen zur Erziehung gelebt haben. Wie sich in den Ergebnissen zeigt, lebte der Großteil (697 von 757) zum Zeitpunkt der ersten Befragung 2023 noch in den Pflegefamilien und Einrichtungen der stationären Hilfen.

Auswahlverfahren und Auswahlrahmen

Um die Zielpopulation für die Studie zu kontaktieren, wählte die CLS-Studie den indirekten Weg über die Wohnorte, die die jungen Menschen in absehbarer Zeit verlassen werden, das heißt Einrichtungen stationärer Hilfen zur Erziehung oder Pflegefamilien. Dies war notwendig, da es für die Gruppe der (angehenden) Care Leaver*innen[1] keinen vollständigen und unverzerrten Auswahlrahmen gibt, weder für junge Menschen in Pflegefamilien noch für junge Menschen in Einrichtungen stationärer Hilfen.[2] Mit Auswahlrahmen sind in diesem Kontext ein Register beziehungsweise

1 Die befragten jungen Menschen in diesen Orten des Aufwachsens in der Kinder- und Jugendhilfe sind de facto noch keine Care Leaver*innen, sondern größtenteils sogenannte Care Receiver*innen beziehungsweise Adressat*innen der Hilfen zur Erziehung, werden aber in Zukunft zu Care Leaver*innen. Daher sprechen wir im Folgenden hauptsächlich von Care Leaver*innen oder von (angehenden) Care Leaver*innen.

2 Dies nicht zuletzt, weil die Abgrenzung in den in manchen Bundesländern vorhandenen Listen zu den Einrichtungen zwischen a) Einrichtungen, b) einzelnen Teilen von Einrichtungen (zum Beispiel Wohngruppen) und c) Trägern nicht immer klar ist. Auch eine formale Abgrenzung von Einrichtungen stationärer Hilfen zur Erziehung über die Betriebserlaubnis ist nicht eindeutig, weil ggf. auch einzelne Angebote oder Wohngruppen innerhalb von Heimen beziehungsweise Häusern eine eigene Betriebserlaubnis haben können und dies in den einzelnen Bundesländern unterschiedlich gehandhabt wird (vgl. Pluto et al. 2024).

einschlägige Listen gemeint, in denen alle jungen Menschen der Zielpopulation verzeichnet sind und aus denen die Stichprobe hätte gezogen werden können. Insofern musste die Kontaktierung der potenziellen Studienteilnehmenden indirekt über die Einrichtungen respektive die Pflegekinderdienste[3] erfolgen. Vor dem Hintergrund des verfügbaren Budgets musste eine Auswahl von Einrichtungen stationärer Hilfen zur Erziehung stattfinden, in denen alle der Zielpopulation zugehörigen jungen Menschen zur Teilnahme eingeladen werden sollten.

Bei der Zielpopulation in Pflegeverhältnissen wurden alle jungen Menschen zur Teilnahme an der Studie eingeladen, weil nicht alle Pflegekinderdienste die Studie unterstützen konnten oder wollten und die Anzahl der (zukünftigen) Care Leaver*innen, die sich für die Studie angemeldet haben, unter den Erwartungen blieb. Im Folgenden wird daher nur der Auswahlprozess für die Einrichtungen der stationären Hilfen zur Erziehung dargestellt.

Anhand der Mikrodaten der amtlichen Statistik kann rekonstruiert werden, wie viele Kinder und Jugendliche insgesamt in Einrichtungen stationärer Hilfen zur Erziehung eines Jugendamtsbezirks wohnen, aber nicht, wie viele junge Menschen aus der Zielpopulation in welcher Einrichtung leben. Da aus Kostengründen eine regionale Klumpung der zu befragenden jungen Menschen notwendig war,[4] wurde auf das Stichprobendesign des DJI-Projekts „Jugendhilfe und sozialer Wandel – Leistungen und Strukturen" (o. J.) und auf eine Bruttostichprobe von 1.616 Einrichtungen stationärer Hilfen zur Erziehung zurückgegriffen. Die Einrichtungen dieser Bruttostichprobe wurden in einem zweistufigen Verfahren ausgewählt. In einem ersten Schritt wurde eine Stichprobe von Jugendamtsbezirken gezogen, welche mit 230 circa 40 Prozent der Jugendamtsbezirke in Deutschland umfasst.

Diese wurden mithilfe folgender drei Kriterien ausgewählt: (1.) Alle Bundesländer sind enthalten, (2.) Jugendämter aus kreisfreien Städten, Landkreisen und kreisangehörigen Gemeinden, die ein eigenes Jugendamt eingerichtet haben, sind ihrem Anteil an der Grundgesamtheit aller Jugendamtsbezirke in Deutschland gemäß vertreten und (3.) die Größe der Jugendamtsbezirke bezogen auf die Bevölkerungszahl (vgl. Gadow et al. 2013, S. 336). Für diese Jugendamtsbezirke wurde jeweils eine möglichst vollständige Liste aller Einrichtungen stationärer Hilfen zur

3 Untersuchungen zu dieser Organisationseinheit in den Jugendamtsbezirken zeigen, dass in manchen Jugendämtern nicht nur die verschiedenen Aufgaben der Pflegekinderhilfe von mehreren Organisationseinheiten erbracht werden, sondern diese Aufgaben zu einem geringen Anteil auch an freie Träger der Jugendhilfe übertragen werden (vgl. van Santen u. a. 2019, S. 68 ff.), was wiederum Folgen für die Kontaktaufnahme zu der mit Aufgaben der Pflegekinderhilfe befassten Einheit hatte (vgl. Abschnitt „Ablauf der Kontaktierung der Zielpopulation"). Im Weiteren wird trotzdem der Begriff „Pflegekinderdienst" verwendet. Gemeint ist damit die Organisationseinheit, in der die Interaktion des Jugendamts mit der Pflegefamilie beziehungsweise den Jugendlichen in Pflegefamilien organisiert wird.

4 Die Daten zur Zielgruppe sollten mittels CAPI erhoben werden. Die Kosten von CAPI liegen höher als die von anderen Erhebungsmodi wie CATI oder CAWI.

Erziehung erstellt. Um die Grundgesamtheit der Einrichtungen in den Stichprobenjugendamtsbezirken möglichst gut zu erfassen, war eine ausführliche Adressrecherche notwendig. Im Wesentlichen wurden dafür vier Wege beschritten. Der erste Weg war die Recherche auf den Internetseiten der Landesjugendämter, also der für die Betriebserlaubnis zuständigen Aufsichtsbehörden, nach dort veröffentlichten Adresslisten. Teilweise war dort auch die Einsicht der Adresslisten nach Kreisen möglich. War dieser Weg nicht möglich, wurden zweitens die zuständigen Stellen in den Landesjugendämtern angeschrieben und um aktuelle Adresslisten gebeten. Wenn diese nicht verfügbar oder unvollständig waren, wurde drittens auf kommunaler Ebene in den Stichprobenjugendamtsbezirken nach veröffentlichten Adressen recherchiert. Wenn dort keine Übersicht zu finden war, wurden viertens Adressen von Einrichtungen in den einzelnen Jugendamtsbezirken mittels einer Stichwortsuche in Internetsuchmaschinen zusammengetragen (zum Beispiel unter Angabe der Begriffe „Kinderheim" oder „Wohngruppe"). Die Listen von Landesjugendämtern und aus anderen Quellen enthielten nicht immer die Adressen von Einrichtungen, sondern zum Teil nur von Trägern[5] oder nur den Namen der jeweiligen Einrichtung ohne Angabe einer Adresse. Es waren dann weitere Recherchen notwendig. Nur in wenigen Fällen lagen vollständige Listen für die ausgewählten Stichprobenjugendamtsbezirke vor. Deshalb wurden anhand der Postleitzahl von selbst recherchierten Listen oder von Listen auf Landesebene die Adressen in den Stichprobenjugendamtsbezirken identifiziert (vgl. Pluto et al. 2024).

In einem zweiten Schritt wurde aus den einzelnen Listen der Einrichtungen in den ausgewählten Jugendamtsbezirken eine Auswahl getroffen, die sicherstellte, dass (1.) die Anzahl der ausgewählten Einrichtungen in den einzelnen Bundesländern dem Anteil der Einrichtungen in dem jeweiligen Bundesland in der Grundgesamtheit der Einrichtungen nach der Kinder- und Jugendhilfestatistik entspricht. Da die Zahl der existierenden Einrichtungen sich zwischen verschiedenen Jugendamtsbezirken stark unterscheidet und es beispielsweise in Großstädten viel mehr Einrichtungen gibt als in vielen Landkreisen, wurde (2.) eine Zahl von mindestens vier zu ziehenden Einrichtungen pro Jugendamtsbezirk (die aufgrund einer geringen Anzahl von Einrichtungen in einzelnen Jugendamtsbezirken nicht überall eingehalten werden konnte) festgelegt, um aus jedem Jugendamtsbezirk Einrichtungen zu berücksichtigen. Die Verteilung der restlichen Einrichtungen im gesamten Adresspool auf die Jugendamtsbezirke erfolgte zufällig, bis die angestrebte Zahl der einzubeziehenden Einrichtungen (Bruttostichprobengröße) erreicht wurde. In den nächsten drei Abschnitten wird beschrieben, wie die Kontaktaufnahme zu der Zielpopulation erfolgte und letztendlich die Stichprobe für die erste Welle gezogen wurde.

---

5 In einzelnen Bundesländern wurden nur die Adressen der Träger zur Verfügung gestellt. Als Begründung bezogen sich die angefragten Personen auf den Datenschutz.

Ablauf der Kontaktierung der Zielpopulation

Für die Vorbereitung der Kontaktierung der Zielpopulation war die Unterstützung der intermediären Organisationen – insbesondere der Fachkräfte in Einrichtungen und Jugendämtern, der Mitarbeitenden in den Pflegekinderdiensten sowie der Pflegeeltern – von großer Bedeutung. Nur mit ihrer Unterstützung war es möglich, viele junge Menschen, die der Zielgruppe angehören, mit den Einladungsbriefen zur Studie zu erreichen. Da angenommen werden kann, dass die Art der Weitergabe der Einladung an potenzielle Studienteilnehmende deren Motivation zur Teilnahme beeinflusst, wurde im Vorfeld bei den entsprechenden Stellen um aktive Unterstützung geworben. Diese sogenannte Feldpflege soll für die Studie und deren Inhalte sensibilisieren und zu einem hohen Commitment mit der CLS-Studie führen. Der konkrete Ablauf der Versendung der Einladungsbriefe wird im Folgenden beschrieben.

Abbildung 1 zeigt den allgemeinen Kontaktierungsweg von der ersten Kontaktierung der Einrichtungen beziehungsweise Pflegekinderdienste bis zum Erhalt der Einwilligungserklärung der angehenden Care Leaver*innen zur Teilnahme an der Studie. Die Kontaktierungswege werden getrennt nach Einrichtungen und Pflegekinderdiensten beschrieben, um die unterschiedlichen Herausforderungen bei der Kontaktierung sichtbar werden zu lassen.

Abbildung 1, Weg der Kontaktaufnahme mit Zielgruppe

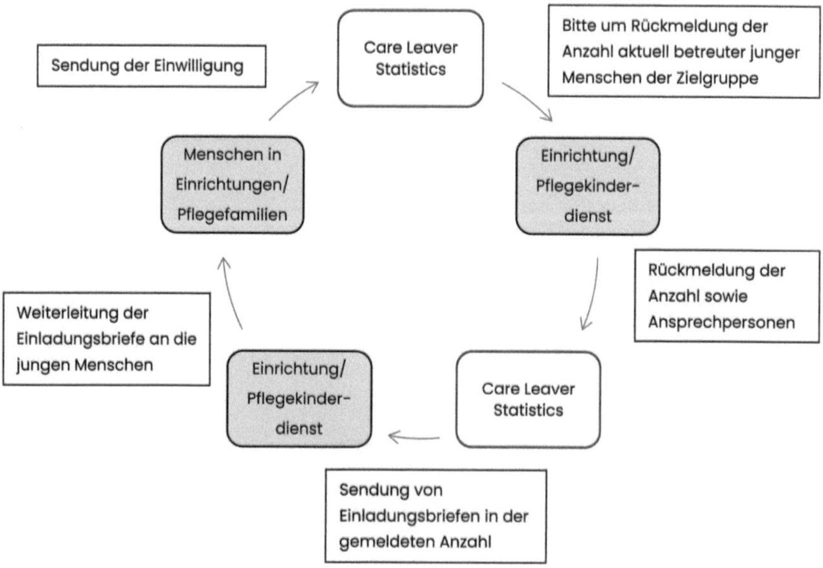

Quelle: CLS-Studie, eigene Darstellung

Weg der Kontaktaufnahme mit Einrichtungen

Zu Beginn des Kontaktaufnahmeprozesses wurden die recherchierten Adressen um E-Mailkontakte und Telefonnummern ergänzt. Dies erfolgte über Internetrecherchen. An alle Einrichtungen in der Stichprobe wurden ein Brief und eine E-Mail mit der Bitte um Unterstützung der CLS-Studie gesendet. Mail und Brief enthielten Informationen über die Studie und die Bitte, dem Studienteam die Anzahl derjenigen jungen Menschen zu nennen, die in ihren Einrichtungen leben und zwischen 16 bis einschließlich 19 Jahre alt waren. Dann konnte in einem nächsten Schritt die entsprechende Anzahl Einladungsbriefe, zur Weitergabe an die jungen Menschen, an die Einrichtungen gesendet werden. Es zeigte sich jedoch, dass diese vermeintlich einfache Anfrage, die erforderliche Anzahl an Einladungen zurückzumelden, aufgrund der zuweilen komplexen und sich zwischen den einzelnen Trägern und Einrichtungen erheblich unterscheidenden Strukturen nicht immer einfach zu erledigen war: Beispielsweise gab es Rückfragen, ob sich die Anfrage ausschließlich auf eine gemeinsame Adresse beziehen würde oder auch die jungen Menschen, die in Außenwohngruppen, Wohnungen des betreuten Wohnens oder anderen Angeboten des Trägers unter einer anderen Adresse leben, einbezogen werden sollen. Eine weitere Herausforderung ergab sich dadurch, dass die Ansprechpersonen für die CLS-Studie, an die die Einladungsmaterialien gesendet wurden, aufgrund ihrer Funktion (zum Beispiel Bezirksleitung) die Einladungen an Fachkräfte, die im unmittelbaren Kontakt mit der Zielperson stehen, weitergeben oder für sie hinterlegen sollten. Dies konnte dazu führen, dass insbesondere Informationen zur Relevanz der Studie nicht bei allen Fachkräften und somit auch nicht bei den jungen Menschen ankamen. Komplexe Arbeitszusammenhänge und hohe Arbeitsdichte führten vermutlich zum Teil auch dazu, dass Informationen zur Studie die Fachkräfte gar nicht erst erreichten oder dass Einladungsbriefe für junge Menschen nicht rechtzeitig weitergegeben wurden.[6] Im CLS-Team wurde darauf mit einer Intensivierung telefonischer Kontakte zu den Einrichtungen reagiert, weitere Ausführungen dazu finden sich im Abschnitt zur Stichprobengröße und Ausschöpfung der Einwilligungserklärungen.

Es wurden zudem Online-Informationsveranstaltungen für Fachkräfte organisiert, um diese über die CLS-Studie zu informieren und um Unterstützung bei der Verbreitung der Einladungsmaterialien anzubieten. Hier zeigte sich, dass (manche) Ansprechpersonen die E-Mails an Kolleg*innen weitergeleitet haben, die sich dann um die Weitergabe der Briefe gekümmert haben. Das Angebot, in

6 Wenngleich in der CLS-Studie keine Daten zu den Gründen des Stockens der Weiterleitungsprozesse der Einladungsschreiben oder einer Nicht-Weiterleitung der Briefe erhoben werden, wurden in Telefonaten mit den jeweiligen Trägern oder Wohngruppen die genannten Gründe angesprochen.

Einrichtungen in Präsenz vorzusprechen und den jungen Menschen die Studie vorzustellen, stellte für die Träger keine Möglichkeit dar, da es viel Aufwand für sie gewesen wäre, alle infrage kommenden jungen Menschen zu einem Termin an einen Ort zu bringen. Es folgten weitere Erinnerungsmails und auch Telefonaktionen, bei denen versucht wurde, alle Einrichtungen zu erreichen, die bis dahin noch keine Anzahl der von ihnen betreuten potenziellen Studienteilnehmenden genannt hatten. Es fanden zudem Online-Informationsveranstaltungen für potenzielle Teilnehmende statt. Diese wurden in den Einladungsbriefen beworben.

Letztendlich wurden circa 6.200 Einladungsbriefe an Einrichtungen verschickt. Davon willigten insgesamt 713 junge Menschen zur Teilnahme an der Studie ein.

Wie aus der Abbildung 1 deutlich wird, hatten bei dem hier notwendigerweise gewählten Zugang zu der Zielpopulation die Einladungsbriefe mehrere Stationen zu durchlaufen. Bei jeder Station gab es das Risiko, dass die Einladungsschreiben nicht (innerhalb der dafür vorgesehenen Frist) weitergereicht werden. Es bleibt also offen, wie viele der Einladungsschreiben am Ende ihr Ziel erreicht haben. Erst wenn eine Einwilligungserklärung von einem jungen Menschen im Deutschen Jugendinstitut ankam, war dies eine Bestätigung dafür, dass die Weiterleitung eines Einladungsbriefs bis zu diesem jungen Menschen stattgefunden hat. Zum Teil gaben besonders engagierte Ansprechpersonen auch Rückmeldungen, ob die Ansprache der jungen Menschen erfolgreich war, oder stellten Rückfragen. Erfolgte keine Rückmeldung, konnte nicht nachvollzogen werden, ob der Brief die jeweils richtigen Mitarbeiter*innen oder potenziellen Studienteilnehmenden erreicht hatte, auf dem Postweg verloren gegangen ist oder ob kein Interesse an der Studie bestand. Daher kann die Rücklaufquote nicht ins Verhältnis zu den jungen Menschen in Einrichtungen, die die Einladung tatsächlich erhalten haben, gesetzt werden.

Weg der Kontaktaufnahme über Pflegekinderdienste

Um junge Menschen der Zielpopulation, die in Pflegefamilien leben, zu erreichen, wurde der Weg über die Jugendämter beziehungsweise die jeweils dafür zuständige Arbeitseinheit beschritten. Um den formalen Dienstweg einzuhalten, wurden zu Beginn ausschließlich die Jugendamtsleitungen per Brief und E-Mail angeschrieben mit der Bitte, die CLS-Studie zu unterstützen und die Anfrage an die entsprechend dafür zuständige Stelle weiterzuleiten. Dieser Weg erwies sich als weniger zielführend als vorab erwartet, sodass in einem zweiten Anlauf die Pflegekinderdienste direkt kontaktiert wurden. Die Kontaktdaten wurden per Internetrecherche oder Telefonauskunft der Zentralen der

Jugendämter ermittelt. Im gesamten Prozess stellte sich die Herausforderung, die jeweils richtige Ansprechperson zu erreichen. Dies bedurfte vieler E-Mail- und Telefonkontaktversuche. Manchmal war es notwendig, eine*n zufällig von der Website ausgesuchte Mitarbeiter*in zu kontaktieren. Diese*r leitete dann die Anfrage an die Kolleg*innen oder zuständige Stelle innerhalb ihres*seines Jugendamtes und teilweise auch an Kolleg*innen von anderen Jugendämtern weiter und unterstützte so bei der Bekanntmachung der CLS-Studie unter den Pflegekinderdiensten. Die zuständigen Mitarbeitenden hörten also über verschiedene Wege von der CLS-Studie, womit die Chancen erhöht wurden, alle in Deutschland in Pflegefamilien lebenden jungen Menschen im entsprechenden Alter zu erreichen.

Letztendlich wurden insgesamt 8.200 Briefe an Pflegekinderdienste verschickt. Davon willigten insgesamt 395 junge Menschen zur Teilnahme an der CLS-Studie ein.

Analog zum Prozess bei den Einladungsbriefen für in Einrichtungen lebende junge Menschen konnte auch hier nicht vollständig nachvollzogen und quantifiziert werden, wie viele der Einladungsmaterialien die Adressat*innen erreicht haben.

Stichprobengröße und Ausschöpfung der Einwilligungserklärungen

Das indirekte Sampling der CLS-Studie ermöglicht keine exakte Bestimmung der Ausschöpfungsquote. Die inzwischen bei Befragungen häufig angewandten Regeln bei der Berechnung der Auswahlquote der American Association for Public Opinion Research (AAPOR) (vgl. AAPOR 2016) können aufgrund der spezifischen und notwendigen Schritte der Auswahl und Kontaktierung der Zielpopulation der CLS-Studie nicht abgebildet werden.[7] Im Prozess der indirekten Kontaktierung der Zielpopulation über intermediäre Organisationen – also Einrichtungen und Pflegekinderdienste – kann von den CLS-Forscher*innen nicht immer nachvollzogen werden, inwiefern die vorgesehenen Schritte der Kontaktierung tatsächlich stattgefunden haben. Diese Unsicherheiten beziehen sich bei den zwei Teilpopulationen – junge Menschen in Pflegefamilien und junge Menschen in Einrichtungen stationärer Hilfen zur Erziehung – auf unterschiedliche Konstellationen und Quantitäten, weshalb diese gesondert dargestellt werden (vgl. auch Tabelle 1).

---

7 Stadtmüller et al. (2019) haben diese Regeln auf den deutschen Kontext übertragen.

Tabelle 1, Ausschöpfung im Rahmen der indirekten Auswahl

Zielpopulation	16- bis unter 20-Jährige in Einrichtungen	16- bis unter 20-Jährige in Pflegefamilien	Gesamt
Anzahl der mit der Bitte um Teilnahme angeschriebenen intermediären Organisationen	1.245	570	1.815
Anteil der zur Weiterleitung an die jungen Menschen bereiten intermediären Organisationen	43,5 %	65,6 %	50,5 %
Größe der Zielpopulation in den intermediären Organisationen	unbekannt	unbekannt	unbekannt
Anzahl an die intermediären Organisationen verschickte Teilnahmeeinladungen zur Weiterleitung an die jungen Menschen	6.200	8.200	14.400
Anzahl von der intermediären Organisation an die Fachkräfte/Pflegeeltern für die jungen Menschen bestimmte weitergeleitete Teilnahmeeinladungen	unbekannt	unbekannt	unbekannt
Anteil von Fachkräften/Pflegeeltern an die jungen Menschen weitergeleitete Teilnahmeeinladungen	unbekannt	unbekannt	unbekannt
Anzahl an junge Menschen tatsächlich weitergeleitete Teilnahmeeinladungen	unbekannt	unbekannt	unbekannt
Anzahl empfangene Teilnahmeerklärungen	754	420	1.174

Quelle: CLS-Studie, Welle 1a 2023; eigene Darstellung

Auf Basis der vorliegenden Informationen (vgl. Tabelle 1) können keine Ausschöpfungsquoten berechnet werden: Bekannt ist zwar, wie viele Einladungsbriefe mit Einwilligungserklärungen verschickt wurden, aber nicht, wie viele davon tatsächlich bei den jungen Menschen angekommen sind. Es kann erstens nicht ausgeschlossen werden, dass die intermediären Organisationen eine Vorauswahl durchgeführt haben und die Anzahl der genannten potenziellen Studienteilnehmenden nicht der Gesamtzahl der Jugendlichen und jungen Menschen der Zielpopulation in den Organisationen entsprach. Zudem kann es zweitens sein, dass Einrichtungen beziehungsweise Pflegekinderdienste mehr Einladungsbriefe bekommen haben als junge Menschen erreichbar waren. Ein Indiz dafür ist, dass manche intermediäre Organisationen überschüssige Materialien zurückgesandt haben. Unbekannt ist, ob alle intermediären Organisationen so verfahren sind. Drittens ist unbekannt, inwiefern intermediäre Organisationen sich gegen eine Weitergabe der Materialien an die jungen Menschen entschieden und damit die Entscheidung über deren Teilnahme vorweggenommen haben. Dies geschah möglicherweise, weil die entsprechende Fachkraft inhaltliche Vorbehalte hatte oder ihr die Befragung als eine zu große Zumutung für die jungen Menschen erschien. Viertens sind die Materialien aufgrund von hoher Arbeitsdichte und

-belastung[8] oder Prioritätensetzung nicht immer an die potenziellen Studienteilnehmenden weitergeleitet worden. Bei den Einladungen an junge Menschen in Pflegefamilien kam hinzu, dass die Einschätzung der CLS-Studie durch die Pflegeeltern eine Rolle bei der Entscheidung der jungen Menschen spielte. Es kann keine empirisch abgesicherte Schätzung dazu gemacht werden, in welchem Ausmaß die einzelnen Gründe zu einem Nichterreichen der Zielpopulation beigetragen haben.

Eine weitere Herausforderung in Bezug auf die Erreichbarkeit der jungen Menschen in Pflegefamilien ist der nicht immer aktuelle Adressbestand der Pflegekinderdienste beziehungsweise die fehlende namentliche Nennung des Pflegekindes auf dem Briefkasten der Pflegefamilie. Letzteres hielt offensichtlich Briefträger*innen davon ab, den Brief einzuwerfen. Beide Faktoren haben zur Folge, dass viele Einladungsbriefe als „unzustellbar" zurück an das Deutsche Jugendinstitut gegangen sind.

Selektivität

Generell gibt es sehr wenig gesichertes Wissen über die Zielpopulation der CLS-Studie. Zu fast allen Variablen in der CLS-Studie gibt es keine vergleichbaren Informationen in der Kinder- und Jugendhilfestatistik.[9] Diese Statistik ist jedoch die Einzige, die valide Informationen zu der Grundgesamtheit der Zielpopulation

---

8 In der Rekrutierungsphase gab es im Rahmen der Kontakte mit den intermediären Organisationen öfter Hinweise auf den Fachkräftebedarf beziehungsweise Unterbesetzungen.

9 Gerade bei den Angaben zu den Eltern, die in der Kinder- und Jugendhilfestatistik vorliegen (Migrationshintergrund, Sozialleistungsbezug), gibt es in der CLS-Studie eine relativ hohe Item-Non-Response („Weiß nicht" „Unbekannt", Verweigerung). Zudem werden die Informationen dazu in der Kinder- und Jugendhilfestatistik über die statistikführenden Fachkräfte des Jugendamts und nicht direkt über die jungen Menschen selbst erhoben. Deshalb wurde ein Vergleich mit der Kinder- und Jugendhilfestatistik für das Aufspüren möglicher Verzerrungen als ungeeignet eingestuft. Ebenfalls als ungeeignet wurde die regionale Verteilung der Zielgruppe in den einzelnen Bundesländern betrachtet. Während die CLS-Studie den Ort der Unterbringung des jungen Menschen abbildet, bildet die Kinder- und Jugendhilfestatistik bei den stationären Hilfen zur Erziehung in Einrichtungen den Ort des zuständigen Jugendamts, der sich nach dem gewöhnlichen Aufenthalt der Personensorgeberechtigten richtet, ab. Bei Unterbringungen in Pflegefamilien wiederum richtet sich dies, je nach Verweildauer, nach dem gewöhnlichen Aufenthalt der Personensorgeberechtigten oder der Pflegefamilien (vgl. § 86 Absatz 6 SGB VIII). Dass Unterbringungsorte der jungen Menschen in stationären Hilfen und der gewöhnliche Aufenthaltsort der Personensorgeberechtigten nicht nur in Ausnahmefällen voneinander abweichen, zeigen empirische Studien (vgl. van Santen/Pluto/Peucker 2019; Pluto et al. 2024).

der CLS-Studie bereithält. Einzelne Informationen aus der Kinder- und Jugendhilfestatistik wurden genutzt, um potenzielle Selektionen durch unterschiedliche Ziehungs- und Teilnahmewahrscheinlichkeiten festzustellen.

Da die Untersuchung es sich zum Ziel gesetzt hat, auch differenzierte Aussagen über junge Menschen in und aus Pflegefamilien machen zu können, wurde das Design der CLS-Studie so gestaltet, dass eine für statistische Auswertungen ausreichende Anzahl junger Menschen aus Pflegefamilien an der Studie teilnehmen. Bei den Hilfen zur Erziehung insgesamt liegt der Anteil von jungen Menschen in Pflegefamilien bei circa 25 Prozent. Das Ziel, (auch) möglichst viele (angehende) Care Leaver*innen in Pflegefamilien für die Studie zu gewinnen, hat, wie erwartet, zu einer überproportionalen Vertretung junger Menschen aus Pflegefamilien geführt. Für Aussagen, die sich auf die Gesamtheit der (angehenden) Care Leaver*innen beziehen, muss diese Überrepräsentation korrigiert werden (siehe Abschnitt Gewichtung).

Nicht intendiert ist hingegen, dass unter den Studienteilnehmenden im Vergleich zu der amtlichen Kinder- und Jugendhilfestatistik weibliche Studienteilnehmerinnen deutlich überrepräsentiert sind. Auch diese Überrepräsentation infolge einer erhöhten Teilnahmewahrscheinlichkeit von jungen Frauen beziehungsweise eine höhere Non-Response-Wahrscheinlichkeit der männlichen jungen Menschen muss in den Analysen berücksichtigt werden (siehe Abschnitt Gewichtung).

In der amtlichen Kinder- und Jugendhilfestatistik werden neben den Ausprägungen des amtlichen Geschlechts „weiblich“ und „männlich“ zwar auch die Ausprägungen „divers“ sowie „ohne Angabe“ (nach § 22 Absatz 3 PStG – Personenstandsgesetz) erhoben, aber nicht ausgewiesen. Junge Menschen mit den Geschlechtsangaben „divers“ und „ohne Angabe“ werden per Zufallsprinzip dem männlichen oder weiblichen Geschlecht zugeordnet.[10] Dieses Vorgehen ermöglicht keinen Abgleich mit der diesbezüglichen Verteilung in der Stichprobe. Deshalb wurde eine Anfrage zur Verteilung beim Statistischen Bundesamt gestellt. Diese führte zu der Auskunft, dass keine Aufteilung dieser Kategorien nach Altersgruppen oder Hilfearten möglich ist. Für alle Hilfen zur Erziehung wurde mitgeteilt, dass der Anteil dieser Ausprägungen des amtlichen Geschlechts beim Bestand am 31.12.2022 bei etwa einem Tausendstel lag. Hierbei ist zu bedenken, dass diese Angabe auf der Auskunft der Jugendämter beziehungsweise der Erziehungsberatungsstellen beruht, welche zu dieser Variable eine Auskunft geben sollten (vgl. van Santen/Schäfer 2022). Das heißt die Auskunft über den amtlichen Geschlechtseintrag erfolgt nicht, wie bei der CLS-Studie, über die jungen Menschen selbst, sondern über Dritte.

10 Nach Auskunft des Statistischen Bundesamts erfolgt diese Zuordnung zu den Ausprägungen „männlich“ und „weiblich“ zufällig ohne Vorgaben zu Randverteilungen.

Zwar ist die Vorgabe im Erhebungsbogen eindeutig,[11] setzt aber voraus, dass die Fachkräfte der Jugendämter und Erziehungsberatungsstellen Einsicht in das Geburtenregister nehmen oder ihre Akten dazu prüfen. Beides erscheint unwahrscheinlich, sondern eher ist davon auszugehen, dass diese Angaben darauf beruhen, ob die ausfüllende Person die jungen Menschen als „männlich", „weiblich" oder „divers" liest. Der Eintrag „divers" im Geburtenregister ist seit 2019 möglich. Bis 2021 haben weniger als 400 Menschen davon Gebrauch gemacht (Jung 2021). Aktuell wird aufgrund der geringen Fallzahl das „dritte Geschlecht" nicht in den amtlichen Statistiken ausgewiesen (Statistikportal. de o. J). In der CLS-Studie haben die Studienteilnehmenden, die entweder „divers" oder „keine Angabe" bei dem amtlichen Geschlecht eintragen, einen Anteil von 1,6 Prozent (n = 20). Dieser Anteil ist – bei allen Unsicherheiten der Angaben des Statistischen Bundesamtes – damit sehr wahrscheinlich höher als in der Grundgesamtheit. Es ist zu vermuten, dass ein Teil der jungen Menschen diese Angabe gemacht hat, ohne dass im Geburtenregister ein solcher Eintrag (bereits) vorhanden ist. Vor dem Hintergrund der Neuerungen durch das Selbstbestimmungsgesetz (Gesetz über die Selbstbestimmung in Bezug auf den Geschlechtseintrag – SBGG) ist zu vermuten, dass sich diese jungen Menschen auch vorstellen können, ihren Geschlechtseintrag zu ändern, und eine solche Änderung womöglich bei der Antwort vorweggenommen haben. Diese Unsicherheiten haben zu der Entscheidung geführt, diese Gruppe nicht als unter- oder überrepräsentiert zu betrachten.

Eine – nicht quantifizierbare – Selektivität ist darüber hinaus vermutlich dadurch entstanden, dass eine zum Teil erhebliche Differenz zwischen dem Zeitpunkt der Einwilligung zur Teilnahme an der CLS-Studie und dem Zeitpunkt der Kontaktaufnahme des Befragungsinstituts zur Realisierung eines Interviews bestand. Junge Menschen, die häufiger das Hilfesetting wechseln, sind vermutlich schwieriger zu kontaktieren gewesen, weil ein Teil der Kontaktdaten sich auf das Hilfesetting zum Zeitpunkt der Einwilligung bezieht. Es ist möglich, dass diese Gruppe sich, insbesondere was den (bisherigen) Hilfeverlauf betrifft, von den Studienteilnehmenden unterscheidet. Dies gilt es bei der Interpretation der Daten zu berücksichtigen.

---

11 Im Erhebungsbogen ist die Vorgabe wie folgt: „Das Geschlecht ist so anzugeben, wie es im Geburtenregister erfasst ist. Die Antwortmöglichkeit ‚divers' oder ‚ohne Angabe' ist nur dann auszuwählen, wenn im Geburtenregister ‚divers' oder ‚ohne Angabe' eingetragen ist" (vgl. Statistische Ämter des Bundes und der Länder 2025).

Untersuchungsdesign

Die CLS-Studie ist eine Längsschnittuntersuchung im Paneldesign mit sieben Wellen. Die Befragungen finden einmal jährlich statt. Dabei werden immer die gleichen Personen mit überwiegend dem gleichen Erhebungsinstrument befragt. Somit lassen sich im Unterschied zu einmaligen Befragungen oder Wiederholungsbefragungen mit unterschiedlichen Teilnehmenden Veränderungen beziehungsweise Entwicklungen auf intraindividueller Ebene nachzeichnen. Dadurch lassen sich wiederum genauere Aussagen zu Zusammenhängen formulieren. Es gibt allerdings auch Fragen oder Themenblöcke, die an die aktuelle Lebenssituation der Care Leaver*innen angepasst werden.

Panelpflege

Um die Teilnahmebereitschaft an der CLS-Studie über die Wellen möglichst hoch zu halten, ist die Panelpflege wichtiger Bestandteil der Studie. Dies trifft besonders auf die Zielpopulation der CLS-Studie zu, da sich mit dem Auszug aus der Einrichtung beziehungsweise Pflegefamilie viele Dinge ändern und die Teilnahme an der CLS-Studie möglicherweise eine niedrigere Priorität bekommt. Es wurde daher ein umfangreiches Panelpflege-Konzept erarbeitet, welches eine Vielzahl unterschiedlicher Maßnahmen umfasst, die erstens darauf abzielen, die Bindung der Studienteilnehmenden an die CLS-Studie zu erhöhen, zweitens ihnen Beteiligungsmöglichkeiten an der Studie und Informationen zu dieser zu geben, und drittens die Studienteilnehmenden auch untereinander sowie mit Projekten, Initiativen und Beratungs- und Beschwerdestellen rund um das Thema Leaving Care zu vernetzen. Die regelmäßige Interaktion mit den Studienteilnehmenden über verschiedene analoge sowie – hauptsächlich – digitale Kommunikationskanäle und -wege sind dabei zentraler Bestandteil der Panelpflege. Das Panelpflegekonzept umfasst zwei Grundpfeiler: Die *Panelpflege Basis* der Studie umfasst unter anderem die Incentivierung durch die Zahlung von 20 Euro pro realisiertem Interview sowie den Versand von Informationsmails, Erinnerungen und Dankschreiben, die Bearbeitung von Anfragen, die Produktion und das Zur-Verfügung-Stellen von Informationsmaterialien und regelmäßige Social-Media-Aktivitäten. Auch gehört hierzu die jährliche Prüfung und Aktualisierung der Kontaktdaten der Studienteilnehmenden, da diese sich im Jugend- und jungen Erwachsenenalter häufig ändern. Im Rahmen der *Panelpflege Plus* werden Angebote realisiert, die den Studienteilnehmenden die Möglichkeit bieten, über die Teilnahme an der Fragebogenerhebung hinaus mit anderen Studienteilnehmenden und mit dem Team der CLS-Studie im Kontakt zu kommen und sich über Angebote für Care Leaver*innen zu vernetzen. Darüber hinaus werden unterschiedliche Angebote vorgehalten, in denen interessierte

Studienteilnehmende sich am Forschungs- und Entwicklungsprozess der Studie beteiligen können.

Erhebungen

Die Erhebungen finden mittels quantitativer Fragebögen statt. Um mögliche Probleme bei der Bearbeitung des Fragebogens zu umgehen und die Reliabilität des Instruments zu erhöhen, wurden Pretests in Form von Diskussionen von einzelnen Themenbereichen in Gruppen, aber auch klassische Pretests, mit einem Fragebogenentwurf durchgeführt.

Die Befragungen der CLS-Studie werden von Mitarbeitenden des infas Institut für angewandte Sozialwissenschaft durchgeführt. In der ersten Welle 2023 wurden die Interviews zu Beginn mittels Computer Assisted Personal Interview (CAPI) durchgeführt. Die Feldzeit lief im Jahr 2023 von Mitte Januar bis Ende April. Bei den CAPI-Interviews bestand die Möglichkeit, einzelne Teile des Fragebogens, die als besonders sensibel identifiziert wurden, selbst auszufüllen. Dies galt für die Bereiche „geschlechtliche und sexuelle Identität" sowie die Abfragen zum „Gesundheitsstatus". Hiervon machten 28,5 Prozent respektive 28,0 Prozent Personen Gebrauch.

Durch Verzögerungen zu Projektbeginn aufgrund der Klärung von Datenschutzfragen hat sich die letztliche Feldzeit gegenüber der geplanten Feldzeit verschoben. Damit war es, anders als ursprünglich vorgesehen, aufgrund der längeren Vorbereitungszeit eines CAPI-Interviewer*innenstabs, nicht mehr möglich alle Interviews mittels CAPI durchzuführen. Nach etwa einem Drittel der Feldzeit wurden 471 weitere Kontaktdaten an infas übergeben. Diese Personen wurden dann mittels Computer Assisted Telephone Interview (CATI) befragt. Die Feldzeit im CATI-Feld war im Jahr 2023 von Anfang April bis Mitte Juni. Alle Interviewer*innen wurden von infas online geschult, Mitarbeiter*innen der CLS-Studie waren dabei für Fragen und Ergänzungen anwesend.

Die durchschnittliche Befragungszeit bei CAPI inklusive des Ausfüllens des Lebenslaufkalenders betrug 63,1 Minuten (SD: 13,29) und bei CATI 61,1 Minuten (SD: 11,77) Minuten.

Teilnahme

Von den insgesamt 1.174 jungen Menschen, die eine Einwilligungserklärung zur Teilnahme an der CLS-Studie abgegeben hatten – wovon 530 dem CAPI-Feld und 644 dem CATI-Feld zuzuordnen sind – konnten mit 757 jungen Menschen Interviews realisiert werden. Von den 420 jungen Menschen aus Pflegefamilien sowie den 754 aus Einrichtungen, die ursprünglich ihre Teilnahme mittels

Einwilligung erklärt hatten, nahmen 257 Personen aus Pflegefamilien und 500 aus Einrichtungen an der Befragung 2023 in der ersten Welle teil. Insgesamt gab es 2.426 Feldkontakte im CAPI-Feld und 7.279 im CATI-Feld. Dennoch fiel die Ausschöpfung in der Erhebungsmethode CATI geringer aus als bei CAPI.[12]

Einige der Teilnehmenden sind in der Zeit zwischen der Einwilligung zur Teilnahme an der CLS-Studie und dem Befragungsdatum aus der Pflegefamilie oder Einrichtung ausgezogen (n = 60). Daher sind einige Fragen in Gegenwart und Vergangenheit formuliert. Die bereits Ausgezogenen werden in den folgenden Auswertungen jedoch der Teilstichprobe (Einrichtung oder Pflegefamilie) zugeordnet, der sie auch bei der Einwilligung zugeordnet worden waren, sie werden also nicht gesondert ausgewiesen.

Gewichtung

Vor dem Hintergrund des Ziels, anhand der Daten der CLS-Studie generalisierbare Aussagen über die Zielpopulationen machen zu können, müssen die unterschiedlichen Ziehungs- und Teilnahmewahrscheinlichkeiten korrigiert werden (siehe hierzu auch Abschnitt Selektivität). Um Verzerrungen der Ergebnisse zu vermeiden, werden die Ziehungs- und Teilnahmewahrscheinlichkeiten mittels Gewichtens ausgeglichen. Es wurden drei Gewichte erstellt: ein Designgewicht, ein Non-Response-Gewicht und ein Gewicht, was beide Gewichte kombiniert. Das Designgewicht korrigiert die unterschiedlichen Ziehungswahrscheinlichkeiten der jungen Menschen in Einrichtungen und Pflegefamilien. Das Gewicht entspricht dem Kehrwert des Verhältnisses der Anteile der jungen Menschen in Pflegefamilien beziehungsweise Einrichtungen in der Grundgesamtheit und der Stichprobe. Die Information zur Grundgesamtheit wurde den Daten der amtlichen Kinder- und Jugendhilfestatistik für das Jahr 2022 entnommen. Konkret wurde das Verhältnis in der Grundgesamtheit der 16- bis einschließlich 19-Jährigen in Pflegefamilien, die am 31.12.2022 nach § 27 SGB VIII in Verbindung mit § 33 SGB VIII oder nach § 35a SGB VIII stationär in einer Pflegefamilie lebten, zu den 16- bis einschließlich 19-Jährigen in Wohngruppen oder sonstigen betreuten Wohnformen, die am 31.12.2022 nach § 27 SGB VIII in Verbindung mit § 34 SGB VIII oder nach § 35a SGB VIII stationär in einer Einrichtung untergebracht waren, bestimmt.

Die Überrepräsentation der weiblichen Teilnehmerinnen wurde korrigiert durch ein Non-Response-Gewicht, was dem Kehrwert des Verhältnisses der Anteile der weiblichen jungen Menschen in Pflegefamilien oder Einrichtungen in der

12 Ausführlich hierzu siehe Methodenbericht von infas zur CLS-Studie (Von der Burg/Leschny/Torregroza 2025), siehe auch erster Methodenbericht von Brüchmann et al. (2025).

Grundgesamtheit und der Stichprobe entspricht.[13] Die Information zur Grundgesamtheit wurde den Daten der amtlichen Kinder- und Jugendhilfestatistik für das Jahr 2022 entnommen. Konkret wurde das Verhältnis in der Grundgesamtheit der weiblichen 16- bis einschließlich 19-Jährigen in Pflegefamilien, Wohngruppen oder sonstigen betreuten Wohnformen, die am 31.12.2022 nach § 27 SGB VIII in Verbindung mit § 33 oder § 34 SGB VIII oder nach § 35a SGB VIII stationär in einer Pflegefamilie oder Einrichtung untergebracht waren, zu den männlichen 16- bis einschließlich 19-Jährigen in Pflegefamilien, Wohngruppen oder sonstigen betreuten Wohnformen, die am 31.12.2022 nach § 27 SGB VIII in Verbindung mit § 33 oder § 34 SGB VIII oder nach § 35a SGB VIII stationär in einer Pflegefamilie oder Einrichtung lebten, bestimmt.

Die Kombination der beiden Gewichte (Design- und Non-Response-Gewicht) wurde anhand der Anpassung der Randverteilungen der Kreuztabellierungen von Geschlecht und Wohnform der 16- bis einschließlich 19-Jährigen in der Grundgesamtheit und der CLS-Studie gebildet.

Datenanalyse

In dieser Publikation werden ausgewählte Ergebnisse zu Teilhabedimensionen präsentiert, die einen Überblick über die Themenvielfalt der CLS-Studie ermöglichen. Dazu wurden die vorliegenden Daten zunächst überwiegend deskriptiv ausgewertet. Weitere vertiefende Analysen sind im Rahmen der Laufzeit der CLS-Studie geplant. Es werden sowohl Ergebnisse für das gesamte Panel als auch getrennt für junge Menschen in Pflegefamilien und in Einrichtungen stationärer Hilfen zur Erziehung ausgewiesen. Dabei ist zu berücksichtigen, dass die jungen Menschen in den jeweiligen Teilgruppen aufgrund ihrer unterschiedlichen bisherigen Lebensverläufe nur begrenzt vergleichbar sind: Hilfen zur Erziehung in Pflegefamilien beginnen in der Regel zu einem viel früheren Zeitpunkt als Hilfen in Einrichtungen stationärer Erziehungshilfe. Die jeweiligen Gewährungsgründe für die Hilfen verweisen auf andere Hilfebedarfe, und auch die Konstellationen der leiblichen Familien unterscheiden sich zwischen jungen Menschen, die in Pflegefamilien oder Einrichtungen leben, deutlich.

Auch ist davon auszugehen, dass junge Menschen, die im Alter von 16 bis einschließlich 19 Jahren noch in Pflegefamilien leben, sich von denjenigen jungen Menschen, die bis vor dem Erreichen dieser Altersgruppe in Pflegefamilien lebten, unterscheiden. Analysen zeigen, dass die Adoleszenzphase, unabhängig vom Alter zu Beginn der Hilfe in einer Pflegefamilie, eine der kritischen Phasen für junge Menschen in Pflegeverhältnissen darstellt (vgl. van Santen et al. 2019,

13 Junge Menschen mit der Geschlechtsangabe „divers", „ohne Angabe" oder mit einem fehlenden Wert (Missing) wurden mit „1" gewichtet.

S. 194). Es kann deshalb angenommen werden, dass junge Menschen, die sich im Alter der Zielpopulation der CLS-Studie in Pflegefamilien befinden, eine Gruppe darstellen, die sich von jungen Menschen, die in diesem Alter nicht mehr in Pflegeverhältnissen leben, unterscheidet. Bei den Interpretationen der Vergleiche zwischen den Hilfesettings „Pflegefamilien" und „Einrichtungen" sind die genannten Unterschiede zu berücksichtigen.

Analysen, die das gesamte Panel einbeziehen, wurden mit beiden Gewichten berechnet. Analysen, die die Ergebnisse von jungen Menschen aus Pflegefamilien und Einrichtungen gesondert ausweisen, wurden nur nach Geschlecht gewichtet. Analysen, die nach dem amtlichen Geschlecht unterscheiden, wurden nur nach der Wohnform gewichtet. Analysen, die das gesamte Panel einbeziehen, wurden mit beiden Gewichten berechnet.

Hinweis: Grundsätzlich gab es immer die Möglichkeit, „weiß nicht" oder „keine Angabe" zu antworten. Diese Kategorien werden in den meisten Fällen der folgenden Auswertungen nicht berücksichtigt, es sei denn, sie wurden von besonders vielen Befragten gewählt oder wenn eine solche Antwort inhaltlich interpretiert werden kann.

Der Lebenslaufkalender

Eine Besonderheit der CLS-Studie, um die Teilhabe im Lebensverlauf unter anderem in Bezug zu Ereignissen vor dem ersten Erhebungszeitpunkt erfassen zu können, ist der Einsatz eines sogenannten Lebenslaufkalenders (LLK). In diesem werden auf einem Zeitstrahl retrospektive Daten in den Bereichen „Wohnen", „Bildung", „Auslandserfahrungen" und „Weiteres" eingetragen. Diese grafische Befragungsform ermöglichte es, Daten zum bisherigen Lebensverlauf ohne langwierige Einzelabfragen zu erheben. In der ersten Welle der Untersuchung war es notwendig, Daten zu ermitteln, die sich über den langen Zeitraum von der Geburt bis zum Befragungszeitpunkt der jungen Menschen erstrecken. Damit sollte die Lücke bis zum Panelbeginn durch solche Informationen geschlossen werden, die als Grundlage für die weitere Untersuchung angesehen wurden. Die Verwendung eines Lebenslaufkalenders war hier die adäquateste Form der Erhebung, da dieser drei Ebenen miteinander vereint und damit einen großen Vorteil gegenüber einer traditionellen Erhebungsform von ständig sich wiederholenden Abfragen von Anfangs- und Enddaten besitzt: Verbesserung der Erinnerungsleistung, Mehrdimensionalität und Erhebungsökonomie. Die drei Ebenen stehen in einem interdependenten Verhältnis zueinander. Die grafische Form macht den Überblick über einzelne Lebensphasen sichtbar und damit auch kontrollierbar, die Mehrdimensionalität erlaubt zum einen die gleichzeitige Erhebung unterschiedlicher Dimensionen des Lebens und sorgt damit auch für eine Fehlerreduktion, da diese Dimensionen durch die Befragten in einen zeitlichen Bezug zueinander gesetzt werden können. Die zeitlichen Sequenzen können in erhebungsökonomischer Weise direkt in dem Kalender in ihrer Länge und Lage verortet werden.

Diese konzeptionellen Überlegungen führten zu einem Lebenslaufkalender, mit dem die Dimensionen „Wohnen", „Qualifikation/Arbeit", „Auslandsaufenthalte" und „Weiteres" erhoben wurden. Die Kalender wurden innerhalb des CAPI-Interviews verwendet, wobei sie von den Befragten selbst zu bearbeiten waren.[14] Es musste daher einerseits sichergestellt werden, dass Eintragungen entsprechend den Vorgaben erfolgten und andererseits durch die Interviewer*innen keine signifikanten Beeinflussungen stattfanden. Somit waren die Interviewer*innen als Vermittelnde der Informationen und Kontrollierende der Eintragungen unverzichtbar. Es fanden ausführliche Schulungen von infas unter Beteiligung von CLS-Mitarbeiter*innen für die Interviewer*innen statt. Zudem war für die Befragten – auf Basis von Pretests – eine einfache und verständliche Anleitung zum Ausfüllen des Kalenders erstellt worden.

Die Forschung zu Gedächtnisleistungen zeigt, dass man bei retrospektiven Befragungen keine zu präzisen Datumsangaben erwarten darf. Um bei den Auswertungen keine Genauigkeit vorzutäuschen, die methodisch nicht zu erreichen ist, und um die Abfrage zu vereinfachen, werden die Ergebnisse mit einer Unschärfe von bis zu drei Monaten erfasst. Dass auch hier noch Ungenauigkeiten auftreten können, spielt eine eher untergeordnete Rolle, da die Daten als Sequenzen ausgewertet werden und die Analysen sich auf Muster von Sequenz- beziehungsweise Lebensverläufen in den unterschiedlichen Abfragedimensionen konzentrieren. In den Analysen können die Muster im Zusammenhang mit anderen Variablen aus dem Fragebogen betrachtet werden.

Hinsichtlich der korrekten Eintragungen im Kalender zeigte sich, dass circa 90 Prozent der Kalender entsprechend den Vorgaben ausgefüllt waren – von den verbleibenden 10,0 Prozent konnten eine Reihe noch nachträglich rekonstruiert werden. Ein Nachteil des Lebenslaufkalenders war, dass er auf Papier ausgefüllt werden musste, da das Erhebungsinstitut keine digitale Version anbieten konnte. Alle Papierversionen mussten händisch in einen Datensatz eingegeben werden. Insgesamt liegen 453 gültige Lebenslaufkalender aus dem CAPI-Feld vor – dies entspricht 98,0 Prozent. Alle Personen, die mittels CATI befragt wurden, werden gebeten, den Lebenslaufkalender in der nächsten Befragung auszufüllen.

14 Der Lebenslaufkalender konnte nur in den CAPI-Interviews erhoben werden, da dieser auf Papier auszufüllen war. Alle Teilnehmenden im CATI-Interview bekommen später die Möglichkeit, den Lebenslaufkalender auszufüllen.

Literatur

AAPOR – The American Association for Public Opinion Research (2016): Standard definitions. Final dispositions of case codes and outcome rates for surveys. URL: www.aapor.org/AAPOR_Main/media/publications/Standard-Definitions20169theditionfinal.pdf (abgerufen am 15.01.2025).

Brüchmann, Katharina/Dönmez, Sibel/Erzberger, Christian/Koop, Christian/Pokoj, Martina/Santen, Eric van/Seckinger Mike (2025): Methodenbericht der Erstbefragten Care Leaver Statistics (CLS-Studie). Erstbefragte Welle 1 (2023) und Welle 2 (2024). München.

Burg, Julian von der/Leschny, Karina/Torregroza, Sabrina (2025): Methodenbericht Care Leaver Statistics 1. Welle (2022). Bonn.

DJI – Deutsches Jugendinstitut (o. J.): Jugendhilfe und sozialer Wandel – Leistungen und Strukturen. URL: www.dji.de/ueber-uns/projekte/projekte/jugendhilfe-und-sozialer-wandel-leistungen-und-strukturen.html (abgerufen am 15.01.2025).

Gadow, Tina/Peucker, Christian/Pluto, Liane/Santen, Eric van/Seckinger, Mike (2013): Wie geht's der Kinder- und Jugendhilfe? Empirische Befunde und Analysen. Weinheim und Basel: Beltz Juventa.

Jung, Laura Sophia (2021): So viele Menschen haben die dritte Geschlechtsoption genutzt. URL: www.welt.de/politik/deutschland/article225498835/Intergeschlechtlichkeit-So-oft-wurde-dritte-Geschlechtsoption-genutzt.html (abgerufen am 15.01.2025).

Pluto, Liane/Mairhofer, Andreas/Peucker, Christian/ Santen, Eric van (2024): Einrichtungen der stationären Hilfen zur Erziehung. Empirische Analyse zu Organisationsmerkmalen, Adressat:innen und Herausforderungen. Weinheim und Basel: Beltz Juventa.

Santen, Eric van/Pluto, Liane/Peucker, Christian (2019): Pflegekinderhilfe – Situation und Perspektiven. Empirische Befunde zu Strukturen, Aufgabenwahrnehmung sowie Inanspruchnahme. Weinheim und Basel: Beltz Juventa.

Schacht, Diana D./Gedon, Benjamin/Gilg, Jakob J. (2022): Die ERiK-Surveys 2020. In: Klinkhammer, Nicole/Schacht, Diana D./Meiner-Teubner, Christiane/Kuger, Susanne/Kalicki, Bernhard/Riedel, Birgit (Hrsg.): Forschungsbericht II. Befunde des indikatorengestützten Monitorings zum KiQuTG. Bielefeld: WbV Publikation.

Stadtmüller, Sven/Silber, Henning/Daikeler, Jessica/Martin, Silke/Sand, Matthias/Schmich, Patrick/Schröder, Jette/Struminskaya, Bella/Weyandt, Kai W./Zabal, Anouk (2019): Adaptation of the AAPOR Final Disposition Codes for the German Survey Context. Mannheim.

Statistikportal (o. J): Drittes Geschlecht. URL: www.statistikportal.de/de/methoden/drittes-geschlecht (abgerufen am 15.01.2025).

Statistische Ämter des Bundes und der Länder (2024): Statistik der erzieherischen Hilfe, der Eingliederungshilfe für seelisch Behinderte und der Hilfe für junge Volljährige (Dokumentationsbogen Statistik der erzieherischen Hilfen ab 2025). URL: www.erhebungsdatenbank.estatistik.de/eid/download.html?download=101652200009992000003 (abgerufen am 15.01.2025).

Diversität und Forschungsethik

Marie Demant, Martina Pokoj, Dorothee Schäfer

Im Rahmen der CLS-Studie hat sich das Studienteam mit den forschungsethischen Implikationen der Erhebung und Darstellung von Daten junger Menschen und den eigenen Haltungen dazu auseinandergesetzt. In Anlehnung an Richter Nunes (2023) wird eine diversitätssensible Grundhaltung als notwendig für die Sozialforschung erachtet, insbesondere auch mit Kindern, Jugendlichen und jungen Erwachsenen. Unter Diversitätssensibilität wird hier verstanden, die Ableitung von Ergebnissen aus quantitativen Daten vor dem Hintergrund von ethischen Debatten, Forschungsgeschichte und Selbstdeutungen von (angehenden) Care Leaver*innen zu reflektieren und zu kontextualisieren. Forschung wird dabei explizit als eine nicht-neutrale Praxis verstanden, die durch die Position, Haltungen und das Wissen der Akteur*innen geprägt ist. Forscher*innen kommt demnach eine Verantwortung zu, die über die Standards (informierte Einwilligung, Nutzenabwägung, Ethikkommission) hinaus auch das Zustandekommen von Wissen und dessen Rezeption betrifft.

Das Forschungsteam der CLS-Studie hat daher ein Diversitätskonzept erarbeitet. Dieses wird kontinuierlich weiterentwickelt und an neueste Erkenntnisse zu Diversitätssensibilität und Forschungsethik angepasst. Zu Beginn des Konzeptpapiers findet sich eine Positionierung der CLS-Forschungsgruppe. „Die CLS-Studie betrachtet Care Leaver*innen nicht als homogene, sondern als heterogene Gruppe, die verbindet, dass sie während eines Teils ihrer Kindheit und/oder Jugend Erfahrung(en) in den stationären Hilfen zur Erziehung oder mit der Vollzeitpflege gemacht haben. Sie sind junge Menschen, die ihre Kindheit und Jugend gestalten und – wie alle Menschen – in all ihrer Unterschiedlichkeit ein Recht auf Gleichberechtigung, Anerkennung und Förderung ihrer Subjektivität und auf Teilhabe in allen Lebensbereichen haben (vgl. Zukunftsforum Heimerziehung 2021). Diversität bedeutet für den Zugang der CLS-Studie, Erfahrungen, Lebenslagen und Lebensentwürfe in ihrer Unterschiedlichkeit anzuerkennen und Diskriminierungen, Stigmatisierungen und Zuschreibungen möglichst nicht durch die CLS-Studie zu reproduzieren“ (Verbund Care Leaver Statistics 2022). Vor diesem Hintergrund wurden die vier Bausteine des Diversitätskonzeptes entwickelt: 1. Die Anerkennung von und Offenheit für Vielfalt und Differenz, 2. Diskriminierungssensibilität und eine Inklusionsorientierung, 3. Reflexion von Macht-, Unterdrückungs- und Ungleichheitsverhältnissen und 4. Transparenz über Grenzen und Entscheidungen.

Die Arbeit der CLS-Studie – und damit auch das Diversitätskonzept – orientiert sich an Konzepten reflexiver Forschungsethik (vgl. Unger 2018) im Sinne einer kontinuierlichen Auseinandersetzung mit den ethischen Implikationen der Forschungspraxis. Das beinhaltet die Anerkennung der eigenen Grenzen und der Spannungen zwischen Forschungspraxis und ethischen Anforderungen. Das Forschungsteam verpflichtet sich mit dem Diversitätskonzept, regelmäßig die eigenen Haltungen, Annahmen und deren Auswirkungen auf die Forschung zu hinterfragen. Dies umfasst zum Beispiel die Reflexion darüber, wie Machtverhältnisse und soziale Ungleichheiten die Forschungsergebnisse beeinflussen können. Folgend werden einige Beispiele genannt, die das Team der CLS-Studie in der Vorbereitung und der ersten Befragung umgesetzt hat:

- Bei der Erstellung des Fragebogens wurde beispielsweise im gesamten Team reflektiert, welche Themen wie aufgegriffen werden – sowohl unter forschungspragmatischen wie auch unter forschungsethischen Aspekten. Im Fokus der Diskussionen stand, wie der Fragebogen der Vielfalt und Heterogenität der Lebensrealitäten (angehender) Care Leaver*innen gerecht wird. Sofern Fragen und Antwortmöglichkeiten aus anderen Studien übernommen wurden, wurden diese auf ihre Diversitätssensibilität geprüft und teilweise auf die Lebenssituation von zukünftigen Care Leaver*innen angepasst.
- Erfahrungswissen und die Expertise von Menschen mit Jugendhilfeerfahrungen helfen Forschungsfragen zu differenzieren und geben Hinweise auf wichtige Details und Themen bei der Entwicklung eines Fragebogens. Daher wurden die Pretests des Erhebungsinstruments dazu genutzt, die Qualität des Erhebungsbogens zu testen und insbesondere systematisch Rückmeldungen in Bezug auf die Passung der Fragen zu der Lebenssituation von potenziellen Studienteilnehmenden und anderen (angehenden) Care Leaver*innen zu erheben.
- Auch durch eine entsprechende Programmierung des Fragebogens kann ein Beitrag zur Umsetzung des Diversitätskonzeptes geleistet werden. So werden beispielsweise bei den Fragen zu geschlechtlicher Identität die Antwortmöglichkeiten in zufälliger Reihenfolge angezeigt (Randomisierung der Antwortmöglichkeiten), um keine Hierarchie durch eine vorgegebene Reihenfolge der Antwortmöglichkeiten zu (re-)produzieren. Zusätzlich wird die Option geboten, einzelne Fragen durch Selbstausfüllung zu beantworten, so dass die Interviewer*innen die Antworten nicht sehen können.
- Die Interviewer*innen wurden im Rahmen ihrer Schulung vor der Durchführung der Befragung für die Diversität der Studienteilnehmenden sensibilisiert und über das bestehende Diversitätskonzept informiert.
- Die Projektgruppe führt nach jeder Befragungswelle Auswertungsworkshops mit jungen Menschen durch. Dort werden Ergebnisse und mögliche Interpretationen der Daten diskutiert. Dies trägt dazu bei, in den Auswertungen für möglicherweise unangemessene Zuschreibungen sensibilisiert zu werden.

Die Darstellung von Care Leaver*innen in der Forschung spielt eine entscheidende Rolle dafür, wie sie gesellschaftlich wahrgenommen werden. Eine schottische Untersuchung[1] hat Narrative über Menschen mit Jugendhilfeerfahrungen identifiziert, die zu ihrer Stigmatisierung beitragen, und daraus Empfehlungen abgeleitet (Pineau/Busso 2020; O'Neil et al. 2020). Die Narrative erschweren den Forscher*innen zufolge, dass die breite Öffentlichkeit versteht, welche Faktoren die Jugendhilfeerfahrungen beeinflussen, und sie wirken sich negativ auf die Unterstützung und die Ressourcen aus, die Care Leaver*innen angeboten werden. Ein weitverbreitetes Narrativ ist, dass Menschen, die in Pflegefamilien und Einrichtung betreut werden und wurden, irreversibel „geschädigt" wären (Pineau/Busso 2020, S. 5; O'Neil et al. 2020, S. 10). Ein zweites Narrativ legt nahe, dass Kinder „geschädigt" seien, weil egoistische Eltern schlechte Entscheidungen treffen würden. Dieses Narrativ der egoistischen Eltern reduziert die Empathie für die Umstände, die zur Inanspruchnahme von Erziehungshilfen führen (O'Neil et al. 2020, S. 5). Ein drittes Narrativ betrifft das Betreuungssystem: Das vermeintlich unzureichende Betreuungssystem sei grundsätzlich nicht in der Lage, sich um Kinder angemessen zu kümmern. Dieses Narrativ trägt zur Vorstellung bei, dass Menschen mit Jugendhilfeerfahrungen Opfer eines versagenden Systems seien und nicht Individuen mit persönlichen Interessen, Lebenswegen und Zielen (ebd., S. 2).

Die Art und Weise, wie Care Leaver*innen in der Forschung und in der Öffentlichkeit dargestellt werden, beeinflusst ihre Sichtbarkeit und die Anerkennung ihrer Erfahrungen. Eine ressourcenorientierte und differenzierte Darstellung kann dazu beitragen, Vorurteile abzubauen und das Verständnis für die Herausforderungen, mit denen sie konfrontiert sind, zu fördern. Die Darstellung von Care Leaver*innen hat auch Auswirkungen auf politische Entscheidungen und soziale Maßnahmen. Wenn ihre Bedürfnisse und Perspektiven in der Forschung angemessen berücksichtigt werden, können gezielte Unterstützungsangebote und politische Initiativen entwickelt werden, die auf ihre spezifischen Herausforderungen eingehen. Care Leaver*innen sollten nicht zuletzt bei der Forschung und den damit verbundenen Narrativen einbezogen werden, denn ihre Perspektiven und Erfahrungen sind entscheidend, um ein umfassendes Bild ihrer Lebenslagen zu vermitteln.

Die CLS-Studie hat das Potenzial, empirisch fundiertes Wissen über das Leaving Care zu generieren, darüber aufzuklären und die vielen Möglichkeiten aufzuzeigen, Kinder und Jugendliche im Rahmen von Betreuung in Einrichtungen und Pflegefamilien und durch Begleitung im Übergang zu unterstützen. Hierbei spielt insbesondere eine Rolle, inwiefern es umgesetzt wird, Ergebnisse so an Fachkräfte, Politik, junge Menschen und Öffentlichkeit zu kommunizieren, dass die Komplexität und die Bedeutung von Strukturen verständlich werden. Die

1 Ergebnisse dieser Studie wurde von Pineau und Busso (2020) und O'Neil/Pineau/Hyatt (2020) veröffentlicht.

Darstellung von Care Leaver*innen muss daher auch die strukturellen Bedingungen und gesellschaftlichen Kontexte benennen, die ihre Lebensrealitäten prägen.

Bei der Bereitstellung anonymisierter Daten für die Sekundärnutzung, wie sie im Rahmen der CLS-Studie vorgesehen ist, besteht das Risiko, dass die Nutzer*innen der Daten die im Diversitätskonzept beschriebenen forschungsethischen Prinzipien nicht berücksichtigen oder bei der Darstellung der Daten Stigmatisierungen und Diskriminierungen reproduzieren und damit den Zielen der CLS-Studie widersprechen. In der Vorbereitung der Veröffentlichung eines Scientific Use Files (SUF) werden entsprechende Maßnahmen (zum Beispiel Hinweis auf Diversitätskonzept und forschungsethische Standards) mitgedacht.

Die CLS-Studie hat durch die Befragung einer großen Anzahl junger Menschen, die in Pflegefamilien und Einrichtungen leben oder gelebt haben, eine hohe Verantwortung im Forschungsprozess. Eine weitere Verantwortung besteht im Umgang mit den anvertrauten persönlichen Daten, nicht nur im Datenschutz, sondern auch in der Präsentation und Kontextualisierung dieser Daten. Eine stereotype oder eindimensionale Darstellung kann zur Stigmatisierung von Care Leaver*innen führen. Es ist wichtig, dass die Vielfalt und Komplexität von Erfahrungen nicht auf einseitige Narrative reduziert wird. Hier können Forscher*innen beispielsweise reflexiv mit den Grenzen der eigenen Forschung und der Aussagekraft umgehen, indem Interpretationen begründet und nachvollziehbar gemacht werden. Mit der stetigen Weiterentwicklung des Diversitätskonzeptes gibt es einen begleitenden Reflexionsprozess, der auch in Zukunft dokumentiert und öffentlich zugänglich gemacht wird.

Literatur

Erzberger, Christian/Herz, Andreas/Koch, Josef/Lips, Ann/Santen, Eric van/Schröer, Wolfgang/Seckinger, Mike (2019): Sozialstatistische Grundlage sozialer Teilhabe von Care LeaverInnen in Deutschland. Datenreport auf der Basis der Erziehungshilfeforschung und repräsentativer Paneluntersuchungen. Hildesheim: Universitätsverlag Hildesheim.

O'Neil, Moira/Pineau, Marisa Gerstein/Hyatt, Tamsyn (2020): Each and every child: How to talk about care experience in Scotland. Washington, DC: FrameWorks Institute.

Pineau, Marisa Gerstein/Busso, Daniel (2020): Reframing children's care in Scotland research supplement: Methods and findings. Washington, DC: FrameWorks Institute.

Richter Nunes, Rita (2023): Forschungsethische Prinzipien und Reflexionen am Beispiel einer Studie mit von Gewalt betroffenen Kindern. In: Marks, Svenja/Schäfer, Dorothee/Thole, Werner/Behnisch, Michael/Hildebrand, Julia (Hrsg.): Intimität in pädagogischen Beziehungen. Wiesbaden: Springer VS, S. 243–259.

Unger, Hella von (2018): Ethische Reflexivität in der Fluchtforschung. Erfahrungen aus einem soziologischen Lehrforschungsprojekt. In: *Forum Qualitative Sozialforschung*, H. 19 (3). DOI 10.17169/fqs-19.3.3151.

Verbund Care Leaver Statistics (2022): Diversitätskonzept und Code of Conduct der Panelstudie „Care Leaver Statistics: Soziale Teilhabe im Lebensverlauf junger Erwachsener – eine Langzeitstudie". URL: www.cls-studie.de/downloads/CLS-Diversitaetskonzept_2022-Herbst.pdf (abgerufen am 03.12.2024).

Zukunftsforum Heimerziehung (2021): Zukunftsimpulse für die „Heimerziehung". Eine nachhaltige Infrastruktur mit jungen Menschen gestalten! Frankfurt am Main: IGfH-Eigenverlag.

Soziodemografische Merkmale der befragten (angehenden) Care Leaver*innen

Tanja Abou, Sibel Dönmez, Christian Koop, Eric van Santen

Im Rahmen der ersten Welle der CLS-Studie, die im Zeitraum von Mitte Januar 2023 bis Anfang Juni 2023 realisiert wurde, konnten insgesamt 757 junge Menschen erreicht werden: 257 junge Menschen, die zum Zeitpunkt ihrer Einwilligung in die Befragung in Pflegefamilien lebten, und 500 Personen aus Einrichtungen der Hilfen zur Erziehung.

Im Folgenden wird auf die wichtigsten soziodemografischen Merkmale der an der Studie teilnehmenden (angehenden) Care Leaver*innen aus der ersten Welle der CLS-Studie Bezug genommen. Dabei geht es im ersten Teil um das Alter, den Geburtsort, die geschlechtliche und sexuelle Identität, mögliche Behinderungen und die Haupttätigkeiten der Studienteilnehmenden. Im Anschluss wird Bezug auf einzelne Elemente der Soziodemografie der leiblichen Eltern der Befragten genommen, sofern diese Elemente den befragten jungen Menschen bekannt waren.

Soziodemografie der Studienteilnehmenden

Folgend werden die soziodemografischen Merkmale der Studienteilnehmenden dargestellt. Wir betrachten hier unter anderem das Alter, das Geburtsland, die geschlechtliche und sexuelle Identität wie auch das Vorhandensein einer amtlich anerkannten (Schwer-)Behinderung und die aktuelle Haupttätigkeit der (angehenden) Care Leaver*innen. Unterschieden wird, wie vorausgehend, nach der Wohnform der Care Leaver*innen.

Alter der Studienteilnehmenden

Abbildung 2, Alter der Studienteilnehmenden

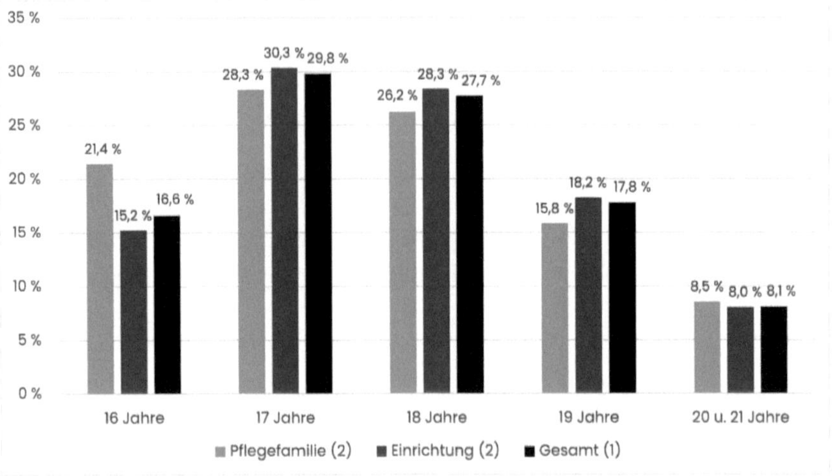

Quelle: CLS-Studie, Welle 1a 2023; (1)gewichtet nach Wohnform und Geschlecht, (2)gewichtet nach Geschlecht, n = 757

Beim Alter der Studienteilnehmenden ist zu erkennen, dass in beiden Wohnformen die meisten in der Altersgruppe der 17- bis 18-Jährigen sind (57,5 %). 16,6 Prozent sind 16 Jahre alt und insgesamt ein Viertel (25,9 %) sind 19 bis 21 Jahre alt.[1]

Geburtsland

Tabelle 2, Geburtsland Deutschland

	Pflegefamilie(2) (n = 257)	**Einrichtung(2) (n = 499)**	**Gesamt(1) (n = 756)**
In Deutschland geboren	98,0 %	86,7 %	89,1 %

Quelle: CLS-Studie, Welle 1a 2023; (1)gewichtet nach Wohnform und Geschlecht, (2)gewichtet nach Geschlecht

1 Wenngleich die Zielgruppe der CLS-Studie zu Studienbeginn junge Menschen in Pflegefamilien oder Einrichtungen im Alter von 16 bis einschließlich 19 Jahren waren, unterscheidet sich hier die Altersspanne der Studienteilnehmenden vom Alter der ursprünglich potenziellen Studienteilnehmenden, da einige zwischen der Einwilligung zur CLS-Studie und dem Stattfinden der Befragungen Geburtstag und somit das Alter von 19 Jahren überschritten hatten.

Beim Geburtsland der Studienteilnehmenden lässt sich festhalten, dass circa jede zehnte Person nicht in Deutschland geboren ist. Dabei ist auffällig, dass in Einrichtungen häufiger junge Menschen leben, die nicht in Deutschland geboren sind, als in Pflegefamilien (Einrichtung: 13,3 % zu Pflegefamilie: 2 %). Von denjenigen, die nicht in Deutschland geboren sind, gaben 70,5 Prozent wiederum an, geflüchtet zu sein. Diese ungleiche Verteilung auf die Wohnformen kann unter anderem darauf zurückgeführt werden, dass unbegleitete minderjährige Flüchtlinge häufiger in Einrichtungen untergebracht werden als in Pflegefamilien (vgl. BMFSFJ 2020).

Geschlechtliche und sexuelle Identität

Die CLS-Studie verfolgt einen umfassenden Ansatz zur Erfassung von Geschlecht. Geschlecht wird nicht nur binär – also nur in den Kategorien „männlich" und „weiblich" – erfasst, sondern berücksichtigt auch weitere mögliche Geschlechtsidentitäten.[2]

Mit dem Fragebogen ist eine differenzierte Erfassung sowohl des amtlich eingetragenen Geschlechts als auch des sozialen Geschlechts möglich. Das amtlich eingetragene Geschlecht bezieht sich auf die rechtlich anerkannte Geschlechtszuordnung, die in offiziellen Dokumenten wie Geburtsurkunden und Ausweispapieren vermerkt ist. Das soziale Geschlecht bezieht sich auf die Geschlechtsidentität, wie sie von der Person selbst gelebt wird. Es berücksichtigt auch individuelle Selbstwahrnehmungen und Ausdrucksformen, die über binäre Kategorien (also „Mann" oder „Frau") hinausgehen und Raum für nicht binäre und andere geschlechtliche Identitäten bieten.

Zum Zeitpunkt der Erhebung war die Aktualisierung des Selbstbestimmungsgesetzes bezüglich des Geschlechtseintrags noch nicht beschlossen, daher ist es möglich, dass auf die Frage „Welches Geschlecht tragen Sie bei amtlichen Dokumenten ein?" auch „Würde ich eintragen lassen" geantwortet wurde. In den CAPI-Interviews bekamen die Teilnehmenden die Möglichkeit, Fragen nach dem Geschlecht und der sexuellen Identität selbst auszufüllen.

Es gaben 43,1 Prozent der Teilnehmenden ihr amtliches Geschlecht als weiblich und 54,2 Prozent als männlich an. Weiterhin gaben 1,6 Prozent „divers" und 0,4 Prozent „kein Geschlecht" an. 0,7 Prozent machten keine Angabe zu ihrem amtlichen Geschlecht.

---

2 Der Begriff der „Identität" wird hier verwendet, um den bewussten und stimmigen Anteil der eigenen Identität zu beschreiben, der im Kontext kultureller, sozialer und politischer Rahmenbedingungen verarbeitet wurde. Dies unterscheidet sich von der allgemeinen Formulierung der „Orientierung", die bei ihrem Gebrauch oft – wie auch in der CLS-Studie – auf die Selbstdefinition zielt, aber de facto nur eine von mehreren Dimensionen der sexuellen Orientierung umfasst (vgl. Cerwenka/Brunner 2018, S. 278).

Tabelle 3, Amtliches Geschlecht nach Wohnform

	Pflegefamilie[1] **(n = 254)**	**Einrichtung**[1] **(n = 503)**	**Gesamt**[2] **(n = 757)**
Keine Angabe	0,4%	0,8%	0,7%
Weiblich	45,3%	42,0%	43,1%
Männlich	53,5%	54,6%	54,2%
Divers	0,8%	2,0%	1,6%
Ich trage kein Geschlecht ein.	0,0%	0,6%	0,4%

Quelle: CLS-Studie, Welle 1a 2023, [1]gewichtet nach Geschlecht, [2]gewichtet nach Wohnform und Geschlecht

Die Geschlechtsangaben bezüglich des amtlichen Geschlechts weisen in Pflegefamilien und in Einrichtungen nur geringe Unterschiede auf. Verteilt auf die Wohnform der Befragten gaben, wie die Tabelle oben zeigt, 45,3 Prozent der Teilnehmenden aus Pflegefamilien „weiblich“ an, 53,5 Prozent „männlich“, 0,8 Prozent „divers“, und keiner gab an, kein Geschlecht einzutragen. 0,4 Prozent der Befragten haben die Frage nicht beantwortet.

In stationären Wohnformen gaben 42,0 Prozent „weiblich“ und 54,6 Prozent „männlich“ an. 2,0 Prozent identifizierten sich mit „divers“, 0,6 Prozent gaben an, kein Geschlecht einzutragen, und 0,8 Prozent machten keine Angabe.

Die Frage „Welche der folgenden Bezeichnungen des Geschlechts trifft auf Sie aktuell zu?“, also nach dem sozialen Geschlecht, ergab eine veränderte Verteilung. Hier leben 39,3 Prozent als Frau, 54,8 Prozent als Mann. 3,0 Prozent gaben an, eine nicht-binäre Person zu sein. 0,7 Prozent gaben an, kein Geschlecht zu haben, und 1,3 Prozent bezeichneten ihr Geschlecht als „anders“. Zusätzlich machten 0,4 Prozent die Angabe „weiß nicht“ und 0,5 Prozent „keine Angabe“ (vgl. *Tab. 4).*

Zwischen amtlichem und sozialem Geschlecht ergeben sich im Vergleich Abweichungen. Mehr Personen leben als „Mann“ und „nicht-binär“ im Vergleich zu ihrem amtlichen Geschlecht. Weniger Personen leben als „Frau“ im Vergleich zu ihrem amtlichen Geschlecht. Einige Personen gaben an, „kein Geschlecht“ oder „anderes“ zu leben, was Kategorien sind, die in den amtlichen Geschlechterangaben nicht vorhanden sind.

Über die amtlichen Kategorien hinaus gaben 0,7 Prozent „kein Geschlecht“ an, 0,5 Prozent machten keine Angabe, und 0,4 Prozent gaben „weiß nicht“ an. Die Option „anderes, und zwar“ beantworteten 1,3 Prozent mit: „Demigirl“, „mehrere Persönlichkeiten mit unterschiedlichen Geschlechtern“, „genderfluid“, „asexuell“, „Trans-Mann“, „transgender“ und „fühlt sich weder als Junge noch als Mädchen“.

Tabelle 4, Soziales Geschlecht nach Wohnform

	Pflegefamilie[1] (n = 254)	**Einrichtung**[1] (n = 503)	**Gesamt**[2] (n = 757)
Weiß nicht	1,2%	0,2%	0,4%
Keine Angabe	0,4%	0,6%	0,5%
Frau	42,1%	38,2%	39,3%
Mann	53,1%	55,4%	54,8%
Nicht-Binär	2,0%	3,4%	3,0%
Kein Geschlecht	0,8%	0,6%	0,7%
Anderes, und zwar:	0,4%	1,6%	1,3%

Quelle: CLS-Studie, Welle 1a 2023, (1)gewichtet nach Geschlecht, (2)gewichtet nach Wohnform und Geschlecht

In Pflegefamilien und Einrichtungen gibt es unterschiedliche Verteilungen der Geschlechtsidentitäten unter den Teilnehmenden. In Pflegefamilien leben sowohl weibliche als auch männliche Kinder und Jugendliche, wobei der Anteil der männlichen etwas höher ist. Ein kleinerer Prozentsatz identifizierte sich als nicht-binär oder gab kein Geschlecht an. Es gibt auch Teilnehmende, die ihr Geschlecht als „anders" bezeichneten oder es nicht wissen, während einige keine Angabe dazu machten.

In Einrichtungen zeigt sich ein ähnliches Bild, jedoch mit kleinen Abweichungen. Auch hier leben sowohl weibliche als auch männliche Teilnehmende, wobei der Anteil männlicher Teilnehmender leicht ansteigt. Der Prozentsatz an Personen, die sich als nicht-binär identifizieren, ist höher als in Pflegefamilien. Ebenso gibt es Personen, die kein Geschlecht angaben oder es als „anders" bezeichneten. Die Zahl derjenigen, die ihr Geschlecht nicht wissen oder keine Angabe machten, bleibt gering.

Insgesamt verdeutlichen diese Unterschiede, wie vielfältig die Geschlechtsidentitäten sowohl in Pflegefamilien als auch in Einrichtungen sind, wobei die genaue Verteilung leicht variiert.

Die CLS-Studie erfasst zudem die sexuelle Identität der Teilnehmenden. Auf die Aussage „In der nächsten Frage geht es um Ihre sexuelle Orientierung. Was würden Sie sagen: Sie sind …", gaben 65,7 Prozent der Befragten an, heterosexuell zu sein, 11,8 Prozent bisexuell und 5,5 Prozent homosexuell. 2,1 Prozent waren unsicher, und 3,7 Prozent machten keine Angabe. 1,5 Prozent fühlen sich zu keinem Geschlecht hingezogen, während 6,3 Prozent unentschlossen oder nicht festgelegt sind. 3,4 Prozent gaben eine andere sexuelle Orientierung in einer Freifeldangabe an.

Tabelle 5, Sexuelle Identität nach Wohnform

	Pflegefamilie[(1)] (n = 254)	Einrichtung[(1)] (n = 503)	Gesamt[(2)] (n = 757)
Weiß nicht	3,1%	1,8%	2,1%
Keine Angabe	2,0%	4,2%	3,7%
Homosexuell	4,3%	5,8%	5,5%
Heterosexuell	70,1%	64,2%	65,7%
Bisexuell	9,8%	12,5%	11,8%
Zu keinem Geschlecht hingezogen	2,4%	1,2%	1,5%
Ich bin unentschlossen, nicht festgelegt	4,7%	6,8%	6,3%
Etwas anderes	3,5%	3,6%	3,4%

Quelle: CLS-Studie, Welle 1a 2023, [(1)]gewichtet nach Geschlecht, [(2)]gewichtet nach Wohnform und Geschlecht

Es zeigt sich, dass in Wohngruppen ein größerer Anteil von Personen mit einer LSBQ-Identität leben als in Pflegefamilien. In beiden Wohnformen ist jedoch dieser Anteil deutlich höher als in der altersentsprechenden Bevölkerung (vgl. zum Beispiel BZgA 2022).

Betrachtet man zusammen, ob die Befragten entweder ein nicht-binäres amtliches Geschlecht und/oder ein nicht-binäres soziales Geschlecht angaben und/oder amtliches Geschlecht und soziales Geschlecht nicht identisch sind und/oder eine sexuelle LSBQ-Identität gelebt wird, liegt der Anteil der LSBTQ-Teilnehmenden in der CLS-Studie bei 31,3 Prozent.

Dieser im Vergleich zur entsprechenden Altersgruppe in der Gesamtbevölkerung hohe Anteil von LSBTQ-Teilnehmenden ist in dieser Publikation zunächst lediglich deskriptiv dargestellt und wird in späteren Publikationen vertieft.

Amtlich anerkannte (Schwer-)Behinderung

In der CLS-Studie wird erhoben, ob Teilnehmende eine anerkannte (Schwer-) Behinderung angeben. Die Frage dazu bejahten 9,3 Prozent der Teilnehmenden, während 90,7 Prozent keine amtlich anerkannte Behinderung angaben. Bezogen auf die jeweiligen Wohnformen ergibt sich folgende Verteilung.

Tabelle 6, Amtlich anerkannte Behinderung

	Pflegefamilie[(1)] (n = 254)	Einrichtung[(1)] (n = 502)	Gesamt[(2)] (n = 756)
Amtlich anerkannte Behinderung	13,0%	8,2%	9,3%

Quelle: CLS-Studie, Welle 1a 2023, [(1)]gewichtet nach Geschlecht, [(2)]gewichtet nach Wohnform und Geschlecht

Der Anteil von (angehenden) Care Leaver*innen mit amtlich anerkannter Behinderung ist in Pflegefamilien größer als in Einrichtungen stationärer Hilfen zur Erziehung (vgl. Tab. 6). Bezüglich des Grades der Behinderung (GdB) zeigt sich, dass dieser in beiden Wohnformen bei über 85 Prozent der Care Leaver*innen mit einer anerkannten Behinderung bei mindestens 50 (Schwerbehinderung) liegt. In Pflegefamilien liegt dieser durchgehend über 50.

Aktuelle Haupttätigkeit

Bei der Frage nach der aktuellen Haupttätigkeit der Befragten gaben 54,5 Prozent an, derzeit zur Schule zu gehen, 21,4 Prozent machen eine Ausbildung und 0,8 Prozent studieren. Weitere 4,0 Prozent sind arbeitssuchend und 6,5 Prozent absolvieren ein Berufsgrund- oder Berufsvorbereitungsjahr. Ein kleinerer Teil der Befragten leistet ein Praktikum (0,9 %), ist bei der Bundeswehr (0,4 %) oder macht einen Freiwilligendienst (2,6 %). Zusätzlich nehmen 2,2 Prozent an Maßnahmen der Agentur für Arbeit teil, und 2,9 Prozent haben sich eine Auszeit genommen. Weitere 0,6 Prozent sind in Elternzeit oder Mutterschutz, 0,2 Prozent sind krank und 2,9 Prozent sind derzeit berufstätig.

Abbildung 3, Aktuelle Tätigkeit

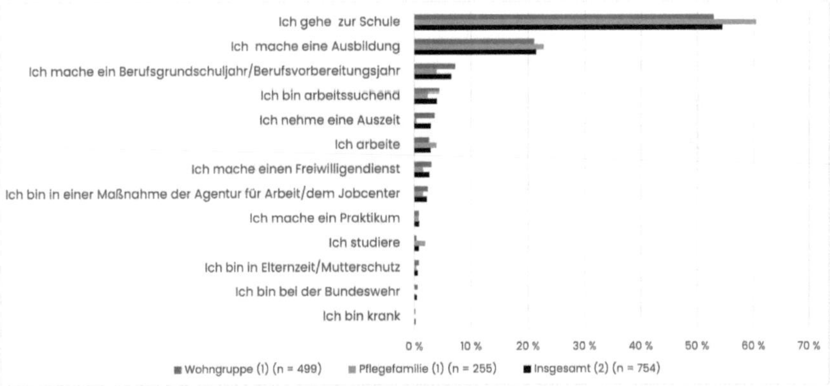

Quelle: CLS-Studie, Welle 1a 2023, (1)gewichtet nach Geschlecht, (2)gewichtet nach Wohnform und Geschlecht

Unter denjenigen, die in Pflegefamilien leben, gehen 60,4 Prozent zurzeit zur Schule, während 22,7 Prozent eine Ausbildung absolvieren. 2,0 Prozent studieren. Weitere Tätigkeiten umfassen Arbeitssuche (2,4 %), das Absolvieren eines Berufsgrund- oder Berufsvorbereitungsjahres (3,9 %) und das Durchführen eines Praktikums (0,8 %). Kein*e Befragte*r aus dieser Gruppe ist bei der Bundeswehr, jedoch machen 1,6 Prozent einen Freiwilligendienst. 1,6 Prozent sind in

Maßnahmen der Agentur für Arbeit oder des Jobcenters, und 0,4 Prozent nehmen sich eine Auszeit. Ebenfalls 0,4 Prozent sind in Elternzeit oder Mutterschutz, und keine Person dieser Gruppe gab an, derzeit krank zu sein. 3,9 Prozent arbeiten zurzeit.

Bei denjenigen, die in Einrichtungen leben, gehen 52,9 Prozent zur Schule, darauf folgen 21,0 Prozent, die eine Ausbildung machen. 0,4 Prozent studieren, und 4,4 Prozent sind arbeitssuchend. 7,2 Prozent absolvieren ein Berufsgrund- oder Berufsvorbereitungsjahr, und 0,8 Prozent machen ein Praktikum. 0,6 Prozent sind bei der Bundeswehr, 3,0 Prozent leisten einen Freiwilligendienst, und 2,4 Prozent befinden sich in Maßnahmen der Agentur für Arbeit oder des Jobcenters. Eine Auszeit nehmen sich 3,6 Prozent und 0,8 Prozent sind in Elternzeit oder Mutterschutz. 0,2 Prozent sind krank und 2,6 Prozent sind berufstätig.

Soziodemografie der Eltern

Folgend werden die soziodemografischen Merkmale der (leiblichen) Eltern dargestellt. Wir betrachten hier unter anderem das Alter, das Geburtsland, die Bildungsabschlüsse und die Erwerbstätigkeit. Unterschieden wird, wie vorausgehend, nach der Wohnform der Care Leaver*innen.

Eltern lebend/verstorben

Von den Studienteilnehmenden haben 20,7 Prozent einen verstorbenen Elternteil. Bei 10,2 Prozent der jungen Erwachsenen ist die Mutter verstorben und bei 13,3 Prozent der Vater. 2,8 Prozent haben beide Elternteile verloren.

Tabelle 7, Eltern verstorben

	Mutter verstorben		**Vater verstorben**		**Ein Elternteil verstorben**		**Beide Elternteile verstorben**	
	Pflegefamilie	Einrichtung	Pflegefamilie	Einrichtung	Pflegefamilie	Einrichtung	Pflegefamilie	Einrichtung
Ja	12,9%	9,3%	9,3%	14,4%	20,5%	20,5%	1,7%	3,1%

Quelle: CLS-Studie, Welle 1a 2023; gewichtet nach Geschlecht; n(Pflegefamilie) = 257, n(Einrichtung) = 500

Bei der Unterscheidung nach Wohnform zeichnet sich keine deutliche Tendenz ab, jedoch bestehen leichte Unterschiede zwischen verstorbenen Müttern und verstorbenen Vätern. Junge Erwachsene, bei denen beide Elternteile verstorben sind, sind häufiger stationär untergebracht, doch auch hier fallen die Unterschiede mit nur knapp 1,4 Prozent marginal aus.

Alter der leiblichen Eltern der Care Leaver*innen

Abbildung 4, Alter der Eltern der Care Leaver*innen

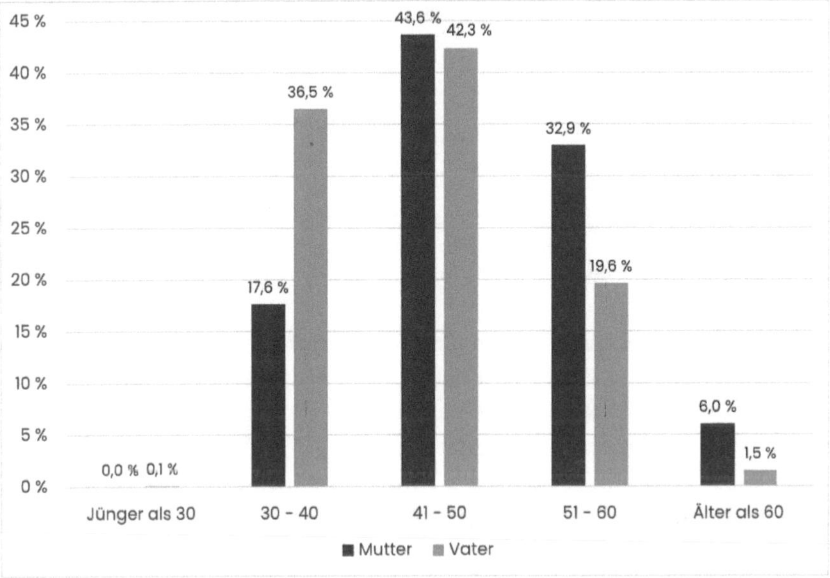

Quelle: CLS-Studie, Welle 1a 2023; n(Mutter) = 615, n(Vater) = 518; gewichtet nach Wohnform und Geschlecht

Die meisten leiblichen Eltern der Studienteilnehmenden sind 41 bis 50 Jahre alt. Mütter und Väter sind in der mittleren Altersklasse annährend gleich stark vertreten. In den jüngeren Altersklassen sind Väter häufiger vertreten, während Mütter in den älteren Altersklassen häufiger vertreten sind.

Geburtsland der leiblichen Eltern der Care Leaver*innen

Tabelle 8, Geburtsland der Eltern der Care Leaver*innen

	Mutter			Vater		
	Pflegefamilie(2) (n = 227)	Einrichtung(2) (n = 486)	Gesamt(1) (n = 713)	Pflegefamilie(2) (n = 203)	Einrichtung(2) (n = 459)	Gesamt(1) (n = 662)
In Deutschland	85,4%	72,0%	74,8%	77,4%	64,5%	67,1%
In einem EU-Staat	6,9%	5,0%	5,3%	5,7%	9,2%	8,5%
In einem Staat außerhalb der EU	7,7%	23,0%	19,9%	16,9%	26,3%	24,4%

Quelle: CLS-Studie, Welle 1a 2023; (1)gewichtet nach Wohnform und Geschlecht, (2)gewichtet nach Geschlecht

Die Mütter der Studienteilnehmenden sind häufiger in Deutschland geboren als die Väter. In einem anderen Staat der EU sind 5,3 Prozent der Mütter und 8,5 Prozent der Väter geboren. 19,9 Prozent der Mütter und 24,4 Prozent der Väter sind in einem anderen Staat außerhalb der EU geboren. Auffällig ist, dass Studienteilnehmende mit Müttern oder Vätern aus einem Staat außerhalb der EU häufiger in stationären Einrichtungen untergebracht werden als Studienteilnehmende mit Eltern, die in Deutschland geboren sind.

Bildungsabschlüsse der leiblichen Eltern der Care Leaver*innen

Der Bildungsstand sowie die Erwerbstätigkeit der Eltern der Studienteilnehmenden konnten aufgrund von Datenschutzvorgaben nur sehr grob abgefragt werden.

Tabelle 9, Bildungsabschlüsse der leiblichen Eltern der Care Leaver*innen nach Wohnform

	Mutter			Vater		
	Pflegefamilie[2] (n = 135)	Einrichtung[2] (n = 380)	Gesamt[1] (n = 515)	Pflegefamilie[2] (n = 109)	Einrichtung[2] (n = 345)	Gesamt[1] (n = 454)
Abgeschlossene Ausbildung oder Studium	54,5 %	39,9 %	57,6 %	25,2 %	22,7 %	23,1 %

Quelle: CLS-Studie, Welle 1a 2023; [1]gewichtet nach Wohnform und Geschlecht, [2]gewichtet nach Geschlecht

Werden die Bildungsabschlüsse der Eltern betrachtet, so fällt auf, dass Mütter doppelt so häufig eine abgeschlossene Ausbildung oder ein abgeschlossenes Studium haben wie Väter (57,6 % zu 23,1 %). Bei den Müttern wiederum ist zu erkennen, dass der Unterschied zwischen Müttern von Studienteilnehmenden aus Pflegefamilien und denen von Teilnehmenden aus Einrichtungen mit abgeschlossener Ausbildung beziehungsweise abgeschlossenem Studium 14,6 Prozentpunkte beträgt. Bei den Vätern fällt der Unterschied zwischen den Wohnformen mit 2,5 Prozentpunkten nicht so stark aus. Hierbei sei allerdings auch zu erwähnen, dass 29 Prozent der Studienteilnehmenden den Bildungsstand der Mutter nicht wissen, bei den Vätern liegt dieser Wert mit 37 Prozent sogar noch etwas höher.

Erwerbstätigkeit der leiblichen Eltern der Care Leaver*innen

Tabelle 10, Erwerbstätigkeit der leiblichen Eltern der Care Leaver*innen nach Wohnform

	Mutter			Vater		
	Pflegefamilie[2] (n = 151)	Einrichtung[2] (n = 427)	Gesamt[1] (n = 578)	Pflegefamilie[2] (n = 115)	Einrichtung[2] (n = 373)	Gesamt[1] (n = 488)
Erwerbstätig	46,4 %	53,8 %	52,5 %	59,0 %	73,2 %	71,1 %

Quelle: CLS-Studie, Welle 1a 2023; [1]gewichtet nach Wohnform und Geschlecht, [2]gewichtet nach Geschlecht

Etwas mehr als die Hälfte (52,5 %) der Mütter ist erwerbstätig, bei den Vätern liegt dieser Wert mit 71,7 Prozent um einiges höher. Ferner ist auffällig, dass der Unterschied zwischen den Wohnformen bei den Müttern nicht so stark ausfällt wie bei den Vätern (7,4 Prozentpunkte zu 14,2 Prozentpunkte). Auch bei dieser Frage ist zu erwähnen, dass etwas über ein Fünftel der Studienteilnehmenden angaben, den Erwerbsstatus der Mutter nicht zu wissen, bei den Vätern weiß circa ein Drittel nicht, ob dieser erwerbstätig ist oder nicht.

Literatur

BMFSFJ – Bundesministerium für Familie, Senioren, Frauen und Jugend (2020): Bericht der Bundesregierung zu dem Gesetz zur Verbesserung der Unterbringung, Versorgung und Betreuung ausländischer Kinder und Jugendlicher gem. § 42e SGB VIII – Die Situation unbegleiteter Minderjähriger in Deutschland.

BZgA – Bundeszentrale für gesundheitliche Aufklärung (2022): Jugendsexualität 9. Welle. Sexuelle Orientierung junger Menschen in Deutschland. Faktenblatt 18.

Cerwenka, Susanne/Brunner, Franziska (2018). Sexuelle Identität, sexuelle Attraktion und sexuelles Verhalten – Dimensionen sexueller Orientierungen in der Survey-Forschung [Sexual Identity, Sexual Attraction and Sexual Behaviour – Dimensions of Sexual Orientation in Survey Research]. In: *Zeitschrift für Sexualforschung*, H. 31 (3), S. 277–294. DOI 10.1055/a-0664-4764.

Einblicke in die aktuelle Situation in der Pflegefamilie oder Einrichtung

Christian Koop, Katharina Brüchmann, Anna Lips

Die beiden Wohnformen der stationären Hilfen zur Erziehung, Pflegefamilien und Einrichtungen, unterscheiden sich grundlegend in ihrem Hilfesetting. In der Regel sind Pflegeeltern keine professionell qualifizierten Personen. Die Vollzeitpflege findet in einem familienähnlichen Setting statt, das durch die Pflegekinderdienste professionell begleitet wird. Einrichtungen der Hilfen zur Erziehung hingegen umfassen vielfältige stationäre Wohnformen wie Großeinrichtungen, die in der Tradition der Heimunterbringung stehen, Wohngruppen oder trägereigenen Wohnraum für junge Volljährige. Diese Einrichtungen werden in der Regel durch freie Träger der Jugendhilfe betrieben.

Im Folgenden werden einige ausgewählte Aspekte zur aktuellen Wohnform der Befragten dargestellt: die Aufenthaltsdauer der jungen Menschen in der aktuellen Wohnform, die Art der Pflegeverhältnisse sowie die Zusammensetzung und Betreuungsintensität in den Einrichtungen. Daten zur Verfügbarkeit des WLANs in den Wohnformen zeigen die Möglichkeiten der digitalen Teilhabe. Ob junge Menschen ein eigenes Zimmer haben und ihre aktuelle Wohnform als ein Zuhause erleben, gibt Auskunft zur Privatsphäre und Verbundenheit mit dem aktuellen Wohnort.

Zum Befragungszeitpunkt lebte der überwiegende Teil der jungen Menschen noch in einer Pflegefamilie beziehungsweise einer Einrichtung. 60 Personen waren zwischen der Einwilligung zur Teilnahme an der CLS-Studie und dem Befragungszeitpunkt bereits ausgezogen.

Aufenthaltsdauer in der aktuellen Wohnform

Die Aufenthaltsdauer der jungen Menschen in Pflegefamilien oder Wohngruppen variiert stark: Die Einzugsjahre reichen von 2002 bis 2023. Dabei gaben 45,7 Prozent der Befragten an, zwischen 2020 und 2022 in ihre aktuelle Wohnform eingezogen zu sein. Im Folgenden werden die Wohnverhältnisse, in denen die Befragten leben, näher beschrieben. Abbildung 5 zeigt auf, wie stark die Aufenthaltsdauer in der aktuellen Wohnform außerdem zwischen jungen Menschen in Pflegefamilien und in Einrichtungen variiert. Junge Menschen in Pflegefamilien leben dort in der Mehrheit bereits seit einigen Jahren, junge Menschen in Einrichtungen sind einen deutlich kürzeren Zeitraum in der aktuellen Wohnform:

79,7 Prozent der Pflegeverhältnisse bestehen seit zehn Jahren und länger, bei jungen Menschen in stationären Wohnformen sind es lediglich 6,6 Prozent, die so lange in der aktuellen Wohnform wohnen.

Abbildung 5, Aufenthaltsdauer in aktueller Wohnform

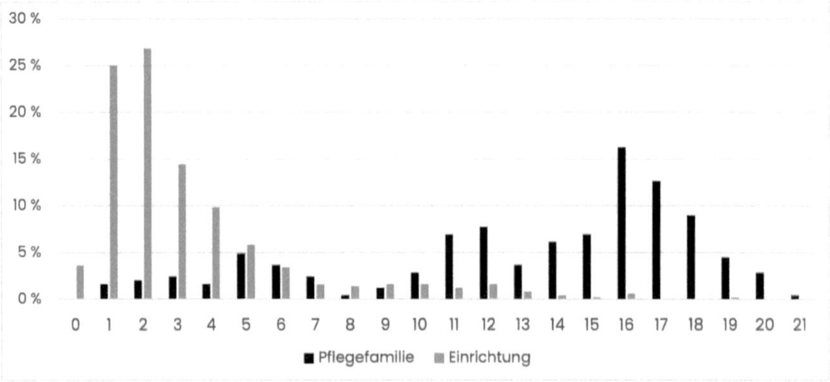

Quelle: CLS-Studie, Welle 1a 2023; gewichtet nach Geschlecht, n = 746; Aufenthaltsdauer in aktueller Wohnform in Jahren

Art der Pflegeverhältnisse und die Zusammensetzung der Pflegehaushalte

Neben der Dauer der Pflegeverhältnisse beschreiben die Zusammensetzung der Haushalte und die Art der Pflegeverhältnisse die Situationen, in denen die jungen Menschen in Pflegefamilien leben. Die Mehrheit der jungen Menschen in Pflegefamilien (67,7 %) ist in Fremdpflegeverhältnissen untergebracht: Sie sind weder mit den Pflegeeltern verwandt noch haben sie die Pflegepersonen vor dem Einzug gekannt. Ein Viertel (24,9 %) der Befragten aus Pflegefamilien ist in einem sogenannten Verwandtenpflegeverhältnis untergebracht. Bei 7,4 Prozent der Pflegeverhältnisse handelt es sich um Netzwerkpflege: Die jungen Menschen kannten die Pflegeeltern bereits vor Einzug, sind aber nicht mit ihnen verwandt.

Die jungen Menschen in Pflegefamilien wurden zudem danach gefragt, mit wie vielen Personen sie zusammenwohnen und wie sich die Haushalte zusammensetzen. Etwa drei Viertel (74,3 %) der Befragten leben mit zwei Pflegeelternteilen zusammen, 23,4 Prozent leben mit einem Pflegeelternteil zusammen, 2,3 Prozent mit drei Pflegeelternteilen. In den meisten der Pflegehaushalte (69,9 %) lebt kein leibliches Kind der Pflegeeltern. In 15,5 Prozent der Pflegeverhältnisse lebt ein leibliches Kind der Pflegeeltern, und in 7,4 Prozent der Pflegehaushalte wohnen zwei leibliche Kinder. Mit drei oder mehr leiblichen Kindern leben 7,2 Prozent der Befragten zusammen.

Bei den meisten der Befragten (69,5 %) leben keine weiteren eigenen Geschwister im Pflegehaushalt. 21,8 Prozent berichteten von einem weiteren eigenen Geschwisterkind im Pflegehaushalt, mit zwei eigenen Geschwistern leben 5,1 Prozent zusammen, mit drei oder mehr eigenen Geschwistern 3,7 Prozent. Auch bei der Frage nach weiteren Pflegekindern im Haushalt gab der überwiegende Teil an, dass kein (74,4 %) oder ein (15,4 %) weiteres Pflegekind dort lebt, zwei weitere Pflegekinder leben in 6,2 Prozent der Haushalte, 4,0 Prozent gaben mehr als zwei weitere Pflegekinder im Haushalt an. In 89,9 Prozent der Haushalte leben keine weiteren Personen abseits der genannten Personengruppen.

Mitbewohner*innen in Wohngruppen und Intensität der Betreuung

Die meisten jungen Menschen in stationären Einrichtungen haben weniger als zehn Mitbewohner*innen (vgl. Abbildung 6). Am häufigsten sind Wohnverhältnisse vorzufinden, in denen die jungen Menschen zwischen fünf und neun Mitbewohner*innen haben. Dies betrifft rund 55,8 Prozent der jungen Menschen in stationären Einrichtungen. 14,1 Prozent der Befragten haben zehn oder mehr Mitbewohner*innen.

Abbildung 6, Anzahl der Mitbewohner*innen

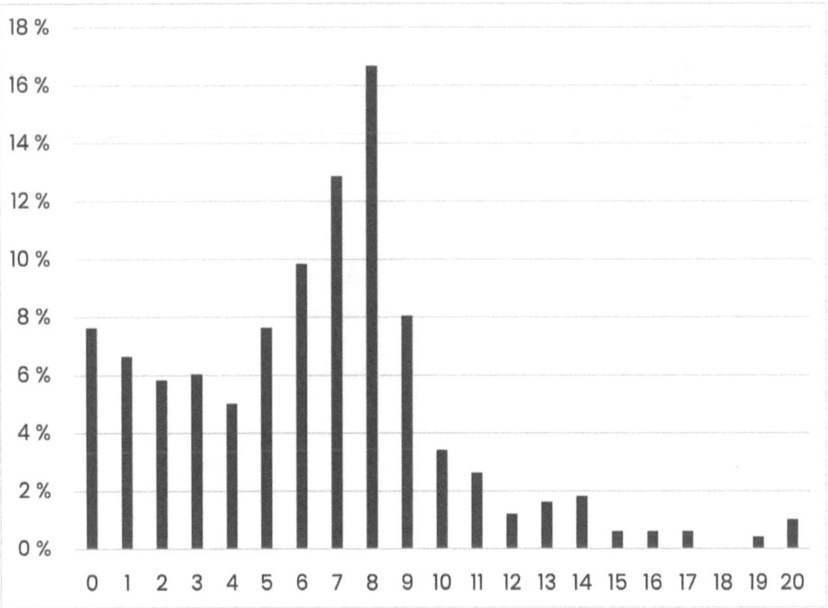

Quelle: CLS-Studie, Welle 1a 2023; gewichtet nach Geschlecht, n = 498

Die Intensität der Betreuung variiert unter den Befragten. Die Mehrheit (71,0 %) derjenigen, die in stationären Einrichtungen leben, berichtete, dass der Betreuungsdienst stets verfügbar ist. Für 8,2 Prozent der Befragten ist ein Betreuungsdienst nur an Werktagen verfügbar. Bei 10,9 Prozent der Befragten ist der Dienst täglich nur für wenige Stunden verfügbar, und 9,8 Prozent haben keinen Betreuungsdienst vor Ort und machen individuelle Termine aus.

WLAN in Einrichtungen und Pflegefamilien

Digitale Teilhabe bezeichnet die Möglichkeit, sich im digitalen Raum informieren, sich austauschen und vielfältige digitale Interaktionsmöglichkeiten real und barrierefrei nutzen zu können (Tillmann/Weßel 2021). Beim Heranwachsen sind digitale Medien unverzichtbar. Junge Menschen nutzen soziale Medien und digitale Plattformen, um sich auszuprobieren, sich zu präsentieren und zu kommunizieren (Hefner/Knop 2022, S. 218). Der Zugriff auf das Internet ist Grundvoraussetzung für die digitale Teilhabe.

Tabelle 11, Verfügbarkeit von WLAN in Einrichtungen und Pflegefamilien

Gibt es in der Pflegefamilie/Wohngruppe WLAN?			
	Einrichtung[1] (n = 498)	**Pflegefamilie[1] (n = 257)**	**Gesamt[2] (n = 755)**
Ja	94,4 %	98,6 %	95,3 %

Quelle: CLS-Studie, Welle 1a 2023; [1]gewichtet nach Geschlecht, [2]gewichtet nach Wohnform und Geschlecht

Eine erste Analyse zeigt, dass die Grundvoraussetzung für die digitale Teilhabe weitgehend gewährleistet ist: Die Mehrheit der jungen Menschen hat in der Einrichtung beziehungsweise der Pflegefamilie Zugriff auf WLAN (95,3 %). Zwischen den Unterbringungsformen gibt es nur geringfügige Unterschiede. In 98,6 Prozent der Pflegefamilien und in 94,4 Prozent der stationären Einrichtungen ist WLAN vorhanden. Insgesamt haben 4,7 Prozent der jungen Menschen in der Jugendhilfe keinen Zugang zu WLAN.

Tabelle 12, Zugriff auf WLAN

Zugriff WLAN	**Einrichtung[1] (n = 470)**	**Pflegefamilie[1] (n = 252)**	**Gesamt[2] (n = 722)**
Immer	61,0 %	90,1 %	71,1 %
Zu bestimmten Zeiten	38,8 %	9,1 %	28,5 %
Nie	0,2 %	0,9 %	0,4 %

Quelle: CLS-Studie, Welle 1a 2023; [1]gewichtet nach Geschlecht, [2]gewichtet nach Wohnform und Geschlecht

Für 71,1 Prozent der Befragten mit WLAN-Zugang ist der Zugriff auf das WLAN immer möglich. Dabei bestehen Unterschiede zwischen den Unterbringungsformen: Pflegefamilien reglementieren den Zugriff auf das WLAN zeitlich weniger als stationäre Einrichtungen. 90,1 Prozent der jungen Menschen in Pflegefamilien haben immer Zugriff auf WLAN, während es in stationären Einrichtungen 61,0 Prozent sind. Der Anteil der Befragten, die nie Zugriff auf das WLAN haben, fällt sehr gering aus. Gerade unter Bezug auf den UN-Kinderrechtsausschuss, der einen „kindgerechten Zugang zu digitalen Technologien" als Möglichkeit, „die gesamte Bandbreite ihrer bürgerlichen, politischen, kulturellen, wirtschaftlichen und sozialen Rechte auszuüben" (Committee on the Rights of the Child 2021), einordnet, ist ein eingeschränkter Zugang zum WLAN kritisch zu betrachten. Es bedarf daher einer differenzierten Auseinandersetzung mit möglichen Einschränkungen. So ist zum Beispiel zu fragen, mit welchen Begründungen Einschränkungen vorgenommen und welche Personengruppen in die Entscheidungen in diesem Kontext eingebunden werden.

Privatsphäre in Wohngruppen und Pflegeverhältnissen

Junge Menschen brauchen – unabhängig davon, wo sie aufwachsen – die Möglichkeit, sich zurückziehen zu können. Artikel 7 der Kinderrechtskonvention der Vereinten Nationen hält fest, dass das Recht auf Privatsphäre explizit auch für Kinder und Jugendliche gilt. In Wohnkontexten wie stationären Einrichtungen der Hilfen zur Erziehung wohnen junge Menschen in Haushaltsstrukturen, auf die sie wenig Einfluss haben, zum Beispiel bei der Auswahl der Mitbewohner*innen und des Personals (Pluto et al. 2024). Ein eigenes Zimmer ist daher von Bedeutung, um sich zurückziehen zu können und Privatsphäre zu genießen (Meuth 2018, S. 46). Die Mehrheit der CLS-Befragten verfügt über ein eigenes Zimmer: 96,3 Prozent der jungen Menschen haben ein eigenes Zimmer in der Wohngruppe oder der Pflegefamilie, 80,6 Prozent können dieses auch abschließen. Zwischen den Wohnformen zeigen sich deutliche Unterschiede: 85,3 Prozent der jungen Menschen in Wohngruppen gaben an, das Zimmer auch abschließen zu können. Bei jungen Menschen in Pflegefamilien sind es 64,9 Prozent, die ihr eigenes Zimmer abschließen können.

Jugendhilfe als ein Zuhause

Der Begriff „Zuhause" ist normativ aufgeladen und rekurriert auf die emotional-kognitive Ebene des Wohnens und die Verbundenheit mit dem Wohnort (Meuth 2018, S. 68). Eigene „Bilder, Vorstellungen, Gedanken und biografische Wohnerfahrungen" prägen das Gefühl, sich zu Hause zu fühlen (ebd., S. 69). Ein eigenes Zimmer bietet nicht nur Privatsphäre, sondern kann auch dazu beitragen, dass junge Menschen in Einrichtungen sich dort, wo sie leben, wohl, sicher und geborgen fühlen (Burschel/Klein-Zimmer/Seckinger 2022, S. 102). Doch auch andere Aspekte wie die Anerkennung der Person durch das Fachpersonal und Mitwohnende nehmen Einfluss darauf, ob sie den Wohnort als ihr Zuhause empfinden (ebd.). Die CLS-Studie erfasst, ob sich die jungen Menschen an ihrem aktuellen Wohnort zu Hause fühlen, und ob es Orte gibt, an denen sie sich ebenfalls oder alternativ zu Hause fühlen.

Die Mehrheit der Befragten der CLS-Studie (83,8 %) fühlen sich an ihrem aktuellen Wohnort zu Hause. Es gibt jedoch klare Unterschiede zwischen jungen Menschen in Einrichtungen und in Pflegefamilien: In Pflegefamilien fühlen sich 97,1 Prozent der Befragten zu Hause, während es bei jungen Menschen in stationären Einrichtungen 79,6 Prozent sind. Die Studie hat auch untersucht, ob die Befragten sich an anderen Orten ebenfalls zu Hause fühlen. Es konnten mehrere Orte angegeben werden, wobei „bei den Eltern", „bei den Großeltern" und „an einem anderen Ort" gewählt werden konnte. Der „andere Ort" konnte in einem Freitextfeld offen angegeben werden. 61,2 Prozent empfinden nicht nur ihre derzeitige Wohnform, sondern auch andere Orte als ihr Zuhause. Von diesen fühlen sich 44,7 Prozent zusätzlich bei ihren leiblichen Eltern zu Hause, 16,0 Prozent bei ihren Großeltern. Mehr als die Hälfte der Befragten (56,8 %) gab andere Orte an, an denen sie sich zu Hause fühlen.

Fast zwei Drittel (62,9 %) der jungen Menschen, die sich nicht in der Wohngruppe oder Pflegefamilie heimisch fühlen, empfinden an anderen Orten ein Zuhause. Sie nannten ebenfalls die Herkunftsfamilie (37,9 %) und andere Orte (67,1 %) hauptsächlich als ihr Zuhause, die Großeltern nannten 12,7 Prozent.

Die Befragten, die sich auch an einem anderen Ort oder nur an einem anderen Ort zu Hause fühlen, konnten angeben, wo dies der Fall ist. Am häufigsten nannten die Teilnehmenden ihre Partner*innen. An zweiter Stelle standen Familienmitglieder wie Geschwister oder weitere Verwandte wie Onkel und Tante. Fast ebenso häufig fühlten die Befragten sich bei Freund*innen zu Hause. Die jungen Menschen fühlten sich auch in ihrer ehemaligen Wohngruppe oder bei ihren vormaligen Pflegeeltern zu Hause. Einige Teilnehmende betrachteten Orte, an denen sie ihre Freizeit verbringen, als ihr Zuhause. Dazu gehören Orte, an denen sie ihren Hobbies oder ehrenamtlichen Tätigkeiten nachgehen, ein Tier betreuen, ein Sportverein oder ein Jugendtreff. Auch geografische Orte und Länder spielten eine Rolle, darunter Heimat- und Geburtsorte, Orte, an denen Verwandtschaft wohnt, sowie Urlaubsorte.

Literatur

Burschel, Maria/Klein-Zimmer, Kathrin/Seckinger, Mike (2022): Gute Heime – Möglichkeiten der Sichtbarmachung der Qualitäten stationärer Hilfen zur Erziehung. Weinheim und Basel: Beltz Juventa.

Committee on the Rights of the Child (2021): General comment No. 25 (2021) on children's rights in relation to the digital environment (CRC/C/GC/25). New York City. URL: www.ohchr.org/en/documents/general-comments-and-recommendations/general-comment-no-25-2021-childrens-rights-relation (abgerufen am 16.01.2025).

Hefner, Dorothée/Knop, Karin (2022): Erwachsenwerden mit (mobilen) digitalen Medien und in digitalen Sozialräumen. In: Berngruber, Anne/Gaupp, Nora: Erwachsenwerden heute. Lebenslagen und Lebensführung junger Menschen. Stuttgart: Kohlhammer, S. 218–227.

Meuth, Miriam (2018): Wohnen. Erziehungswissenschaftliche Erkundungen. Weinheim und Basel: Beltz Juventa.

Pluto, Liane/Mairhofer, Andreas/Peucker, Christian/Santen, Eric van (2024): Einrichtungen der stationären Hilfen zur Erziehung. Empirische Analyse zu Organisationsmerkmalen, Adressat:innen und Herausforderungen. Weinheim und Basel: Beltz Juventa.

Tillmann, Angela/Weßel, André (2021): Digitalisierung in der stationären Kinder- und Jugendhilfe. Zur Relevanz von digitalen Medien und Medienbildung in einem vernachlässigten Bildungskontext. In: Wunder, Maik (Hrsg.): Digitalisierung und Soziale Arbeit. Transformationen und Herausforderungen. Bad Heilbrunn: Verlag Julius Klinkhardt, S. 229–239.

Aufwachsen in der Jugendhilfe: Vorteile und Stärken aus Sicht von Care Leaver*innen

Katharina Brüchmann, Martina Pokoj, Franziska Petersen, Charlotte Radtke

Die unterschiedlichen Aspekte der Hilfesettings beeinflussen das Leben der jungen Menschen: Wachsen sie in Verwandtschaftspflege auf oder leben sie mit 20 anderen in einer Großeinrichtung, erleben ihren Alltag unterschiedlich? Diese Erfahrungen spiegeln sich auch in den Selbstbeschreibungen der jungen Menschen wider. Dieser Beitrag beschreibt, welche Vorteile und Stärken junge Menschen aus dem Aufwachsen in der jeweiligen Wohnform aus ihrer Perspektive ziehen.

Forschung zu stationären Hilfen zur Erziehung hat bisher hauptsächlich die Benachteiligungen und Risiken untersucht, die Care Leaver*innen erleben. Nationale wie internationale Studien zeigen, dass junge Menschen mit Jugendhilfeerfahrungen unter anderem im Bildungsbereich benachteiligt sind und häufiger von Arbeits- und Wohnungslosigkeit betroffen sind (unter anderem Häggman-Laitila/Salokekkilä/Karki 2018; Gypen et al. 2017; Berrdige 2012; Gharabaghi 2011; Pecora et al. 2006). Bisher liegen in Deutschland keine Studien vor, die selbst wahrgenommene Stärken und/oder Vorteile, die Care Leaver*innen durch das Aufwachsen in der Pflegefamilie oder Einrichtung entwickeln können, erheben. Eine Untersuchung der Benachteiligung von Care Leaver*innen ist elementar, um Ungleichheiten sichtbar zu machen und Verbesserungen im Hilfesystem zu erreichen. Dennoch birgt diese Perspektive die Gefahr einer Stigmatisierung, die zu einer Reproduktion von Ungleichheit und einer Verstärkung von Unterschieden beitragen kann. Studien verweisen zudem darauf, dass sich die Fremdwahrnehmung auf die Selbstwahrnehmung auswirkt und damit zu einer Beeinträchtigung des Selbstwertgefühls führen kann (Beckmann/Goseberg/Sondermann 2022; Pineau/Busso 2020; O'Neil/Pineau/Hyatt 2020).

Um die positiven Aspekte des Aufwachsens in der Jugendhilfe zu beleuchten, wurden in der ersten Welle der CLS-Studie zwei Fragen zu selbst wahrgenommenen Stärken und Vorteilen erhoben. In den beiden letzten Fragen des Fragebogens wurden die Befragten gebeten, Stärken und Vorteile zu nennen, die sie durch ihre Erfahrungen in der jeweiligen Wohnform entwickelt haben. Diese Herangehensweise ermöglicht einen Einblick in die Ressourcen und Stärken dieser jungen Menschen und damit auch einen positiven Blick auf die Kinder- und Jugendhilfe. Die Analyse dieser Antworten trägt zu einem umfassenderen

Verständnis der Lebensrealitäten von jungen Menschen bei, die in Pflegefamilien oder Einrichtungen aufwachsen. Sie weisen zudem zentrale und wichtige Ansatzpunkte für eine ressourcenorientierte Unterstützung und Förderung aus.

Die Befragten konnten pro Frage bis zu fünf offene Angaben machen. Die offenen Angaben wurden induktiv am Material mithilfe der Software MAXQDA inhaltsanalytisch kodiert. Es wurden im ersten Schritt einzelne Kategorien mit identischen oder sehr ähnlichen Antworten angelegt und diese in einem zweiten Schritt in Ober- und Unterkategorien gegliedert. Im dritten Schritt wurde unterteilt, ob die Angaben von Personen aus Pflegefamilien oder Einrichtungen getätigt wurden. Dies erfolgte erst nach der Kategorisierung, um eine Verzerrung zu vermeiden. Um Unterschiede zwischen den beiden Gruppen darzustellen, wurde die Häufigkeit der inhaltlich positiven Antworten durch die Gesamtzahl der Antworten der untersuchten Gruppe geteilt (ausgenommen wurden „keine Angabe", „weiß nicht", „keine Vorteile", „keine Stärken").

Insgesamt haben 83,0 Prozent der Befragten Angaben zu den Stärken gemacht, die sie durch das Aufwachsen in stationären Hilfen zur Erziehung sehen. 11,4 Prozent der Befragten haben keine Angabe gemacht oder wussten nicht, wie sie die Frage nach ihren entwickelten Stärken beantworten sollten. Zudem gaben 5,7 Prozent der Befragten trotz der positiv formulierten Frage an, keine Stärke durch das Aufwachsen in ihrer Situation entwickelt zu haben.

76,1 Prozent haben Angaben zu Vorteilen gemacht. 13,5 Prozent machten keine Angabe oder gaben an, keine Antwort zu wissen. 10,4 Prozent sagten, dass es keinen Vorteil durch diese Art des Aufwachsens gebe. Von den Personen, die eine Antwort gegeben haben, wurden im Durchschnitt 2,3 Stärken und 2,4 Vorteile genannt. Wenige Befragte nutzten die Option, alle fünf Antwortmöglichkeiten auszufüllen.

An dieser Stelle lässt sich ein Unterschied zwischen den Befragten aus Pflegefamilien und Befragten aus Einrichtungen feststellen. Etwa doppelt so viel Prozent der jungen Menschen in Pflegefamilien sehen in dem Aufwachsen in der Pflegefamilie keinen Vorteil oder nennen keinen.

Junge Menschen in stationären Hilfen zur Erziehung entwickeln Stärken

Die Antworten der Befragten zu entwickelten Stärken lassen sich in die Kategorien „Individualkompetenz", „Sozialkompetenz", „Selbstständigkeit" und „fachliche/kognitive Kompetenzen" einteilen.

Die meisten Antworten wurden im Bereich der „Individualkompetenzen" gegeben. Von Jugendlichen in Einrichtungen wurde dies in 42,9 Prozent der Antworten als Stärke genannt. Bei jungen Menschen aus Pflegefamilien zielten 45,0 Prozent der Antworten auf Stärken im Bereich der „Individualkompetenzen".

Häufig genannte Begriffe waren „Selbstreflexion“, „Selbstvertrauen“ und „Selbstbewusstsein“, wobei Letzteres am häufigsten erwähnt wurde. Dies zeigt, dass das Aufwachsen in den Hilfen zur Erziehung zur Entwicklung eines starken Selbstbewusstseins beitragen kann. Weitere häufig genannte Stärken waren „Durchsetzungsvermögen“, „Ehrgeiz“ und die Fähigkeit, „Schüchternheit abzulegen“. Diese Begriffe deuten auf die Entwicklung von Resilienz und Bewältigungsstrategien hin.

An zweiter Stelle standen Aspekte der „Sozialkompetenzen“. 31,5 Prozent der Antworten von Jugendlichen in Einrichtungen sind dieser Kategorie zuzuordnen. Ähnlich sind die Angaben von jungen Menschen aus Pflegefamilien: 33,3 Prozent der Antworten spiegeln Aspekte aus dem Bereich „Sozialkompetenz“ als Stärke des Aufwachsens in dieser Wohnform wider. Die Befragten nannten hier häufig den „Umgang mit anderen Menschen“, „Empathie“, „Teamfähigkeit“, „Respekt“ und „Kontaktfähigkeit/Offenheit“. 9,3 Prozent der genannten Schlagworte von jungen Menschen in Einrichtungen betonen die Bedeutung von „Kommunikation“ wie das „Ausdrücken von Emotionen“, das „Äußern von Meinungen“, „Zuhören“ sowie „Abgrenzen“ und „Konfliktfähigkeit“. Junge Menschen aus Pflegefamilien hoben hingegen „Teamfähigkeit“ hervor mit Schlagworten wie „Hilfsbereitschaft“, „Rücksichtnahme“, „Zusammenhalt“ und „Gleichberechtigungssinn“ (6,9 Prozent der Antworten). Sowohl junge Menschen aus Pflegefamilien als auch diejenigen aus Einrichtungen sehen in den stationären Hilfen zur Erziehung eine Förderung wichtiger persönlicher und sozialer Kompetenzen.

Der Bereich „Selbstständigkeit“ umfasst Aspekte wie „Eigenverantwortung“, „Erwachsenenwerden“, „Unabhängigkeit“ und „Alltagsfähigkeiten“ wie „Haushaltsführung“, „handwerkliche Fähigkeiten“ und den „Umgang mit Geld“. 24,4 Prozent der Antworten von jungen Menschen aus Einrichtungen und 19,7 Prozent der Schlagworte von jungen Menschen aus Pflegefamilien sind diesem Bereich zuzuordnen. Dies zeigt, dass die Förderung von Eigenverantwortung, Unabhängigkeit und praktischen Alltagsfähigkeiten zentrale Themen sind. Die Erwähnung von Alltagsfähigkeiten wie „Haushaltsführung“ und „Umgang mit Geld“ unterstreicht, dass beide Betreuungsformen Wert auf die Vermittlung praktischer Lebenskompetenzen legen. Begriffe wie „Eigenverantwortung“ und „Erwachsenwerden“ deuten darauf hin, dass die jungen Menschen nicht nur praktische Fähigkeiten, sondern auch persönliche Reife und Verantwortungsbewusstsein entwickeln. Die häufige Nennung von „Selbstständigkeit“ verdeutlicht, dass die Vorbereitung auf ein eigenständiges Leben, unabhängig von der Wohnform, ein zentrales Thema ist.

Die Oberkategorie „fachliche/kognitive Kompetenzen“ umfasst Bereiche, in denen (angehende) Care Leaver*innen ihr Wissen und ihre Lernfähigkeit erweitern können. Diese Kategorie beinhaltet Schlagworte wie „Konzentration“, „Schulische Leistungen“ und „Sprache“. Insgesamt wurden Schlagworte, die in diese Kategorie passen, eher selten genannt: 1,2 Prozent der Angaben von Personen aus Einrichtungen und 2,0 Prozent der Antworten von Personen aus Pflegefamilien lassen sich dem Bereich „fachliche/kognitive Kompetenzen“ zuordnen.

Die folgenden beiden Tabellen geben eine Übersicht über alle Ober- und Unterkategorien im Bereich der entwickelten Stärken.

Tabelle 13, Ober- und Unterkategorien der selbst wahrgenommene Stärken

Oberkategorie	Unterkategorie
Individualkompetenzen	**Persönlichkeitsentwicklung** (Selbstreflexion, -wirksamkeit, -kontrolle, -fürsorge, -vertrauen, -liebe/-akzeptanz, -bewusstsein, Zuverlässigkeit, Organisationsfähigkeit) **Stärke besitzen** (Resilienz, Ausgeglichenheit, Selbstbestimmung, Durchsetzungsvermögen, Ehrgeiz, Schüchternheit ablegen, Entschlossenheit) **Erfahrungen sammeln / Interessen ausbilden** (politisches Interesse, Sportlichkeit/Fitness, Kreativität, Neugier, Freizeit) **Zuverlässigkeit** (Organisationsfähigkeit)
Sozialkompetenzen	**Umgang mit anderen Menschen** (Kompromissbereitschaft/-fähigkeit, Kritikfähigkeit, Zusammenleben mit anderen Menschen) **Kommunikation** (Emotionen ausdrücken, Ehrlichkeit, Zuhören, Konfliktfähigkeit, Abgrenzung, diskutieren, Meinung äußern) **Empathie** (Feinfühligkeit, Perspektivenwechsel) **Teamfähigkeit** (Hilfsbereitschaft, Rücksicht, Freundlichkeit, Zusammenhalt, sich für andere einsetzen, Unterstützung erhalten und annehmen, Menschenkenntnis/Vertrauen) **Respekt** (Höflichkeit, Anstand, Toleranz) Kontaktfähigkeit/Offenheit
Selbstständigkeit	**Erwachsenwerden** (Eigenverantwortung) **Unabhängigkeit** **Selbstversorgung** (Alltagsfähigkeiten, beispielsweise Haushalt und Hauswirtschaft, Handwerkliches, Umgang mit Geld, (Tisch-)Manieren, Umgang mit Ämtern / agieren im Hilfesystem, alleine sein können)
Fachliche/kognitive Kompetenzen	**Wissen und Lernfähigkeit** (Konzentration, Sprache sowie sprechen, lesen, verstehen, schulische Leistungen)

Quelle: CLS-Studie, 1. Welle 2023; Angaben zu Stärken durch Aufwachsen in Einrichtungen oder Pflegefamilien, kategorisiert, eigene Darstellung.

Tabelle 14, Selbst wahrgenommene Stärken in Prozent der Angaben

Kategorie	Nennungen Einrichtung	Nennungen Pflegefamilie
Individualkompetenzen		
Persönlichkeitsentwicklung	18,5 %	16,5 %
Stärke besitzen	16,9 %	22,6 %
Erfahrungen/Interessen ausbilden	1,8 %	3,4 %
Zuverlässigkeit	5,7 %	2,4 %
Gesamt	*42,9 %*	*45,0 %*

Kategorie	Nennungen Einrichtung	Nennungen Pflegefamilie
Sozialkompetenzen		
Umgang mit anderen Menschen	1,8%	0,2%
Kommunikation	9,3%	5,6%
Empathie	2,8%	4,3%
Teamfähigkeit	6,3%	9,1%
Respekt	1,7%	3,8%
Kontaktfähigkeit/Offenheit	4,8%	6,3%
Sozialkompetenzen, nicht genauer spezifiziert	5,9%	4,0%
Gesamt	*31,5%*	*33,3%*
Selbstständigkeit		
Erwachsenwerden	1,1%	1,6%
Unabhängigkeit	0,8%	0,4%
Selbstversorgung	8,6%	4,5%
Selbstständigkeit, nicht genauer spezifiziert	14,0%	13,2%
Gesamt	*24,4%*	*19,7%*
Fachliche/kognitive Kompetenzen	2,0%	1,2%

Quelle: CLS-Studie, 1. Welle 2023; prozentuale Angaben zu Stärken durch Aufwachsen in Einrichtungen oder Pflegefamilien, eigene Darstellung, die prozentualen Angaben beziehen sich auf die Gesamtheit der gültigen Antworten (n = 1.463).

Das Aufwachsen in stationären Hilfen zur Erziehung bietet Vorteile

Die genannten Vorteile lassen sich in zwei Oberkategorien unterteilen: Vorteile, die sich auf die Strukturen und Bedingungen der jeweiligen Wohnform beziehen, zusammengefasst als „wohnformbezogene Vorteile“, und Vorteile im Bereich der individuellen Entwicklung. „Wohnformbezogene Vorteile“ überwiegen in den Antworten der (angehenden) Care Leaver*innen. 62,3 Prozent der Antworten der jungen Menschen in Einrichtungen lassen sich dieser Oberkategorie zuordnen, bei jungen Menschen in Pflegefamilien sind es 71,8 Prozent der Antworten. Vorteile, die Aspekte der individuellen Entwicklung widerspiegeln, finden sich in 37,7 Prozent der Antworten von jungen Menschen in Einrichtungen, bei jungen Menschen in Pflegefamilien sind es 28,2 Prozent der Antworten.

Bei den „wohnformbezogenen Vorteilen“ wurden verschiedene Unterkategorien identifiziert. Diese umfassen die „Struktur“, eine „gute Versorgung“, „Ansprechpersonen“, mehr „Unterstützung“ und die „Ausstattung der Einrichtung“. Weitere Aspekte sind „Teilhabe und Mitbestimmung“, „Erziehung“, „Verbesserung der Perspektive“, „Verminderung von Konflikten und Sorgen“, „Freizeitgestaltung und Aktivitäten“, „Gemeinschaft“, „Aufwachsen in Familie“ sowie

„emotionale Unterstützung und Bindung". Am häufigsten nannten die Befragten die Unterstützung als Vorteil: (Angehende) Care Leaver*innen schätzen die professionelle Unterstützung in verschiedenen Lebensbereichen, die sie durch das Aufwachsen in einem Jugendhilfesetting erhalten. Junge Menschen in Pflegefamilien erleben es als einen Vorteil, dass sich ihre Perspektive des Aufwachsens verbessert. Sie nannten als häufigsten Vorteil, dass sie nicht bei ihrer Herkunftsfamilie aufwachsen. Insgesamt beziehen sich 11,6 Prozent der Antworten von Personen aus Pflegefamilien darauf, dass sich die Perspektive verbessert hat. Junge Menschen in Einrichtungen gaben diesen Aspekt nur selten an (1,1 Prozent der Antworten). Ein weiterer Unterschied zwischen den beiden Hilfesettings zeigt sich bei der emotionalen Unterstützung und Bindung. 9,3 Prozent der Schlagworte von jungen Menschen in Pflegefamilien rekurrieren auf Aspekte wie „emotionale Sicherheit" und „Geborgenheit" oder „Fürsorge". Bei jungen Menschen in Wohngruppen sind es 2,5 Prozent der Antworten. Dies könnte auf strukturelle Unterschiede zwischen den beiden Hilfesettings zurückzuführen sein, da es in Pflegefamilien tendenziell einfacher erscheint, eine persönlichere Atmosphäre schaffen zu können als in Einrichtungen. Junge Menschen in Einrichtungen nannten hingegen deutlich häufiger das Aufwachsen in einer Gemeinschaft als einen Vorteil: 12,8 Prozent der Angaben von jungen Menschen in Einrichtungen beziehen sich auf die Gemeinschaft in ihrem Hilfesetting. Bei Heranwachsenden in Pflegefamilien sind es 4,4 Prozent der Antworten. Während junge Menschen in Einrichtungen den sozialen Austausch und den Zusammenhalt innerhalb der Gruppe und zwischen Peers als vorteilhaft nannten, schätzten junge Erwachsene in Pflegefamilien vor allem die familiäre Umgebung und deren Vorteile.

Die Oberkategorie „individuelle Entwicklung" umfasst die „körperliche und persönliche Entwicklung" der Befragten sowie „soziale Kompetenzen", „Förderung der Selbstständigkeit" und „Neues lernen / Erfahrungen sammeln". Insgesamt überwiegen Aspekte, die die Selbstständigkeit fördern. Vor allem junge Menschen in Einrichtungen nannten „Aspekte der Selbstständigkeit" als einen Vorteil: 26,5 Prozent der (angehenden) Care Leaver*innen in Einrichtungen gaben „Aspekte der Selbstständigkeit" als einen Vorteil an, bei jungen Menschen in Pflegeverhältnissen sind es 11,6 Prozent. In dieser Unterkategorie sammeln sich zum einen Schlagworte der praktischen Lebensführung wie „Haushaltsführung", „Jobsuche", oder „Umgang mit Behörden", aber auch abstraktere Begriffe der Autonomie wie „Unabhängigkeit", „frühe Selbstständigkeit" oder „Lebenserfahrungen sammeln". 4,2 Prozent der Antworten von jungen Menschen in Einrichtungen sind der Unterkategorie der Persönlichkeitsentwicklung zuzuordnen, bei jungen Menschen in Pflegeverhältnissen sind es 5,2 Prozent der Angaben. Der Unterkategorie „soziale Kompetenzen" sind 4,3 Prozent der Antworten von jungen Menschen in Einrichtungen und 5,2 Prozent der Angaben von Care Leaver*innen in Pflegefamilien zuzuordnen. Diese Kategorie umfasst Aspekte wie „Hilfsbereitschaft, Toleranz", „Durchsetzungsfähigkeit" oder „Resilienz". Dem

Bereich „Neues Lernen / Erfahrungen sammeln" lassen sich nur wenige Antworten zuordnen. 2,6 Prozent der Antworten von jungen Menschen in Einrichtungen zeigen Aspekte dieses Bereichs. Bei jungen Menschen in Pflegeverhältnissen sind es 5,2 Prozent.

Die folgenden beiden Tabellen fassen alle Ober- und Unterkategorien der Vorteile des Aufwachsens in der Jugendhilfe zusammen.

Tabelle 15, Selbst wahrgenommene Vorteile

Kategorie	**Nennungen Einrichtung**	**Nennungen Pflegefamilie**
Wohnformbezogene Vorteile		
Struktur	0,3 %	0,6 %
Gute Versorgung	2,3 %	1,5 %
Ansprechpersonen und Betreuer*innen	5,2 %	2,3 %
Unterstützung und Hilfe	15,5 %	14,5 %
Finanzen und Finanzierung	6,4 %	4,7 %
Ausstattung	2,2 %	1,5 %
Erziehung	3,5 %	1,5 %
Verbesserung der Perspektive	1,1 %	11,6 %
Verminderung von Konflikten und Sorgen	4,7 %	5,5 %
Freizeitgestaltung und Aktivitäten	5,2 %	3,5 %
Gemeinschaft	12,8 %	4,4 %
Aufwachsen in Familie	0,3 %	11,0 %
Emotionale Unterstützung und Bindung	2,5 %	9,3 %
Gesamt	**62,3 %**	**71,8 %**
Individuelle Entwicklung		
Körperliche Entwicklung	0,0 %	0,3 %
Persönlichkeitsentwicklung	4,2 %	5,2 %
Entwicklung sozialer Kompetenzen	4,3 %	5,8 %
Selbstständigkeit	26,5 %	11,6 %
Neues Lernen / Qualifikationen	2,6 %	5,2 %
Gesamt	**37,7 %**	**28,2 %**

Oberkategorie	Unterkategorie
Wohnformbezogene Vorteile	**Struktur** (externes Beschwerdemanagement, Notdienst) **Gute Versorgung** (Wohlfühlen, Sicherstellung der Grundbedürfnisse) **Ansprechpersonen/Betreuer*innen** **Mehr Unterstützung und Hilfe** (konkrete Übergangsunterstützung, Sicherheitsnetz, Möglichkeit, nicht direkt auszuziehen, professionelle/rechtliche/medizinische Unterstützung, schulische/berufliche Unterstützung, Hilfe vom Jugendamt, bedarfsorientierte Unterstützung), Teilhabe und Mitbestimmung **Finanzen und Finanzierung** (mehr Taschengeld / eigenes Geld, finanzielle Unterstützung/Kostenübernahme durch Jugendamt) **Ausstattung** (eigenes Zimmer, eigene Wohnung, Rückzugsmöglichkeiten/Privatsphäre, Ruhe, technische Ausstattung, WLAN, Sport-/Freizeitmöglichkeiten) **Erziehung** (mehr Struktur / strukturierter Tagesablauf, Regeln und Disziplin, keine Bevorzugung) **Verbesserung der Perspektive** (Möglichkeit der Adoption, bessere Entwicklungsmöglichkeiten, nicht bei Herkunftsfamilie leben/aufwachsen, mehr Möglichkeiten) **Verminderung von Konflikten und Sorgen** (weniger psychische Belastungen, psychisch stabilisierend, normales Aufwachsen, Verbesserung des Kontakts / der Beziehung zur Herkunftsfamilie, Sicherheit / geschütztes Umfeld) **Freizeitgestaltung und Aktivitäten** **Gemeinschaft** (Peer-Support, Gemeinschaftsgefühl/Zusammenhalt, mehr Sozialleben / soziale Kontakte, unterstützendes Umfeld, nicht alleine sein) **Aufwachsen in Familie** (Erfahrungswerte nutzen, Geschwister, große Familie, in Familie bleiben können / Verwandtenpflege) **Emotionale Unterstützung und Bindung** (Bestätigung und Akzeptanz, Respekt und Wertschätzung, offener Umgang mit Problemen, emotionale Sicherheit/Geborgenheit, Verständnis, emotionale Nähe, Empathie und Anerkennung, Fürsorge und Rücksicht)
Individuelle Entwicklung	**Körperliche Entwicklung** **Persönlichkeitsentwicklung** (Selbsteinschätzung/-reflexion, -kontrolle, -vertrauen, Zuverlässigkeit, Anpassungsfähigkeit, Resilienz, Zielstrebigkeit) **Entwicklung sozialer Kompetenzen** (Hilfsbereitschaft, Offenheit und Toleranz, Konfliktfähigkeit, Teamfähigkeit, Empathie/Perspektivwechsel, Durchsetzungsfähigkeit) **Selbstständigkeit** (Unabhängigkeit und Freiheit, frühe Selbstständigkeit und Erwachsensein, allein leben, kochen, Jobsuche, Wohnungssuche / Umgang mit Vermieter*innen, Umgang mit Behörden, finanzielle Bildung, Haushaltsführung) **Neues Lernen / Qualifikationen** (Handwerkliches, Lebens-/Erfahrung sammeln, interkulturelle Erfahrungen, deutsche Kultur/Sprache lernen, Umgang mit Medien, Umgang mit Tieren)

Quelle: CLS-Studie, Welle 1a 2023; prozentuale Angaben zu Vorteilen durch Aufwachsen in Einrichtungen oder Pflegefamilien, eigene Darstellung. Die prozentualen Angaben beziehen sich auf die Gesamtheit der gültigen Antworten (n = 1.401).

Limitationen

Da die Antworten über einen quantitativen Fragenbogen erhoben wurden, sind ausschließlich Schlagworte ohne Erklärung angegeben, die von Interviewer*innen eingetragen wurden. Hier könnte bereits eine erste Interpretation des Gesagten der jungen Menschen vorgenommen worden sein. Dadurch besteht das Risiko, dass es zu Fehlinterpretationen kommt. Alle Kodierungen wurden von mindestens zwei Personen geprüft, um die Reliabilität zu erhöhen. Dennoch ist nicht auszuschließen, dass die vorgenommenen Zuordnungen teilweise nicht dem entsprechen, was die Teilnehmenden ausdrücken wollten. Antworten, die zu viel Interpretationsspielraum boten oder zu unspezifisch waren, wurden in die Kategorie „Sonstiges“ sortiert. Dies waren vor allem Angaben, wie „viele“ oder „Verschiedenes“. Außerdem muss berücksichtigt werden, dass die Antwortangaben zwischen den Personen variieren, dadurch kann es dazu kommen, dass manche Personen stärker repräsentiert sind als andere.

Bei der Auswertung ist zudem aufgefallen, dass trotz der beiden unterschiedlichen Fragen viele gleiche oder ähnliche Antworten gegeben wurden. Die Begriffe „Stärken“ und „Vorteile“ sind nicht trennscharf und wurden teilweise als äquivalent betrachtet. Hier wäre es für zukünftige Forschung sinnvoll, eine stärke Differenzierung vorzunehmen, um mehr Varianz in den Antworten zu erhalten.

Fazit und Ausblick

Die Abschlussfragen der CLS-Studie bieten eine Perspektive, in der die Vorteile und Stärken des Aufwachsens in der Jugendhilfe aus Sicht der Care Leaver*innen Berücksichtigung finden. Die Analyse der offenen Angaben hebt hervor, welche wesentlichen Stärken wie „Individual- und Sozialkompetenzen“, „Selbstständigkeit“ und „fachliche/kognitive Kompetenzen“ aus Sicht der Care Leaver*innen durch das Aufwachsen in den stationären Hilfen zur Erziehung entwickelt werden. Diese Erkenntnisse können ein ausgewogenes Verständnis der Lebensrealitäten von jungen Menschen in diesem System fördern.

Die Analyse zeigt, dass sowohl die Befragten aus Einrichtungen als auch aus Pflegefamilien Vorteile darin sehen, in einem Jugendhilfesetting aufzuwachsen, und das Gefühl haben, Stärken daraus entwickelt zu haben. Die genannten Stärken unterscheiden sich nicht grundlegend zwischen den beiden Gruppen. Trotz unterschiedlicher Erfahrungen und Strukturen der Hilfesettings hoben beide Gruppen die „Entwicklung von sozialen Kompetenzen“, „Resilienz“, „Selbstbewusstsein“ und „Selbstständigkeit“ als zentrale positive Stärken und Vorteile hervor. Die Erkenntnisse unterstreichen die Bedeutung der Förderung von Resilienz und sozialen Kompetenzen als langfristige Aufgabe in allen Bereichen der stationären Kinder- und Jugendhilfe.

Bei den genannten Vorteilen zeigen sich jedoch Unterschiede: Junge Menschen in Einrichtungen betonten häufiger, dass sie Selbstständigkeit erlernen. Junge Menschen in Pflegefamilien bewerteten hingegen emotionale Unterstützung und die Verbesserung ihrer Perspektive als Vorteil.

Bei der Analyse der offenen Antworten handelt es sich um eine erste Ergebnisauswertung. Weitere Untersuchungen von Zusammenhängen, beispielsweise, inwiefern die Nennung von Stärken und Vorteilen mit den unterschiedlichen Teilhabedimensionen der Untersuchungsgruppen verbunden ist, können interessante Erkenntnisse – insbesondere im Längsschnitt – liefern.

Literatur

Beckmann, Eva/Goseberg, Lea Philline/Sondermann, Wiebke (2022): Zielgruppenspezifische politische Bildung abseits von Defizitorientierung: Chancen und Herausforderungen in der Arbeit mit Zielgruppenbezügen in der politischen Bildung. In: *Journal für politische Bildung*, 12. Jahrgang, H. 2, S. 28–31.

Berridge, David (2012): Educating young people in care: What have we learned? In: *Children and Youth Services Review*, (34), S. 1171–1175.

Gharabaghi, Kiaras (2011): A culture of education: Enhancing school performance of youth living in residential group care in Ontario. In: *Child Welfare*, H. 90 (1), S. 75–91.

Gypen, Laura/Vanderfaeillie, Johan/De Maeyer, Skrallan/Belenger, Laurence/Van Holen, Frank (2017): Outcomes of children who grew up in foster care: Systematic-review. In: *Children and Youth Services Review*, H. 76, S. 74–83.

Häggman-Laitila, Arja/Salokekkilä, Pirkko/Karki, Suyen (2018): Transition to adult life of young people leaving foster care: A qualitative systematic review. In: *Children and Youth Services Review*, Vol. 95, S. 134–143.

O'Neil, Moira/Pineau, Marisa Gerstein/Hyatt, Tamsyn (2020): Each and every child: How to talk about care experience in Scotland. Washington, DC: Frame Works Institute.

Pecora, Peter/Kessler, Ronald/O'Brien, Kirk/Roller White, Catherine/Williams, Jason/Hiripi, Eva/English, Diana/White, James/Herrick, Mary Anne (2006): Educational and employment outcomes of adults formerly placed in foster care: Results from the Northwest Foster Care Alumni Study. In: *Children and Youth Services Review*, H. 28 (12), S. 1459–1481.

Pineau, Marisa Gerstein/Busso, Daniel (2020): Reframing children's care in Scotland research supplement: Methods and findings. Washington, DC: FrameWorks Institute.

Ergebnisdarstellung entlang der Teilhabedimensionen – Ein einführender Überblick

Katharina Brüchmann, Dorothee Schäfer

Teilhabe als Leitbegriff hat sich in den letzten Jahren als Gerechtigkeitsnorm etabliert und wurde zur Zielgröße unterschiedlicher sozialpolitischer Aktivitäten (Bartelheimer/Kädtler 2012, S. 51). Mit der Reform des Achten Sozialgesetzbuches (SGB VIII) durch das Kinder- und Jugendstärkungsgesetz (KJSG) wurde Teilhabe auch zum Rechtsziel der Kinder- und Jugendhilfe. Im Allgemeinen wird Teilhabe in Lebensverläufen zum Beispiel über die Teilhabedimensionen „Bildung" (Baethge-Kinsky 2012), „Erwerbsarbeit" (Fromm/Bartelheimer 2012), „Einkommen" (Becker 2012) und „soziale Nahbeziehungen" (Schmidt 2019) abgebildet, aber auch hinsichtlich subjektiver Bewältigungskonstellationen, individueller Aspirationen und Ermöglichungschancen erfasst (Sen 1992). Der Teilhabebegriff fokussiert also auf Realisierungsmöglichkeiten in individuellen Lebensverläufen.

Das Teilhabekonzept der CLS-Studie, welches die Lebenslagen junger Menschen, die einen Teil ihres Lebens in stationären Hilfen zur Erziehung aufwachsen, berücksichtigt, geht von einem mehrdimensionalen und dynamischen Teilhabebegriff aus. Die CLS-Studie berücksichtigt Teilhabedimensionen, die in der Phase des Erwachsenwerdens von Bedeutung sind, den Alltag von (angehenden) Care Leaver*innen prägen und Einfluss auf die weitere Entwicklung von Teilhabemöglichkeiten nehmen können. Die Studie erhebt Daten zu den Bereichen „Bildung", „Erwerbsarbeit", „Wohnen", „Einkommen", „soziale Beziehungen", „Gesundheit", „Freizeit", „Mitbestimmung" und „Selbstbestimmung" in den jeweiligen Wohnsettings. Handlungsbefähigung als ein teilhabefördernder Aspekt ergänzt die zentralen Dimensionen der Teilhabe.

Teilhabe ist mehrdimensional zu verstehen, da unterschiedliche Teilhabedimensionen aufeinander wirken und sich wechselseitig beeinflussen (Bartelheimer et al. 2022, S. 18 ff.). Dabei stellen Teilhabeergebnisse in bestimmten Lebensbereichen nicht nur ein Ergebnis von Teilhabeermöglichung dar, sondern nehmen auch einen instrumentellen Eigenwert ein, indem sie Teilhabe in anderen Dimensionen ermöglichen (ebd., S. 34). Ein dynamischer Teilhabebegriff berücksichtigt, dass zu verschiedenen Zeitpunkten im Lebensverlauf unterschiedliche Dimensionen von Teilhabe Bedeutung haben können. Ein dynamisches Konzept von Teilhabe beinhaltet auch, dass sich Teilhabezustände im Lebensverlauf verändern können. Die Lebensphase des Erwachsenwerdens nimmt eine bedeutende Rolle bei der Ausbildung von Teilhabemöglichkeiten der Studienteilnehmenden ein (Brüchmann/Schäfer 2023). Aus einer lebenslauftheoretischen Perspektive ist der Übergang von der Jugend ins Erwachsenenalter eine bedeutende Statuspassage, in der mehrere Statusübergänge in unterschiedlichen Lebensbereichen stattfinden und Einfluss auf die soziale Position und Lebensführung nehmen (Huinink 1995). So fallen nicht nur der Übergang aus der Pflegefamilie oder Wohngruppe ins eigenständige Wohnen, sondern auch Übergänge in den Bildungssystemen oder der Beginn des Erwerbslebens in den Zeitraum der Befragungen der CLS-Studie. Diese verschiedenen Übergänge schließt das Studiendesign ein, indem je nach Lebensphase in den Befragungswellen unterschiedliche Dimensionen von Teilhabe im Lebensverlauf bedacht werden: Die „biografische Perspektive kann zeigen, wie Teilhabeeinschränkungen und gelingende Teilhabe über die Lebensspanne hinauswirken, in der sie erlebt werden, wie Benachteiligungen oder Vorteile im Lebensverlauf kumulieren und wie sich Spielräume der Lebensführung erweitern oder verengen" (Bartelheimer et al. 2022, S. 25).

Die dynamische Lebenslaufperspektive der CLS-Studie bildet außerdem ab, wie die Studienteilnehmenden das (bevorstehende) Leaving Care bewältigen und welche institutionelle Unterstützung sie auch vor Verlassen der Pflegefamilie, Wohngruppe oder sonstigen betreuten Wohnform erfahren (Köngeter/Schröer/Zeller 2012, S. 271).

In den folgenden Beiträgen werden je eine Dimension und ihre Relevanz für Teilhabe der (angehenden) Care Leaver*innen erläutert und dazu ausgewählte Ergebnisse dargestellt.

Literatur

Baethge-Kinsky, Volker (2012): Neudefinition der „bürgerlichen Grundbildung" und gefährdete Bildungsteilhabe. In: Forschungsverbund Sozioökonomische Berichterstattung/Bartelheimer, Peter/Fromm, Sabine/Kädtler, Jürgen (Hrsg.): Berichterstattung zur sozioökonomischen Entwicklung in Deutschland. Teilhabe im Umbruch. Zweiter Bericht. Wiesbaden: VS Verlag für Sozialwissenschaften, S. 201–222.

Bartelheimer, Peter/Behrisch, Birgit/Daßler, Henning/Dobslaw, Gudrun/Henke, Jutta/Schäfers, Markus (2022): Teilhabe – Versuch einer Begriffsbestimmung. In: Wansing, Gudrun/Schäfers, Markus/Köbsell, Swantje (Hrsg.): Teilhabeforschung – Konturen eines neuen Forschungsfeldes. Wiesbaden: Springer VS, S. 13–34.

Bartelheimer, Peter/Kädtler, Jürgen (2012): Produktion und Teilhabe – Konzepte und Profil sozioökonomischer Berichterstattung. In: Forschungsverbund Sozioökonomische Berichterstattung (Hrsg.): Berichterstattung zur sozioökonomischen Entwicklung in Deutschland. Teilhabe im Umbruch. Zweiter Bericht. Wiesbaden: VS Verlag für Sozialwissenschaften, S. 41–85.

Becker, Irene (2012): Personelle Einkommensverteilung. In: Bartelheimer, Peter/Fromm, Sabine/Kädtler, Jürgen (Hrsg.). Berichterstattung zur sozioökonomischen Entwicklung in Deutschland: Teilhabe im Umbruch. Zweiter Bericht. Wiesbaden: VS Verlag für Sozialwissenschaften, S. 597–632.

Brüchmann, Katharina/Schäfer, Dorothee (2023): Teilhabe von Care LeaverInnen – Darüber brauchen wir mehr Wissen! Eine Langzeitstudie zur Teilhabe im Lebensverlauf junger Menschen aus der stationären Kinder- und Jugendhilfe sowie Pflegefamilien. In: *unsere jugend – die zeitschrift für studium und praxis der sozialpädagogik*, Jg. 75, H. 3, S. 98–105.

Fromm, Sabine/Bartelheimer, Peter (2012): Erwerbsteilhabe. In: Forschungsverbund Sozioökonomische Berichterstattung/Bartelheimer, Peter/Fromm, Sabine/Kädtler, Jürgen (Hrsg.): Berichterstattung zur sozioökonomischen Entwicklung in Deutschland. Teilhabe im Umbruch. Zweiter Bericht. Wiesbaden, S. 327–358.

Huinink, Johannes (1995): Warum noch Familie? Zur Attraktivität von Partnerschaft und Elternschaft in unserer Gesellschaft. Frankfurt am Main: Campus Verlag.

Köngeter, Stefan/Schröer, Wolfgang/Zeller, Maren (2012): Statuspassage „Leaving Care“: Biografische Herausforderungen nach der Heimerziehung. In: *Diskurs Kindheits- und Jugendforschung*, H. 7 (3), S. 261–276.

Schmidt, Tanja (2019): Teilhabe im Lebensverlauf – Deutschland im Vergleich. In: Forschungsverbund Sozioökonomische Berichterstattung (Hrsg.): Berichterstattung zur sozioökonomischen Entwicklung in Deutschland. Exklusive Teilhabe – ungenutzte Chancen. Dritter Bericht. Bielefeld: wbv, S. 299–344.

Sen, Amartya (1992): Inequality Reexamined. Oxford: Clarendon Press.

Wohnwünsche und die Förderung der Selbstständigkeit

Katharina Brüchmann

Die Gründung eines eigenen Haushalts gilt als einer der zentralen Schritte der Verselbstständigung[1] im Jugend- und jungen Erwachsenalter (Berngruber 2022, S. 145). Der Auszug aus dem Elternhaus, einer Einrichtung oder Pflegefamilie markiert einen bedeutenden Vorstoß in Richtung Unabhängigkeit im Erwachsenwerden: Junge Menschen bilden ihre eigenen Wohnverhältnisse, prägen ihren Lebensstil und übernehmen mehr Verantwortung für sich und andere (ebd., S. 127). Laut Meuth (2018) gilt der Auszug aus dem Elternhaus oder einer betreuten Wohnform als ein „normativer Marker der Lebensphase junger Erwachsener" (ebd., S. 34). Dennoch wurde diesem Übergang – sowohl in der Forschung als auch im Fachdiskurs – bisher nicht die gleiche Bedeutung beigemessen wie dem Übergang in die Ausbildungs- und Qualifikationsphase (Meuth 2014, S. 104).

Durchschnittlich verlassen junge Menschen in Deutschland mit 23,9 Jahren das Elternhaus (Eurostat 2024). Bildungsaspekte beeinflussen das Auszugsalter, wobei Abiturient*innen im Durchschnitt mit 21 Jahren ausziehen, während junge Erwachsene mit einem anderen Schulabschluss dies mit 22 Jahren tun (Berngruber/Herz 2023, S. 129.). Care Leaver*innen stehen häufig vor der Aufgabe, ihr Leben früher selbstständig zu bewältigen, da Hilfen zur Erziehung oft mit Erreichen der Volljährigkeit enden (Köngeter/Schröer/Zeller 2012, S. 264). So weisen auch die Daten der Kinder- und Jugendhilfestatistik mit der Volljährigkeit einen deutlichen Rückgang der Inanspruchnahme der Hilfen auf. Dies legt nahe, dass nicht der Grad der Selbstständigkeit, sondern das Alter entscheidend für das Ende der Hilfe ist (Autor:innengruppe Kinder- und Jugendhilfestatistik 2024, S. 95). Während für junge Menschen, die bei ihren leiblichen Eltern aufwachsen, der Auszug mit anderen Lebensereignissen wie Studienbeginn oder Berufsaufnahme einhergeht, markiert die Volljährigkeit für viele junge Menschen, die in

1 Das Verständnis von Verselbstständigung in diesem Bericht bezieht sich auf komplexe Entwicklungsaufgaben im Jugend- und jungen Erwachsenalter und somit auf „Prozesse der zunehmenden Verantwortungsübernahme im Hinblick auf den persönlichen Lebensentwurf und das damit verknüpfte Hineinwachsen in soziale, ökonomische und öffentliche Verantwortung" (Berngruber/Herz 2023, S. 126). Zum kritischen Verständnis des Begriffs „Verselbstständigung" siehe Ehlke/Sievers/Thomas (2022, S. 16 f.).

Einrichtungen aufwachsen, den Zeitpunkt der räumlichen Verselbstständigung.[2] Ein verfrühter Auszug kann die Verselbstständigung erschweren. Internationale Studien zeigen, dass Care Leaver*innen nach dem Verlassen der Jugendhilfe ein höheres Risiko haben, wohnungslos zu werden (unter anderem Dworsky/Courtney 2009; Gaetz et al. 2016; Moslehuddin/Mendes 2006).

Die CLS-Studie legt besonderen Fokus auf den Übergang von den stationären Hilfen zur Erziehung ins eigenständige Wohnen oder andere betreute Wohnformen außerhalb der Jugendhilfe. In der ersten Erhebung wird erfasst, wie die jungen Menschen zukünftig wohnen möchten, wie zuversichtlich sie sind, dass diese Vorstellung Realität wird, und ob sie Unterstützung bei der Verwirklichung ihrer Wohnwünsche erhalten. Auch die Vorbereitung auf die Selbstständigkeit wird dabei berücksichtigt.

Wohnwünsche und die Erwartungen, sie zu verwirklichen

Die Befragten konnten angeben, wie sie künftig wohnen möchten. Eine Möglichkeit war, keine Veränderung zu wünschen und in ihrer Einrichtung oder Pflegefamilie zu bleiben (Tabelle 16, Kategorie 1). Die Care Leaver*innen konnten auch wählen, ob sie bei ihren Herkunftseltern, anderen Verwandten oder in einer betreuten Wohnform leben möchten. Diese Wohnformen sind in Kategorie 2 der Tabelle aufgeführt. Kategorie 3 umfasst eigenständige Wohnformen wie das Leben in einer eigenen Wohnung, einem Haus, einer Wohngemeinschaft oder das Zusammenziehen mit der*dem Partner*in. Es war auch möglich, anzugeben, dass man sich etwas anderes als die aufgeführten Wohnmöglichkeiten vorstellt, sich noch keine Gedanken über die Wohnform gemacht hat oder keine Präferenz hat (Tabelle 16, Kategorie 4). Die Befragten konnten mehrere Wohnwünsche angeben, wobei durchschnittlich 2,1 Antworten gegeben wurden.

Keine Veränderung der Wohnsituation wünschen sich insgesamt 23,1 Prozent der Studienteilnehmenden. Care Leaver*innen in Pflegefamilien (34,4 %) möchten häufiger in ihrer Pflegefamilie bleiben als junge Menschen, die in einer Einrichtung leben (20,0 %).

Die Mehrheit der Befragten (68,1 %) möchte eigenständig in einer Wohnung oder einem Haus leben. 33,8 Prozent bevorzugen eine nicht betreute Wohngemeinschaft, während genauso viele gerne mit ihrer*m Partner*in zusammenziehen würden (34,0 %).

Etwa jede*r fünfte Befragte (19,4 %) präferiert eine betreute Wohnform. Ein deutlicher Unterschied zeigt sich, wenn man zwischen den aktuellen

2 Ob bei jungen Menschen in Pflegefamilien das Ende der Hilfe mit der Volljährigkeit auch mit dem Auszug aus der Pflegefamilie einhergeht, kann den Daten der Kinder- und Jugendhilfestatistik nicht entnommen werden.

Wohnformen differenziert: 23,0 Prozent der Befragten, die in Einrichtungen leben, bevorzugen eine betreute Wohnform im Vergleich zu 7,1 Prozent der jungen Menschen in Pflegefamilien. Dies könnte nahelegen, dass junge Menschen in Vollzeitpflege länger durch ihre Pflegefamilie unterstützt werden und daher seltener eine betreute Wohnform nach dem Auszug in Betracht ziehen. Zudem könnte ein Wissensdefizit über mögliche Wohnformen für junge Volljährige aus Pflegeverhältnissen vorliegen, sodass eine betreute Wohnform von jungen Menschen in Pflegefamilien nicht in Betracht gezogen wird. Ob junge Menschen in Pflegefamilien länger begleitet werden und später ausziehen, wird sich in der Längsschnittbetrachtung der Studie zeigen.

12,8 Prozent der jungen Menschen möchten zu ihren leiblichen Eltern zurückkehren. Der Anteil derjenigen, die in Pflegefamilien leben und eine Rückkehr ins Elternhaus erwägen, ist mit 7,9 Prozent geringer als bei jungen Menschen in Wohngruppen (14,2 %). Zu anderen Verwandten möchten 5,6 Prozent ziehen.

4,2 Prozent bevorzugen andere Wohnformen. 5,5 Prozent haben sich bisher keine Gedanken gemacht, wo sie nach dem Ende der stationären Hilfe zur Erziehung wohnen möchten. 1,8 Prozent ist es egal, wie sie später wohnen.

Tabelle 16, Wunsch der Wohnsituation nach Auszug (Mehrfachantworten)

Kategorie		Einrichtung[1] (n = 500)	Pflegefamilie[1] (n = 256)	Gesamt[2] (n = 756)
		Genannt	Genannt	Genannt
1	Ich möchte am liebsten nicht ausziehen.	20,0%	34,4%	23,1%
2	Ich möchte in ein betreutes Wohnen ziehen.	23,0%	7,1%	19,4%
2	Ich möchte zu meinen Eltern.	14,2%	7,9%	12,4%
2	Ich möchte zu Verwandten ziehen.	5,6%	4,2%	5,3%
3	Ich möchte eigenständig in einer Wohnung / in einem Haus wohnen.	68,3%	66,9%	68,1%
3	Ich möchte in einer nicht betreuten WG wohnen.	32,6%	38,6%	33,8%
3	Ich möchte mit der Person, mit der ich eine feste Beziehung habe, zusammenwohnen.	31,5%	41,8%	34,0%
4	Ich möchte etwas anderes.	4,2%	4,5%	4,2%
4	Ich habe mir bisher keine Gedanken darüber gemacht.	5,0%	6,8%	5,5%
4	Es ist mir egal, wo ich nach dem Auszug wohne.	1,6%	2,5%	1,8%

Quelle: CLS-Studie, Welle 1a 2023; [1]gewichtet nach Geschlecht, [2]gewichtet nach Wohnform und Geschlecht

Tabelle 17 fasst die Wohnwünsche nach den ersten drei Kategorien zusammen, wobei die Prozentangaben ausweisen, wie viele der Befragten mindestens eine der Antwortmöglichkeiten der Kategorien angegeben haben. Die Zusammenfassung der Antwortmöglichkeiten zeigt, dass der Wunsch nach einer selbstständigen Wohnform überwiegt: 82,2 Prozent der Care Leaver*innen möchten eigenständig, mit ihrer*m Partner*in oder in einer Wohngemeinschaft leben. 46,5 Prozent wünschen sich eine nicht eigenständige Wohnform und gaben an, zu ihren leiblichen Eltern oder anderen Verwandten ziehen zu wollen oder in einer betreuten Wohnform außerhalb der Jugendhilfe leben zu wollen. Ein geringerer Anteil wünscht sich keine Veränderung der Wohnsituation: 23,1 Prozent wünschen sich, in der aktuellen Wohnform zu bleiben, wobei es zu bedenken ist, dass hierbei keine Wohnwünsche zusammengefasst wurden, sondern lediglich das Item „Ich möchte in der Jugendhilfe bleiben" betrachtet wird.

Tabelle 17, Ausgewählte und zusammengefasste Wohnwünsche

Kategorie		Einrichtung[1] (n = 500)	Pflegefamilie[1] (n = 256)	Gesamt[2] (n = 756)
		Genannt	Genannt	Genannt
1	Keine Veränderung	20,0 %	34,4 %	23,1 %
2	Andere nicht eigenständige Wohnformen	48,4 %	40,0 %	46,5 %
3	Eigenständige Wohnformen	82,2 %	81,8 %	82,2 %

Quelle: CLS-Studie, Welle 1a 2023; (1)gewichtet nach Geschlecht, (2)gewichtet nach Wohnform und Geschlecht

Die zukünftigen Care Leaver*innen sind voller Zuversicht, dass sie sich ihren Wohnwunsch verwirklichen können. 90,3 Prozent von ihnen sind entweder sehr zuversichtlich oder eher zuversichtlich, dass ihre Wohnvorstellungen Realität werden (Tabelle 18). Junge Menschen in Pflegefamilien sind optimistischer als Gleichaltrige in Einrichtungen: 50,2 Prozent der jungen Menschen in Pflegefamilien sind sehr zuversichtlich, während es bei jungen Menschen in Einrichtungen 38,9 Prozent sind, die erwarten, dass sich ihre Wohnvorstellung erfüllt. Der Optimismus, der sich in der Antwort widerspiegelt, ist ein charakteristisches Merkmal der Jugendphase. Junge Menschen sind in dieser Lebensphase in der Regel zuversichtlich, dass ihre Zukunft positiv verlaufen wird. Dieser Optimismus lässt sich zum Teil darauf zurückführen, dass sie noch keine eigenen Erfahrungen mit einem zunehmend angespannten Wohnungsmarkt gemacht haben, kann aber auch als ein Indikator für Selbstwirksamkeit gedeutet werden.

Tabelle 18, Zuversicht Erfüllung Wohnvorstellungen

Wie zuversichtlich sind Sie, dass Ihr Wunsch in Bezug auf das Wohnen in Erfüllung geht?			
	Einrichtung[1] (n = 487)	**Pflegefamilie**[1] (n = 253)	**Gesamt**[2] (n = 740)
Sehr zuversichtlich	38,9%	50,2%	41,4%
Eher zuversichtlich	51,1%	41,3%	48,9%
Eher nicht zuversichtlich	7,6%	8,2%	7,8%
Nicht zuversichtlich	2,4%	0,3%	1,9%

Quelle: CLS-Studie, Welle 1a 2023; [1]gewichtet nach Geschlecht, [2]gewichtet nach Wohnform und Geschlecht

Die Mehrheit der CLS-Befragten erhält Unterstützung von ihrer Pflegefamilie oder den Betreuer*innen bei der Auszugsplanung: 59,9 Prozent stimmten voll und ganz zu, 29,0 Prozent eher. Junge Menschen in Pflegefamilien fühlten sich deutlich besser unterstützt: 71,0 Prozent stimmten zu, während in Einrichtungen nur 54,3 Prozent diese Unterstützung bestätigten.

Tabelle 19, Unterstützung bei der Planung des Auszuges

Wie sehr stimmen Sie folgender Aussage zu? Meine Pflegefamilie/Betreuer*innen unterstützt/unterstützen mich bei der Planung meines Auszugs.			
	Einrichtung[1] (n = 427)	**Pflegefamilie**[1] (n = 202)	**Gesamt**[2] (n = 629)
Stimme voll und ganz zu	54,3%	71,0%	57,9%
Stimme eher zu	31,5%	19,6%	29,0%
Stimme eher nicht zu	9,3%	5,1%	8,4%
Stimme gar nicht zu	4,9%	4,3%	4,8%

Quelle: CLS-Studie, Welle 1a 2023; [1]gewichtet nach Geschlecht, [2]gewichtet nach Wohnform und Geschlecht

Förderung der Selbstständigkeit

Einrichtungen der stationären Hilfe zur Erziehung stellen besondere Orte des Wohnens dar: Durch die Anwesenheit von pädagogischem Personal sind sie Orte des Aufwachsens in öffentlicher Verantwortung, in der in stationären Einrichtungen Professionelle und in Pflegefamilien Laien die leiblichen Eltern bei der Erziehung unterstützen. Gleichzeitig sind die Einrichtungen Orte der Erziehung zum Wohnen (Häußermann/Siebert 1996 nach Meuth 2018). Die Vermittlung von Handlungskompetenzen und Wissen zum Wohnen ist Teil pädagogischer Konzepte und der Vorbereitung auf ein eigenständiges Wohnen. Wolf (2024) kontrastiert zwei Modelle der Einrichtungen der stationären Hilfen zur Erziehung in Deutschland: das Sozialpädagogische Modell und das „klinische des Heimes als therapeutisches Krankenhaus“ (ebd., S. 46). Eine Einrichtung nach dem Sozialpädagogischen Modell ist ein „Ort, an dem die Lebensbedingungen mit pädagogischen Absichten gestaltet sind“ (ebd.). Dabei steht die Förderung der Autonomie und das Erlernen praktischer Fähigkeiten zum eigenständigen Leben außerhalb der Einrichtung wie Haushaltsführung, Finanzmanagement und soziales Verhalten im Vordergrund. Die Erziehung zur Autonomie ist ein zentrales Ziel dieser Einrichtungen, obwohl es paradox erscheinen mag, Selbstständigkeit in einem stationären Umfeld anzustreben, welches auf der einen Seite Autonomie fördert und auch fordert, eigenständiges Handeln mitunter jedoch sanktioniert (Nagy 2018, S. 63). Im Wohnen nach dem Verlassen der Jugendhilfe manifestiert sich diese Paradoxie erneut, da die Wohnform Ausdruck aufoktroyierter oder selbstgewählter Autonomie sein kann und Unterstützungsbedarfe als ein Mangel an Autonomie und nicht gelungener Vorbereitung auf die Eigenständigkeit gedeutet werden können. In Pflegefamilien übernehmen häufig Laien die Verantwortung der Erziehung und bereiten auf die Selbstständigkeit vor. Es ist anzunehmen, dass die Vorbereitung auf die Haushaltsführung, den Umgang mit den finanziellen Mitteln oder mit Behörden analog zur Verselbstständigung in Familiensettings mit leiblichen Eltern gestaltet wird. Dieser Hintergrund ist bei der Einordnung der Befragungsergebnisse zur Vorbereitung auf die Selbstständigkeit zu beachten.

Die Mehrheit der Teilnehmenden der CLS-Studie fühlt sich gut auf die Haushaltsführung vorbereitet (siehe Tabelle 20). 81,4 Prozent gaben an, dass sie gut auf alltägliche Tätigkeiten vorbereitet sind, während 16,9 Prozent sich teilweise gut vorbereitet fühlen. Wenige Studienteilnehmende empfinden ihre Vorbereitung als unzureichend. Junge Menschen in Einrichtungen empfinden die Vorbereitung auf praktische Haushaltsaufgaben besser als jene in Pflegefamilien. 82,9 Prozent der jungen Menschen in Einrichtungen stimmten zu, dass sie gut in alltäglichen Fertigkeiten geschult werden, im Vergleich zu 75,9 Prozent der jungen Menschen in Pflegefamilien. Dieser Unterschied legt nahe, dass die Vorbereitung auf die eigene Haushaltsführung in Einrichtungen als explizite Lernaufgabe betrachtet wird. In Pflegefamilien hingegen wird die Heranführung an die Haushaltsführung weniger als programmatische Aufgabe angesehen, sondern ist integrierter Bestandteil des Alltags, bei dem durch Beobachtung und schrittweise Übernahme von Aufgaben gelernt wird.

Tabelle 20, Vorbereitung auf die Haushaltsführung

Wie gut werden Sie in den folgenden Bereichen auf die Selbstständigkeit vorbereitet? – Alltagsnahe praktische Tätigkeiten wie Einkaufen, Putzen, Wäsche waschen			
	Einrichtung[1] **(n = 497)**	**Pflegefamilie**[1] **(n = 256)**	**Gesamt**[2] **(n = 753)**
Gut vorbereitet	82,9%	75,9%	81,4%
Teils, teils	15,2%	22,7%	16,9%
Nicht gut darauf vorbereitet	1,9%	1,4%	1,8%

Quelle: CLS-Studie, Welle 1a 2023; [1]gewichtet nach Geschlecht, [2]gewichtet nach Wohnform und Geschlecht

Die Vorbereitung auf die Haushaltsführung schätzen die Befragten besser ein als die Vorbereitung auf den Umgang mit Finanzen oder Ämtern. 59,2 Prozent meinen, sie seien gut auf den Umgang mit Finanzen vorbereitet. Weniger, nämlich 47,3 Prozent, fühlen sich gut auf den Umgang mit Behörden vorbereitet. Auf das eigenständige Leben nach dem Auszug sehen sich 53,4 Prozent gut vorbereitet (vgl. auch Brüchmann/Dönmez 2025 in diesem Band).

Die Zustimmungswerte zu den verschiedenen Aspekten der Verselbstständigung wie „Haushaltsführung", „ökonomische Selbstständigkeit" und „Umgang mit Behörden" zeigen, dass Einrichtungen und Pflegefamilien stark auf die Erziehung zur eigenen Haushaltsführung setzen. Mehr Aufmerksamkeit sollte der Vorbereitung auf den Umgang mit Geld und Behörden gewidmet werden, um die nötigen Fertigkeiten zur Selbstständigkeit zu fördern. So betont auch eine kanadische Studie, dass bei jungen Menschen aus Pflegefamilien die ökonomische Selbstständigkeit zu wenig gefördert wird (Keller 2023). Weitere internationale Studien weisen darauf hin, dass die Vorbereitung auf die Selbstständigkeit die Bedürfnisse der jungen Menschen nicht abdeckt und Themen wie psychische Gesundheit oder Unterstützung bei der Wohnungssuche stärker berücksichtigt werden sollten (zum Beispiel Woodgate et al. 2024). Auch die Ergebnisse der CLS-Befragung verdeutlichen, dass die Vorbereitung auf die Selbstständigkeit mehr umfasst als nur die Haushaltsführung. Nur etwas mehr als die Hälfte der Befragten bewerteten die allgemeine Vorbereitung auf den Auszug positiv.

Fazit

Die Ergebnisse zeigen, dass Care Leaver*innen nach dem Leben in der Einrichtung oder Pflegefamilie hauptsächlich selbstständig wohnen möchten. Sie möchten entweder alleine in einer eigenen Wohnung, mit ihrem*ihrer Partner*in oder in einer Wohngemeinschaft leben. Die Mehrheit ist optimistisch, dass ihr Wohnwunsch erfüllt wird, und fühlt sich dabei unterstützt. Diese Zuversicht deutet darauf hin, dass sie sich als selbstwirksam erleben, was den Übergang erleichtern kann. Ein Fünftel der Befragten strebt eine betreute Wohnform an. Dies könnte darauf hindeuten, dass sie den Zeitpunkt des Auszugs mit Erreichen der Volljährigkeit als zu früh empfinden und deshalb eine betreute Wohnform bevorzugen (vgl. Okpych et al. 2018).

In den Einrichtungen und Pflegefamilien wird die Selbstständigkeit junger Menschen gefördert. Allerdings konzentriert sich diese Förderung hauptsächlich auf Tätigkeiten im Haushalt wie Putzen, Waschen und Einkaufen. Zum selbstständigen und selbstbestimmten Wohnen bedarf es jedoch mehr als der Wohnungspflege. Wohngruppen und Pflegefamilien sollten weitere Kompetenzen wie den Umgang mit Finanzen und Behörden stärker betonen. Diese Aspekte sind mitentscheidend, damit Care Leaver*innen Mietverhältnisse eigenständig führen und ihre Teilhabe am Wohnen langfristig sicherstellen können. Es sind jedoch weitere Fähigkeiten erforderlich: Care Leaver*innen brauchen, wie alle jungen Menschen, Ansprechpersonen, um den Umgang mit Finanzen, Verträgen und formalen Anforderungen zu reflektieren und gemeinsam zu überlegen, wie sie ihre Stärken und Kompetenzen bei der Gestaltung des Wohnens nutzen können.

Die Ergebnisse der Befragungen von jungen Menschen in Einrichtungen und Pflegefamilien weisen deutliche Unterschiede auf. Diese zeigen, dass es Unterschiede in den Hilfesettings gibt. Die pädagogische Strukturierung des Alltags dürfte in Pflegefamilien geringer sein als in Einrichtungen, sodass in Pflegesettings die Vorbereitung auf eigenständiges Wohnen weniger betont wird. Junge Menschen in Pflegefamilien haben häufiger angegeben, dass sie aus ihrer aktuellen Wohnform nicht ausziehen möchten. Zukünftige Befragungen werden zeigen, ob junge Menschen in Pflegeverhältnissen auch nach der Volljährigkeit vermehrt bei Pflegefamilien verbleiben als junge Menschen in Einrichtungen dort wohnen bleiben. Auch wird untersucht, wie sich die Wohnsituationen der jungen Menschen entwickeln und welche Wohnpräferenzen sich realisieren lassen.

Literatur

Autor:innengruppe Kinder- und Jugendhilfestatistik (2024): Kinder- und Jugendhilfereport 2024. Eine kennzahlenbasierte Analyse mit einem Schwerpunkt zum Fachkräftemangel. Opladen, Berlin, Toronto: Verlag Barbara Budrich.

Berngruber, Anne (2022): Der Auszug aus dem Elternhaus als räumliche Verselbstständigung im jungen Erwachsenenalter. In: Berngruber, Anne/Gaupp, Nora: Erwachsenwerden heute. Lebenslagen und Lebensführung junger Menschen. Stuttgart: Kohlhammer, S. 145–155.

Berngruber, Anne/Herz, Andreas (2023): Verselbstständigung als eine zentrale Herausforderung des Jugendalters. In: *Sozial Extra*, 47. Jg., H. 3, S. 126–131.

Dworsky, Amy/Courtney, Marc (2009): Homelessness and the transition from foster care to adulthood. In: *Child Welfare*, Jg. 88, H. 4, S. 23–56.

Eurostat (2024): Geschätztes durchschnittliches Alter junger Menschen, die das Elternhaus verlassen, nach Geschlecht. DOI 10.2908/YTH_DEMO_030

Gaetz, Stephen/O'Grady, Bill/Kidd, Sean/Schwan, Kaitlin (2016): Without a Home: The National Youth Homelessness Survey. Toronto: Canadian Observatory on Homelessness Press.

Keller, Amanda (2023): Missing the mark: The Importance of financial Anxiety in financial skills training for foster youth. In: *International Journal of Child, Youth and Family Studies*, Jg. 14, H. 1, S. 71–83.

Köngeter, Stefan/Schröer, Wolfgang/Zeller, Maren (2012): Statuspassage „Leaving Care“: Biografische Herausforderungen nach der Heimerziehung. In: *Diskurs Kindheits- und Jugendforschung*, H. 7 (3), S. 261–276.

Meuth, Miriam (2014): ‚Wohnen‘ und ‚Ausbildung‘ als Teilübergänge zwischen Jugend und Erwachsensein. Überlegungen zu einer erweiterten Sicht auf Übergänge. In: Hof, Christiane/Meuth, Miriam/Walther, Andreas (Hrsg.): Pädagogik der Übergänge. Übergänge in Lebenslauf und Biografie als Anlässe und Bezugspunkte von Erziehung, Bildung und Hilfe. Weinheim und Basel: Beltz Juventa.

Meuth, Miriam (2018): Wohnen. Erziehungswissenschaftliche Erkundungen. Weinheim und Basel: Beltz Juventa.

Modi, Kiran/Madhavan, Lakshmi/Prasad, Leena/Kalra, Gurneet/Kasana, Suman/Kapoor, Sanya (2020): Support for youth leaving Care: A national research study, India. In: *International Journal of Child, Youth and Family Studies*, Jg. 11, H. 4.2, S. 160–187.

Moslehuddin, Badal/Mendes, Philip (2006): From Dependence to Interdependence: Toward better outcomes for young people leaving state care. In: *Child Abuse Review*, H. 15, S. 110–126.

Nagy, Andrea (2018): Insights into structurally identical experiences of residential care alumni: The paradox of becoming autonomous in a residential care facility. In: *International Journal of Child, Youth and Family Studies*, Jg. 9, H. 2, S. 61–85.

Okpych, Nathanael J./Park, Keunhye/Feng, Huiling/Torres-García, Adrianna/Courtney, Mark E. (2018): Memo from CalYOUTH: Differences in social support at age 19 by extended foster care status and placement type. Chicago, IL: Chapin Hall at the University.

Woodgate, Roberta L./Bennett, Marlyn/Martin, Donna/Tennent, Pauline/Sandy, Clayton/Plaut, Shayna/Legras, Nicole/Bell, Ashley/Lys, Justin (2024): Alone, lost, and unprepared by the System: Indigenous Care Leavers‘ Experiences of aging out of Child Welfare Care in Manitoba. In: *International Journal of Child, Youth and Family Studies*, Jg. 15, H. 2, S. 94–128.

Mitbestimmung, Rechte und Beschwerdemöglichkeiten

Anna Lips, Martina Pokoj, Maria Schube

Partizipation von Adressat*innen ist eines der zentralen und fachlich unumstrittenen Grundprinzipien der Kinder- und Jugendhilfe. Junge Menschen haben ein Recht auf Beteiligung. Dieses ist in Deutschland durch die UN-Kinderrechtskonvention (UN-KRK) sowie das SGB VIII gesetzlich verankert. In der UN-Kinderrechtskonvention ist in Artikel 12 die Berücksichtigung des Kindeswillens festgeschrieben und damit als essenziell betont (vgl. Artikel 12 UN-KRK). Konkreter auf die Hilfen zur Erziehung bezogen schreibt das SGB VIII im § 8 vor: „Kinder und Jugendliche [sind] entsprechend ihrem Entwicklungsstand an allen sie betreffenden Entscheidungen der öffentlichen Jugendhilfe zu beteiligen." In weiteren Paragrafen regelt das SGB VIII spezifischere Bereiche der Jugendhilfe (§ 36 SGB VIII Mitwirkung Hilfeplan, § 9a SGB VIII Ombudsstellen, § 45 Abs. 2 Satz 2 Nr. 4 interne und externe Beschwerdemöglichkeiten als Voraussetzung für Betriebserlaubnis, § 37b Abs. 2 Beschwerdemöglichkeiten für junge Menschen in Pflegefamilien). Die Beteiligung an der Hilfeplanung gibt das SGB VIII in § 36 explizit als rechtlichen Anspruch aus. Junge Menschen sollen bereits vor der Entscheidung für eine Hilfe in einer für Kinder und Jugendliche verständlichen, nachvollziehbaren und wahrnehmbaren Weise beraten werden. Die Hilfe muss im Einzelfall geprüft und unter Zusammenwirken mehrerer Fachkräfte gemeinsam mit den Personensorgeberechtigten sowie dem jungen Menschen geplant werden. Eine regelmäßige Überprüfung der Eignung und Notwendigkeit der gewählten Hilfe soll in Hilfeplangesprächen stattfinden. Diese Mitwirkung und die Auseinandersetzung mit der aktuellen Lebenssituation bieten die Möglichkeit, sich über die eigene Zukunft aktiv Gedanken zu machen und diese mitzugestalten.

Mitbestimmung ist demnach nicht verhandelbar, sondern ein grundlegendes Recht von jungen Menschen. Dieses ist zudem „nicht an Voraussetzungen geknüpft oder mit Pflichten verbunden, dieses Recht muss auch nicht ‚verdient' werden" (Wolf/Hartig 2013, S. 33).

Neben dieser rechtebasierten Perspektive gibt es weitere Gründe für (mehr) Beteiligung junger Menschen. So haben Mitbestimmungsmöglichkeiten junger Menschen zentralen Einfluss auf deren Zukunftsgestaltung und ihre politische und demokratische Bildung. Durch gelebte Beteiligung lernen junge Menschen demokratische Aushandlungsprozesse kennen, erleben, dass ihre Stimme eine Bedeutung hat, und erlernen Gemeinschaftssinn. Mitbestimmung stärkt zudem die Selbstwirksamkeit junger Menschen, ihre Eigenständigkeit und

Eigenverantwortung (vgl. Wolf/Hartig 2013). Partizipative Settings ermöglichen empowernde Erfahrungen. Junge Menschen lernen und erleben, dass und wie sie ihr Leben und dazugehörige Rahmenbedingungen in einer Gemeinschaft aktiv mitgestalten können (vgl. ebd.). Für den Kontext der stationären Erziehungshilfen konnten zudem Zusammenhänge zwischen Beteiligungsmöglichkeiten junger Menschen und der Beurteilung der Hilfen selbst festgestellt werden (vgl. zum Beispiel Rudeck/Sierwald/Straus 2008; Albus et al. 2010). Durch Spielräume einer selbstbestimmten Lebensführung erfahren junge Menschen, dass ihre Teilhabe gewünscht, gefordert und gefördert wird (vgl. Blandow et al. 1999; Moos 2012; BMFSFJ 2017). Dies kann zu einem besseren Wohlbefinden durch das Erleben von Eingebundenheit und Selbstwirksamkeit führen (vgl. Höfer et al. 2017). Die Umsetzung von Beteiligungsrechten hat zudem eine schützende Funktion vor Ausnutzung von Hierarchien und (Macht-)Missbrauch (vgl. Bundesarbeitsgemeinschaft der Landesjugendämter 2023). Dem ist aus Perspektive des Kinder- und Jugendschutzes heraus eine besondere Bedeutung zuzurechnen.

Obgleich Beteiligung im Fachdiskurs daher als zentral für die Handlungsfelder der Kinder- und Jugendhilfe, und hierbei auch insbesondere für die Hilfen für Erziehung, bewertet wird und als zentraler Aspekt der Teilhabe gilt (vgl. Bartelheimer et al. 2020), scheint ihre Umsetzung weiterhin mit Herausforderungen verbunden zu sein (vgl. Equit/Witzel 2017).

Im Fragebogen der CLS-Studie werden die Themen Mitbestimmung, Rechte und Beschwerdemöglichkeiten insbesondere in den Fragekomplexen „Einbezug in wichtige Entscheidungen" und „Mitbestimmung im Alltag und im Hilfeplangespräch" sowie „Beschwerdemöglichkeiten" operationalisiert. Einige Ergebnisse werden im Folgenden dargestellt.

Einbezug in wichtige Entscheidungen

Tabelle 21, Einbezug in wichtige Entscheidungen

Werden Sie in Entscheidungen einbezogen, die Ihnen wichtig sind?			
	Einrichtung(1) (n = 493)	**Pflegefamilie(1) (n = 257)**	**Gesamt(2) (n = 750)**
Immer	44,2%	54,2%	46,5%
Oft	32,5%	29,2%	31,8%
Manchmal	19,0%	14,6%	18,0%
Selten	4,1%	2,0%	3,6%
Nie	0,2%	0,0%	0,1%

Quelle: CLS-Studie, Welle 1a 2023; (1)gewichtet nach Geschlecht, (2)gewichtet nach Wohnform und Geschlecht

Bei der Frage „Werden Sie in Entscheidungen einbezogen, die Ihnen wichtig sind?" fällt zunächst auf, dass die Antwortmöglichkeit „nie" von weniger als 1 Prozent gewählt wurde. Die meisten jungen Menschen sind aus ihrer Perspektive demnach mindestens ab und zu in ihnen wichtige Entscheidungen einbezogen. Vor dem Hintergrund, dass Mitbestimmung ein gesetzlich verankertes Grundrecht junger Menschen ist, müssen die Ergebnisse jedoch kritisch betrachtet werden. Denn es geben 46,5 Prozent an, „immer" mit einbezogen zu werden. Etwa jede fünfte Person gibt an, „manchmal" in Entscheidungen einbezogen zu werden, die ihr wichtig sind. Die Zustimmungswerte variieren hierbei zwischen jungen Menschen in Pflegefamilien und denjenigen, die in Einrichtungen leben. So werden 54,2 Prozent der jungen Menschen in Pflegefamilien immer einbezogen, während bei den jungen Menschen in Einrichtungen nur 44,2 Prozent immer einbezogen werden (vgl. Tabelle 21).

Mitbestimmung im Alltag

Die Mitbestimmung im Alltag der jungen Menschen wurde anhand von fünf Beispielbereichen abgefragt: „Mitbestimmung hinsichtlich der Regeln zur WLAN- und Handynutzung", „Mitbestimmung bei der Gestaltung des Zimmers", bei der „Frage, was gekocht wird", sowie bei der „Auswahl der Gruppenaktivitäten". Als Antwortmöglichkeiten gab es bei jeder Frage: „ja", „nein", „weiß nicht", „keine Angabe" und „trifft nicht zu" (zum Beispiel, wenn WLAN selbst organisiert wird, eine Person kein Handy besitzt, jemand selbst kocht oder es keine Gruppenaktivitäten gibt oder Ähnliches).

Abbildung 7, Mitbestimmung im Alltag

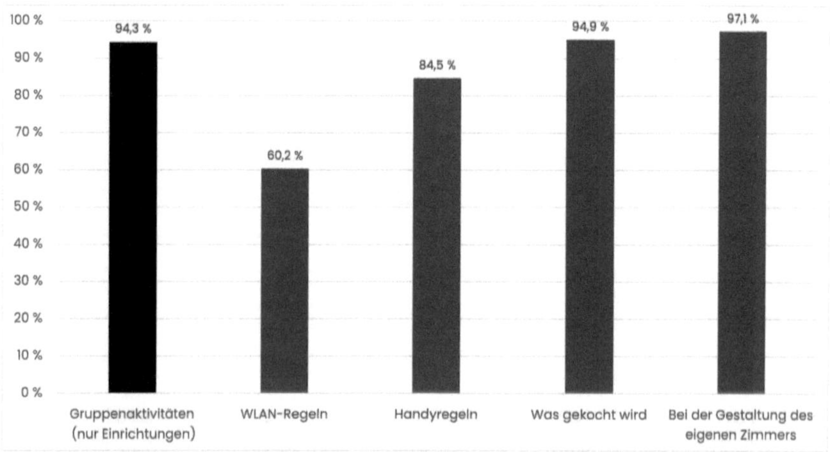

Quelle: CLS-Studie, Welle 1a 2023; gewichtet nach Wohnform und Geschlecht; von links nach rechts: n = 479; n = 618; n = 649; n = 698; n = 727; Zustimmungswerte

Der Großteil der Befragten (97,1 %) gab an, bei der Gestaltung des eigenen Zimmers mitbestimmen zu können. Auch bei der Frage, was gekocht wird, liegen hohe Zustimmungswerte (94,9 %) dazu vor, ob mitbestimmt werden kann. Deutlich geringer fallen die Zustimmungswerte bei den zwei Fragen zu Regeln der WLAN- und Handynutzung aus. So gaben hinsichtlich der Regeln zur Handynutzung insgesamt 84,5 Prozent an, mitbestimmen zu können. Bei den Regeln ihrer WLAN-Nutzung lag der Zustimmungswert mit 60,2 Prozent deutlich niedriger.

Wird das Antwortverhalten differenziert nach jungen Menschen in stationären Wohnformen und in Pflegeverhältnissen beleuchtet, sind zum Teil deutliche Unterschiede zu erkennen. So gaben junge Menschen aus Pflegefamilien zu 82,9 Prozent an, die Regeln der WLAN-Nutzung mitbestimmen zu können. In der Gruppe, die in Einrichtungen lebt, sah sich hingegen etwa die Hälfte in diesem Punkt beteiligt (53,1 %). Das Bild bestätigt sich hinsichtlich der Mitbestimmung bei den Regeln zur Handynutzung: Junge Menschen aus Pflegefamilien gaben zu 90,5 Prozent und Personen aus Einrichtungen zu 82,7 Prozent an, bei den Regeln zur Handynutzung mitbestimmen zu können.

Hinsichtlich der Mitbestimmung bei der Gestaltung des eigenen Zimmers und beim Kochen ist kaum ein Unterschied zwischen jungen Menschen aus Einrichtungen und aus Pflegefamilien zu erkennen.

Weiterhin wurde die Gruppe, die in Einrichtungen lebt, gefragt, ob sie mitbestimmen können, welche Gruppenaktivitäten gemacht werden. Dies bejahten 94,3 Prozent.

Insgesamt wird deutlich, dass die jungen Menschen überwiegend zustimmten, bei den abgefragten Themen mitbestimmen zu können. Es zeigen sich jedoch deutliche Unterschiede zwischen den Themen (vgl. Abbildung 7). Während die Mitbestimmung bei Fragen wie der Gestaltung des Zimmers, des Kochens und der Auswahl von Gruppenaktivitäten als sehr hoch angegeben wurde, zeigt sich, dass Mitbestimmungsmöglichkeiten in digitalen Bereichen wie den Regeln zur WLAN- und Handynutzung deutlich geringer sind. So lässt sich festhalten, dass die Möglichkeiten zur Mitbestimmung von jungen Menschen in weiten Bereichen als gut erlebt werden, doch gerade im digitalen Bereich die Rechte nicht immer als angemessen umgesetzt wahrgenommen werden.

Mitbestimmung im Hilfeplanverfahren

Nach den Fragen zur Mitbestimmung im Alltag wird auf die Beteiligung in der Hilfeplanung eingegangen. Alle Studienteilnehmenden werden als Erstes gefragt, wie lange ihr letztes Hilfeplangespräch zurückliegt und ob sie daran teilgenommen haben. Diejenigen, die teilgenommen haben, werden schließlich nach verschiedenen Mitbestimmungsmöglichkeiten gefragt.

Tabelle 22, Zurückliegen des letzten Hilfeplangespräches

Wie lange ist Ihr letztes Hilfeplangespräch her?			
	Einrichtung[1] **(n = 498)**	**Pflegefamilie[1]** **(n = 257)**	**Gesamt[2]** **(n = 755)**
Weniger als zwölf Monate	87,6%	76,1%	85,0%
Zwölf Monate und länger	9,0%	15,8%	10,6%
Weiß nicht, was das ist	1,3%	6,2%	2,4%
Weiß nicht	2,1%	1,9%	2,1%

Quelle: CLS-Studie, Welle 1a 2023; [1]gewichtet nach Geschlecht, [2]gewichtet nach Wohnform und Geschlecht

Hier fällt auf, dass 2,4 Prozent nicht wissen, was ein Hilfeplangespräch ist. Bemerkenswert ist, dass der Unterschied zwischen Personen, die in Einrichtungen, und Personen, die in Pflegeverhältnissen leben, erheblich ist. So wissen 1,3 Prozent der Befragten aus Einrichtungen nicht, was ein Hilfeplangespräch ist, während der Wert bei Personen, die in Pflegeverhältnissen leben, mit 6,2 Prozent fast fünfmal so hoch ist. Auch der Anteil derer, bei denen das letzte Hilfeplangespräch im vergangenen Jahr (und nicht vor längerer Zeit) stattfand, ist unter den Befragten aus Pflegeverhältnissen über zehn Prozent niedriger als bei der Gruppe aus Einrichtungen. Dies könnte darauf zurückzuführen sein, dass junge Menschen in Pflegeverhältnissen sich möglicherweise weniger als junge Menschen, die Hilfen zur Erziehung beziehen, wahrnehmen, daher die Hilfeplanung einen geringeren Stellenwert hat und sie dies von den Pflegeeltern und Fachkräften aus dem Jugendamt auch so vermittelt bekommen, während bei jungen Menschen aus Einrichtungen der Hilfebezug im Alltag unter anderem dadurch präsent ist, dass pädagogisches Fachpersonal vor Ort ist.

Weiterhin wurde gefragt, ob die Befragten an diesem Hilfeplangespräch teilgenommen haben. Hier zeigt sich, dass insgesamt der Großteil (98,0 %) am Hilfeplangespräch teilgenommen hat. Unter den Befragten aus Pflegefamilien war die Teilnahme mit 96,1 Prozent etwas geringer als unter denen aus Einrichtungen mit 98,5 Prozent.

Die Teilnahme am Hilfeplangespräch ist eine zentrale Voraussetzung dafür, dass das Recht auf Mitbestimmung bei den dort getroffenen Entscheidungen umgesetzt werden kann. Die Teilnahme bedeutet aber nicht automatisch, dass die jungen Menschen das Gefühl haben, dass ihr Recht auf Mitbestimmung angemessen realisiert wird oder dass sie tatsächlich so umfassend beteiligt werden, wie es möglich wäre. Im Folgenden wurden daher diejenigen, die am letzten Hilfeplangespräch teilgenommen hatten, aufgefordert, ihre Mitbestimmung im letzten Hilfeplangespräch zu bewerten.

Tabelle 23, Sorgen und Ängste einbringen

Ich konnte meine Sorgen und Ängste einbringen.			
	Einrichtung[1] **(n = 475)**	**Pflegefamilie**[1] **(n = 224)**	**Gesamt**[2] **(n = 699)**
Trifft voll und ganz zu	52,9%	67,4%	55,8%
Trifft eher zu	33,4%	26,7%	32,0%
Trifft eher nicht zu	10,7%	5,0%	9,6%
Trifft überhaupt nicht zu	3,0%	1,0%	2,6%

Quelle: CLS-Studie, Welle 1a 2023; [1]gewichtet nach Geschlecht, [2]gewichtet nach Wohnform und Geschlecht

Tabelle 24, Wichtige Themen einbringen

Ich konnte Themen einbringen, die mir wichtig sind.			
	Einrichtung[1] **(n = 484)**	**Pflegefamilie**[1] **(n = 230)**	**Gesamt**[2] **(n = 714)**
Trifft voll und ganz zu	74,6%	81,3%	76,0%
Trifft eher zu	19,3%	15,5%	18,5%
Trifft eher nicht zu	5,0%	2,6%	4,5%
Trifft überhaupt nicht zu	1,2%	0,6%	1,1%

Quelle: CLS-Studie, Welle 1a 2023; [1]gewichtet nach Geschlecht, [2]gewichtet nach Wohnform und Geschlecht

Tabelle 25, Vorstellungen für die Zukunft

Meine Vorstellungen für die Zukunft wurden im Hilfeplan schriftlich festgehalten.			
	Einrichtung[1] **(n = 461)**	**Pflegefamilie**[1] **(n = 216)**	**Gesamt**[2] **(n = 677)**
Trifft voll und ganz zu	74,0%	79,0%	75,0%
Trifft eher zu	19,8%	15,3%	19,0%
Trifft eher nicht zu	3,7%	4,4%	3,8%
Trifft überhaupt nicht zu	2,5%	1,4%	2,3%

Quelle: CLS-Studie, Welle 1a 2023; [1]gewichtet nach Geschlecht, [2]gewichtet nach Wohnform und Geschlecht

Tabelle 26, Einfluss auf Hilfeplan

Ich hatte Einfluss darauf, was im Hilfeplan über mich steht.			
	Einrichtung[1] **(n = 459)**	**Pflegefamilie**[1] **(n = 233)**	**Gesamt**[2] **(n = 692)**
Trifft voll und ganz zu	51,3%	55,9%	52,3%
Trifft eher zu	30,1%	31,7%	30,5%
Trifft eher nicht zu	13,1%	8,2%	12,0%
Trifft überhaupt nicht zu	5,5%	4,2%	5,2%

Quelle: CLS-Studie, Welle 1a 2023; [1]gewichtet nach Geschlecht, [2]gewichtet nach Wohnform und Geschlecht

Die Analysen zeigen, dass bei den Aussagen „Ich konnte meine Sorgen und Ängste einbringen“ und „Ich hatte Einfluss darauf, was im Hilfeplan über mich steht“ nur etwas über die Hälfte der Befragten voll und ganz zustimmten. Rund ein Drittel stimmten eher zu und der Rest (je nach Gruppe zwischen 6 % und 19 %) fand die Aussagen eher nicht oder überhaupt nicht zutreffend. Mit Fokus auf Personen aus Pflegeverhältnissen zeigt sich im Vergleich zu Befragten aus Einrichtungen eine etwas höhere Zustimmung.

Bei den Aussagen „Ich konnte Themen einbringen, die mir wichtig sind“ und „Meine Vorstellungen für die Zukunft wurden im Hilfeplan schriftlich festgehalten“ zeigt sich mit über 90 Prozent, die „voll und ganz“ oder „eher“ zustimmten (drei Viertel oder mehr „voll und ganz“), eine relativ hohe Zustimmungsrate. Auch hier ist die Zustimmung innerhalb der Befragten aus Pflegefamilien höher.

Generell zeigt sich im Vergleich der Wohnformen, dass Befragte aus Pflegefamilien zwar etwas seltener als Befragte aus Einrichtungen wissen, was Hilfeplangespräche sind, und die jungen Menschen aus Pflegefamilien auch etwas seltener an diesen teilnehmen. Wenn sie jedoch an den Gesprächen teilnehmen, schätzen junge Menschen aus Pflegefamilien ihre Mitbestimmung etwas positiver als Personen aus Einrichtungen ein.

Beschwerde

Im Bereich der Beschwerden geht es darum, herauszufinden, ob junge Menschen angeben, innerhalb ihrer Einrichtungen und Pflegefamilien über Beschwerdestellen informiert worden zu sein, und wie diese Beschwerdestellen von ihnen genutzt werden. 76,5 Prozent der (angehenden) Care Leaver*innen gaben an, dass ihnen eine Beschwerdestelle genannt wurde, bei der sie sich über die Situation in der Pflegefamilie oder Einrichtung beschweren können. Es zeigen sich hierbei jedoch deutliche Unterschiede zwischen den Teilgruppen: Jungen Menschen in Einrichtungen wurde mit 80,8 Prozent 19 Prozentpunkte häufiger eine solche Beschwerdestelle genannt als jungen Menschen in Pflegefamilien (61,8 %).

Von den Personen, denen eine Beschwerdestelle genannt wurde (n = 548), haben 38,1 Prozent angegeben, diese schon ein mal genutzt zu haben. Hier zeigt sich ein noch größerer Unterschied zwischen den Teilgruppen: Junge Menschen in Einrichtungen beschwerten sich mit 43,2 Prozent fast dreimal so häufig wie junge Menschen in Pflegefamilien mit 15,1 Prozent.

Die Ergebnisse der Frage, ob sich nach der Beschwerde etwas verbessert hat, zeigt folgende Tabelle.

Tabelle 27, Verbesserung durch Beschwerde(n)

Hat sich durch Ihre Beschwerde(n) etwas verbessert?			
	Einrichtung[1] **(n = 172)**	**Pflegefamilie**[1] **(n = 24)**	**Gesamt**[2] **(n = 196)**
Ja	48,6%	61,4%	49,7%
Teils, teils	37,5%	32,1%	37,0%
Nein	13,9%	6,6%	13,3%

Quelle: CLS-Studie, Welle 1a 2023; [1]gewichtet nach Geschlecht, [2]gewichtet nach Wohnform und Geschlecht

Es ist kritisch zu bedenken, dass nur etwa die Hälfte derer, die die Beschwerdemöglichkeit genutzt haben, die Frage nach einer Verbesserung deutlich mit „Ja" beantwortet hat. Etwas mehr als ein Drittel sahen immerhin eine teilweise Verbesserung. Insgesamt zeigt sich auch hier, dass die Zustimmungsquote bei jungen Menschen aus Pflegefamilien etwas höher liegt als bei Personen aus Einrichtungen.

Alle Personen, die diese Beschwerdestelle nicht genutzt haben (n = 348), wurden gefragt, ob es denn einen Grund gegeben hätte, sich zu beschweren. Insgesamt hätten 17,4 Prozent einen Grund gehabt, sich zu beschweren. Hier zeigen sich ebenfalls höhere Anteile bei jungen Menschen aus Einrichtungen – 22,5 Prozent hätten einen Grund gehabt, bei den jungen Menschen aus Pflegefamilien sind es 2,2 Prozent.

Fazit

Die vorliegenden Daten zeigen, dass entgegen dem Anspruch und dem Grundrecht junger Menschen, an allen sie betreffenden Entscheidungen beteiligt zu werden, junge Menschen aus stationären Hilfen zur Erziehung nicht durchgehend Beteiligungsmöglichkeiten erleben. Die Ergebnisse verdeutlichen auch, dass es hier durchaus Unterschiede je nach Thema gibt. Insbesondere bei der WLAN- und Handynutzung innerhalb von stationären Wohnformen nehmen die jungen Menschen ihre Beteiligung als nicht ausreichend wahr. Auch hinsichtlich der konkreten Einflussnahme auf das, was im Hilfeplan steht, und die Möglichkeiten der jungen Menschen, hier „zu Wort" zu kommen und sich einzubringen, sind höhere Zustimmungswerte erstrebenswert.

An dieser Stelle sind zudem auch Punkte, an denen es hohe Zustimmung gibt, kritisch zu reflektieren. Damit Menschen einschätzen können, ob sie angemessen mitbestimmen können, müssen sie zunächst wissen, welches Maß an Mitbestimmung überhaupt möglich wäre. Das subjektive Empfinden – das in der CLS-Studie erhoben wurde –, beteiligt zu werden, bedeutet also nicht unbedingt, im möglichen Umfang angemessen beteiligt zu werden. So zeigen zum Beispiel die Ergebnisse von Pluto et al. 2024, dass die Zustimmungswerte dazu, wie junge Menschen einbezogen werden, aus Sicht der Einrichtungen geringer ausfallen: 53 Prozent gaben dort an, dass bei der Gestaltung des eigenen Zimmers mitbestimmt werden kann; bei der Handynutzung waren es 19 Prozent. Bei Fragen, die eine graduelle Zustimmung möglich machten (Hilfeplan) zeigt sich diese Tendenz auch in den hier dargestellten Ergebnissen. Vor diesem Hintergrund ist – insbesondere bei Ergebnissen – ohne die Möglichkeit, graduell zuzustimmen, zu beachten: Wenn junge Menschen generell wahrnehmen und angeben, dass sie mitbestimmen können, bedeutet dies nicht unbedingt, dass sie in dem Maße beteiligt werden, in dem sie es könnten, wollten und sollten.

Wie sich die erlebten Mitbestimmungsmöglichkeiten auch langfristig auf die jungen Menschen, ihr Wohlbefinden und ihr Selbstwirksamkeitserleben auswirken, welche Bedeutung der Beteiligung auch im Zuge des Übergangs aus der Kinder- und Jugendhilfe zukommt und welche Erfahrungen sie in anderen Lebensbereichen (zum Beispiel Ausbildung, weitere Wohnsituation etc.) machen werden, wird in weiteren Erhebungswellen und Analysen relevant werden.

Literatur

Albus, Stefanie/Greschke, Heike/Klingler, Birte/Messmer, Heinz/Micheel, Heinz-Günter/Otto, Hans-Uwe/Polutta, Andreas (2010): Wirkungsorientierte Jugendhilfe. Abschlussbericht der Evaluation des Bundesmodellprogramms „Qualifizierung der Hilfen zur Erziehung durch wirkungsorientierte Ausgestaltung der Leistungs-, Entgelt- und Qualitätsvereinbarungen nach §§ 78a ff. SGB VIII". Münster, New York, München, Berlin: Waxmann.

Bartelheimer, Peter/Behrisch, Birgit/Daßler, Henning/Dobslaw, Gudrun/Henke, Jutta/Schäfers, Markus (2020): Teilhabe – Eine Begriffsbestimmung. Beiträge zur Teilhabeforschung. Wiesbaden: Springer VS.

Blandow, Jürgen/Gintzel, Ulrich/Hansbauer, Peter (1999): Partizipation als Qualitätsmerkmal in der Heimerziehung. Münster: Votum.

BMFSFJ – Bundesministerium für Familie, Senioren, Frauen und Jugend (2017): 15. Kinder- und Jugendbericht. Bericht über die Lebenssituation junger Menschen und die Leistungen der Kinder- und Jugendhilfe in Deutschland. URL: www.bmfsfj.de/resource/blob/115438/d7ed644e1b7fac4f9266191459903c62/15-kinder-und-jugendbericht-bundestagsdrucksache-data.pdf (abgerufen am 27.02.2024).

Bundesarbeitsgemeinschaft der Landesjugendämter (2023) (Hrsg.): Beteiligung von Kindern und Jugendlichen im Rahmen der Betriebserlaubniserteilung für Einrichtungen der Erziehungshilfe. Eine Arbeitshilfe für die Aufsicht nach § 45 ff. SGB VIII. Eine Orientierung für Träger der Jugendhilfe. Beschlossen auf der 133. Arbeitstagung der Bundesarbeitsgemeinschaft der Landesjugendämter vom 23. bis 25. November 2022.

Equit, Claudia/Witzel, Marc (2017): Beteiligung und Beschwerde in der Heimerziehung, eine Einführung. In: Equit, Claudia/Flösser, Gaby/Witzel, Marc (Hrsg.): Beteiligung und Beschwerde in der Heimerziehung. Grundlagen, Anforderungen und Perspektiven. Frankfurt am Main: IGfH-Eigenverlag, S. 5–10.

Höfer, Renate/Sievi, Ylva/Straus, Florian/Teuber, Kristin (2017): Verwirklichungschance SOS-Kinderdorf. Handlungsbefähigung und Wege in die Selbstständigkeit. Opladen, Berlin, Toronto: Verlag Barbara Budrich.

Moos, Marion (2012): Beteiligung in der Heimerziehung. Einschätzungen aus Perspektiven junger Menschen und Einrichtungsleitungen. Mainz: Institut für Sozialpädagogische Forschung Mainz e. V. (ism).

Pluto, Liane/Mairhofer, Andreas/Peucker, Christian/Santen, Eric van (2024): Einrichtungen der stationären Hilfen zur Erziehung. Empirische Analyse zu Organisationsmerkmalen, Adressat:innen und Herausforderungen. Weinheim und Basel: Beltz Juventa.

Rudeck, Reinhard/Sierwald, Wolfgang/Straus, Florian (2008): Repräsentative Befragung von Jugendlichen. In: Hartig, Sabine/Wolff, Mechthild (Hrsg.): Abschlussbericht Forschungs- und Entwicklungsprojekt „Gelingende Beteiligung im Heimalltag aus der Sicht von Jugendlichen". Hochschule Landshut.

Wolff, Mechthild/Hartig, Sabine (2013): Gelingende Beteiligung in der Heimerziehung. Weinheim und Basel: Beltz Juventa.

Bildung, Qualifikation und Bildungsaspirationen

Sibel Dönmez, Christian Koop

Der Einfluss von Bildung, insbesondere von formalen Bildungsabschlüssen, auf die Teilhabe junger Menschen ist erheblich. Formale Bildungsabschlüsse sind mit Opportunitätsstrukturen verknüpft, die den weiteren Lebensverlauf junger Menschen nachhaltig beeinflussen und sich auf alle anderen Teilhabebereiche auswirken. Das Bildungsniveau in Form von Bildungsabschlüssen hat beispielsweise einen Einfluss auf das Gesundheitsverhalten; so rauchen Personen mit einem hohen Bildungsniveau seltener und sind häufiger sportlich aktiv als diejenigen mit einem niedrigen Bildungsniveau (Starker et al. 2022; Autorengruppe Bildungsberichterstattung 2016). Ferner kann sich ein hohes Bildungsniveau positiv auf das Einkommen auswirken. So ist etwa der durchschnittliche Brutto-Stundenlohn von Personen mit Hochschulabschluss circa doppelt so hoch wie der durchschnittliche Brutto-Stundenlohn von Personen ohne Berufsausbildung (vgl. Teltemann 2022, S. 47 f.). Ähnlich hoch fällt der Unterschied aus, werden die durchschnittlichen Lebenseinkommen (Piopiunik/Kugler/Wößmann 2017) oder die durchschnittlichen Brutto-Monatsverdienste (Destatis 2022) von Personen mit Universitätsabschluss und Personen ohne Berufsausbildung verglichen. Der Verdienst wiederum hängt von der Arbeitsmarktposition auf dem Arbeitsmarkt ab, welcher sich in verschiedene Segmente unterteilt, die unter anderem durch unterschiedliche Einkommensniveaus definiert sind. Ein entscheidender Aspekt beim Zugang zu den jeweiligen Segmenten ist nun wiederum das Bildungsniveau (Teltemann 2022, S. 46).

Neben diesen empirischen Bildungserträgen stellt Bildung im grundlegenden Sinne ein Menschenrecht dar, welches 1948 in der Allgemeinen Erklärung für Menschenrechte festgehalten wurde (vgl. Artikel 26). Sie soll unter anderem zur Persönlichkeitsentfaltung, der Menschenrechtsbildung sowie Freundschaft, Toleranz und Verständnis zwischen allen Nationen und verschiedenen Personengruppen beitragen. Ferner kann Bildung als wichtige Voraussetzung für die Wahrnehmung weiterer Menschenrechte erachtet werden (vgl. Deutsches Institut für Menschenrechte 2013).

Ein zentrales sozialstaatliches Ziel ist daher die Gewährleistung von gleichen Bildungschancen sowie der Abbau von Bildungsungleichheiten. Nichtsdestotrotz bestehen weiterhin Bildungsungleichheiten, welche sich insbesondere auf drei Merkmale zurückführen lassen: die soziale Herkunft, die Migrationsgeschichte und das Geschlecht (BMBF 2020).

Trotz Bildungsreformen und Bildungsexpansion ist der Zugang zu höherer Bildung immer noch in einem hohen Maße durch die soziale Herkunft geprägt (Becker 2009; Maaz/Dumont 2019). Ohnehin schon privilegierte Sozialschichten können ihren Kindern leichtere Zugänge zu Bildung durch soziales und ökonomisches Kapital (zum Beispiel in Form von Nachhilfe) ermöglichen. Kinder aus formal geringqualifizierten Familien wachsen häufiger in Haushalten mit sozialen und finanziellen Risikolagen auf (Bildungsberichterstattung 2022).

Migrationsbezogene Bildungsungleichheiten weisen zwar eine positive Entwicklung bei der Bildungsbeteiligung von Personen mit Einwanderungsgeschichte auf, jedoch sind auch hier die Befunde des Fortbestands von Ungleichheit sehr stabil (Maaz/Dumont 2019). Einer der stabilsten Prädiktoren für Bildungsverläufe von Kindern aus Familien mit Einwanderungsgeschichte ist die Sprachkompetenz zum Schuleintritt. Die Sprachkompetenz wirkt sich unweigerlich auf alle anderen Leistungsbereiche aus, und nachteilige Ausgangssituationen können oft nur schwer aufgeholt werden (Kempert et al. 2016). Des Weiteren weisen mehr als die Hälfte der Kinder aus Familien mit Einwanderungsgeschichte entweder eine soziale oder eine finanzielle Risikolage auf, wodurch schlechtere Ausgangspositionen zusätzlich verstärkt werden können (Bildungsberichterstattung 2022; Maaz/Dumont 2019). Dennoch sind die Bildungsaspirationen von Personen mit Einwanderungsgeschichte höher als die von Personen ohne Einwanderungsgeschichte (Becker/Gresch 2016).

Geschlechtsspezifische Bildungsungleichheiten haben im Laufe der letzten Jahrzehnte eine Kehrtwende durchlaufen: Während Mädchen und Frauen bis in die 1990er-Jahre eine erschwerte Bildungsbeteiligung hatten, werden sie seit den frühen 2000er-Jahren als „Gewinnerinnen der Bildungsexpansion" angesehen (Faulstich-Wieland 2001; Hadjar/Becker 2009). Geschlechtsspezifische Bildungsungleichheiten haben sich von der Überrepräsentation von Jungen und Männern in höheren Bildungsgängen zur Überrepräsentation von Jungen und Männern in niedrigen Bildungsgängen verschoben (Hadjar/Berger 2011; Blossfeld et al. 2009).

Mit Blick auf junge Menschen, die in der Kinder- und Jugendhilfe aufgewachsen sind, lassen sich ebenfalls Bildungsungleichheiten vermuten. So weisen Care Leaver*innen in internationalen Studien im Vergleich zu ihren Peers verzögerte Bildungsbiografien und niedrigere Bildungsabschlüsse auf (Courtney et al. 2011; Cameron et al. 2018; Höjer/Johansson/Hill 2008). Die Wahrscheinlichkeit, keinen Abschluss und keinen Zugang zu tertiärer Bildung zu erhalten, ist im Vergleich zu Gleichaltrigen für junge Menschen mit Care-Erfahrung ebenfalls höher. Des Weiteren bestehen geschlechtsspezifische Ungleichheiten, die darauf hindeuten, dass männliche Care Leaver ein höheres Risiko tragen, keinen Schulabschluss zu erwerben.

Im Folgenden werden erste deskriptive Ergebnisse der Teilhabedimension Bildung und Qualifikation dargestellt.

Aktuelle Tätigkeit

Der größte Teil der Studienteilnehmenden ging zum Befragungszeitpunkt der ersten Welle zur Schule (54,5 %). Etwa 21 Prozent machten eine Ausbildung, und 6,5 Prozent absolvierten ein Berufsvorbereitungsjahr. Dementsprechend hat der größte Teil der Studienteilnehmenden die Schullaufbahn noch nicht beendet und noch keinen finalen Schulabschluss auf dem ersten Bildungsweg erworben.

Angestrebter Abschluss

Bildungsaspirationen werden als entscheidender Einflussfaktor für den Bildungserfolg angesehen und im Rahmen der Bildungsforschung zur Konzeptualisierung des Zusammenhangs von sozialen Herkunftseffekten und Bildungsergebnissen herangezogen (Becker/Gresch 2016).

Tabelle 28, Angestrebter Schulabschluss

	Einrichtung(1) (n = 263)	Pflegefamilie(1) (n = 154)	Gesamt(2) (n = 417)
Abitur (allgemeine Hochschulreife)	33,6%	48,5%	37,1%
Fachhochschulreife	14,6%	20,1%	16,0%
Mittlerer Schulabschluss (Realschule)	30,3%	20,0%	27,8%
Hauptschulabschluss	18,8%	7,6%	16,1%
Förderschulabschluss	1,3%	2,8%	1,7%
Keinen	1,3%	0,9%	1,2%

Quelle: CLS-Studie, Welle 1a 2023; (1)gewichtet nach Geschlecht, (2)gewichtet nach Wohnform und Geschlecht

Die Bildungsaspiration unter den Studienteilnehmenden wirkt tendenziell hoch. So streben mehr als ein Drittel das Abitur und mehr als die Hälfte mindestens eine Fachhochschulreife an. 27,8 Prozent streben einen mittleren Schulabschluss an und 16,1 Prozent den Hauptschulabschluss. 1,7 Prozent möchten einen Förderschulabschluss erreichen, und 1,2 Prozent streben gar keinen Schulabschluss an. Bei der Differenzierung nach der Wohnform der jungen Erwachsenen zeichnen sich deutliche Unterschiede zwischen den jungen Menschen in Pflegefamilien und denen in Einrichtungen ab. Die Bildungsaspiration von Studienteilnehmenden in Pflegefamilien fällt deutlich höher aus. Nahezu die Hälfte (48,5 %) streben das Abitur an. Auch wenn das Abitur die häufigste Ausprägung bei den jungen Erwachsenen in Einrichtungen ist, werden mittlere (30,3 %) und niedrigere Abschlüsse (20,1 %) deutlich häufiger bei jungen Menschen aus Einrichtungen genannt als bei jungen Menschen aus Pflegefamilien.

Folgend werden die Bildungsaspirationen von Care Leaver*innen mit Migrationsgeschichte betrachtet. Eine Migrationsgeschichte liegt hier vor, wenn die Studienteilnehmenden entweder selbst oder mindestens ein Elternteil nicht in Deutschland geboren wurden. Insgesamt liegt bei 260 Studienteilnehmenden eine Migrationsgeschichte vor. Die Personen, die sich noch in der Schule befinden, wurden nach ihrem angestrebten Schulabschluss gefragt. 159 Care Leaver*innen mit Migrationsgeschichte haben diese Frage beantwortet.

Tabelle 29, Angestrebter Schulabschluss nach Migrationsgeschichte

Angestrebter Abschluss	**Mit Migrationsgeschichte (n = 159)**	**Ohne Migrationsgeschichte (n = 258)**
Abitur (allgemeine Hochschulreife)	40,8%	34,6%
Fachhochschulreife (Fachoberschulreife)	18,3%	14,5%
Mittlerer Schulabschluss (Realschulabschluss)	26,3%	28,9%
Hauptschulabschluss	13,1%	18,1%
Förderschulabschluss	1,1%	2,2%
Keinen	0,5%	1,7%

Quelle: CLS-Studie, Welle 1a 2023; gewichtet nach Wohnform und Geschlecht

Im direkten Gruppenvergleich zwischen Care Leaver*innen mit und ohne Migrationsgeschichte fällt auf, dass die Bildungsaspirationen unter den Care Leaver*innen mit Migrationsgeschichte höher ausfallen. Insbesondere das Abitur und die Fachhochschulreife werden häufiger angestrebt als mittlere und niedrige Schulabschlüsse. Diese Ergebnisse sind damit in Übereinstimmung mit zahlreichen Befunden (unter anderem Astleithner/Vogl/Parzer 2021, Becker/Gresch 2016, Paulus/Blossfeld 2007) und weisen auf eine ähnlich stark ausgeprägte Tendenz zu höheren Bildungsaspirationen bei Personen mit Migrationsgeschichte im Kontext von Care Leaving hin.

Tabelle 30, Angestrebter Schulabschluss nach Geschlecht

Angestrebter Abschluss	**Weiblich (n = 247)**	**Männlich (n = 154)**
Abitur (allgemeine Hochschulreife)	41,6%	31,4%
Fachhochschulreife (Fachoberschulreife)	16,4%	16,0%
Mittlerer Schulabschluss (Realschulabschluss)	30,0%	26,7%
Hauptschulabschluss	10,4%	21,4%
Förderschulabschluss	1,0%	2,4%
Keinen	0,5%	2,0%

Quelle: CLS-Studie, Welle 1a 2023; gewichtet nach Wohnform

Bei der Betrachtung der Bildungsaspirationen nach dem amtlichen Geschlecht fallen die höheren Bildungsaspirationen der weiblichen Care Leaverinnen auf. Deutlich mehr als die Hälfte der weiblichen Care Leaverinnen streben mindestens die Fachhochschulreife (16,4 %) oder das Abitur (41,6 %) an. Bei den männlichen Care Leavern streben ähnlich viele die Fachhochschulreife (16,0 %), aber deutlich weniger das Abitur (31,4 %) an. Dies entspricht einer Differenz von 10,2 Prozentpunkten beim Abitur zwischen den hier betrachteten Geschlechterausprägungen. Von den männlichen Care Leavern strebt ein deutlich größerer Anteil einen Hauptschulabschluss an als von den weiblichen, was vor dem Hintergrund des vorausgehend beschriebenen Wandels und der Bildungsexpansion (Hadjar/Berger 2011; Blossfeld et al. 2009) ein interessanter Befund ist.

Unterstützung

Bildungsaspirationen werden unter anderem von der wahrgenommenen Unterstützung durch das Umfeld beeinflusst. Grgic und Bayer (2015) konnten aufzeigen, dass die Unterstützungsleistungen der Eltern, indem diese als Ansprechpersonen bei Problemen bei Hausaufgaben, Noten oder dem Unterrichtsstoff fungieren, einen positiven Effekt auf die Bildungsaspirationen ihrer Kinder haben.

Tabelle 31, Unterstützung für den Schulabschluss

Wie sieht es grundsätzlich mit der Unterstützung durch Ihr Umfeld für diesen Schulabschluss aus?	Pflegefamilie(1) (n = 153)	Einrichtung(1) (n = 258)	Gesamt(2) (n = 411)
Werde gehindert	0 %	1,1 %	1,0 %
Werde eher gehindert	0 %	3,7 %	2,8 %
Werde weder gehindert noch unterstützt	5,2 %	7,7 %	7,1 %
Werde eher unterstützt	17,7 %	33,0 %	29,1 %
Werde unterstützt	77,1 %	54,4 %	60,3 %

Quelle: CLS-Studie, Welle 1a 2023; (1)gewichtet nach Geschlecht, (2)gewichtet nach Wohnform und Geschlecht

Im Hinblick auf die wahrgenommene Unterstützung für den angestrebten Abschluss ist zu erkennen, dass der Großteil der Studienteilnehmenden (fast 90,0 %) angab, (eher) unterstützt zu werden. Allerdings wird auch deutlich, dass junge Menschen in Pflegefamilien häufiger angaben, unterstützt zu werden, im Vergleich zu den jungen Menschen, die in Einrichtungen leben (Pflegefamilie: 77,1 %; Einrichtung: 54,4 %). Auffällig ist auch, dass keine Person, die in einer Pflegefamilie lebt, angab, (eher) gehindert zu werden, wohingegen dieser Anteil bei jungen Menschen in Einrichtungen bei 4,8 Prozent liegt.

Fazit

Zusammenfassend lässt sich für den Teilhabebereich „Bildung" festhalten, dass (angehende) Care Leaver*innen im Allgemeinen hohe Bildungsaspirationen haben dadurch, dass mehr als die Hälfte (ca. 53 %) der Befragten mindestens einen Fachhochschulabschluss anstrebt. Diesbezüglich lassen sich jedoch Unterschiede in der Wohnform, der Migrationsgeschichte und dem amtlichen Geschlecht feststellen. Personen in Pflegefamilien (ca. 69 %) streben im Vergleich zu Personen in Einrichtungen (ca. 48 %) häufiger mindestens einen Fachhochschulabschluss an. Gleiches gilt für Personen mit einer Migrationsgeschichte (ca. 59 %) im Vergleich zu denen ohne Migrationsgeschichte (ca. 49 %) und für weibliche Personen (ca. 58 %) im Vergleich zu männlichen Personen (ca. 47 %). Zudem kann festgehalten werden, dass ein Großteil (ca. 89 %) Unterstützung für den angestrebten Schulabschluss wahrnimmt. Für die weiteren Wellen wird interessant sein zu beobachten, wie sich Bildungsverläufe und -aspirationen mit Blick auf den Auszug aus der Pflegefamilie oder der Einrichtung entwickeln. Ferner wird in detaillierten Analysen das Zusammenspiel von Bildung und anderen Teilhabebereichen – wie zum Beispiel Gesundheit, die sozialen Beziehungen oder die finanzielle Situation – eine relevante Rolle spielen. Auch die ersten Beobachtungen zu den Faktoren der sozialen Herkunft, der Migrationsgeschichte und dem amtlichen Geschlecht gilt es in weiteren Analysen genauer zu beleuchten.

Literatur

Astleithner, Franz/Vogl, Susanne/Parzer, Michael (2021): Zwischen Wunsch und Wirklichkeit: Zum Zusammenhang von sozialer Herkunft, Migration und Bildungsaspirationen. In: *Österreichische Zeitschrift für Soziologie*. H. 46 (3), S. 233–256.

Autorengruppe Bildungsberichterstattung (2016): Bildung in Deutschland. Ein indikatorengestützter Bericht mit einer Analyse zu Bildung und Migration. Bielefeld: W. Bertelsmann Verlag.

Becker, Birgit/Gresch, Cornelia (2016): Bildungsaspirationen in Familien mit Migrationshintergrund. Ethnische Ungleichheiten im Bildungsverlauf: Mechanismen, Befunde, Debatten, S. 73–115.

Becker, Rolf (2009): Entstehung und Reproduktion dauerhafter Bildungsungleichheiten. Lehrbuch der Bildungssoziologie: Für Caterina, S. 85–129.

Bildungsberichterstattung (2024) (Hrsg.): Bildung in Deutschland 2024. Ein indikatorengestützter Bericht mit einer Analyse zu beruflicher Bildung. wbv Publikation, ISBN: 978-3-7639-7744-4, DOI: 10.3278/6001820iw.

Blossfeld, Hans-Peter/Bos, Wilfried/Hannover, Bettina/Lenzen, Dieter/Müller-Böling, Detlef/Prenzel, Manfred/Wößmann, Ludger (2009): Geschlechterdifferenzen im Bildungssystem: Jahresgutachten 2009.

BMBF – Bundesministerium für Bildung und Forschung (2020): Bildung und Forschung als Schlüssel für eine nachhaltige Zukunft – Ressortbericht zur nachhaltigen Entwicklung. Bundesministerium für Bildung und Forschung. Berlin.

Cameron, Claire/Hollingworth, Katie/Schoon, Ingrid/Santen, Eric van/Schröer, Wolfgang Ristikari, Tiina/Heino, Tarja/Pekkarinen, Elina (2018): Care leavers in early adulthood: How do they fare in Britain, Finland and Germany? In: *Children and Youth Services Review*, H. 87, S. 163–172.

Destatis (2022): Gehaltsvergleich. URL: www.destatis.de/DE/Presse/Pressemitteilungen/2023/05/PD23_200_62.html (abgerufen am 15.01.2025).

Courtney, Mark E./Dworsky, Amy/Brown, Adam/Cary, Colleen/Love, Kara/Vorhies, Vanessa (2011): Midwest Evaluation of the Adult Functioning of Former Foster Youth: Outcomes at Age 26. URL: https://www.chapinhall.org/wp-content/uploads/Midwest-EvalOutcomes-at-Age-26.pdf (abgerufen am 13.02.2025).

Deutsches Institut für Menschenrechte (2013): Recht auf Bildung. URL: www.institut-fuer-menschenrechte.de/themen/wirtschaftliche-soziale-und-kulturelle-rechte/recht-auf-bildung (abgerufen am 15.01.2025).

Faulstich-Wieland, Hannelore (2001): Mädchen: besser in der Schule, aber benachteiligt bei der Ausbildung. In: *Erziehung & Wissenschaft*, H. 53 (2), S. 14–15.

Grgic, Mariana/Bayer, Michael (2015): Eltern und Geschwister als Bildungsressourcen?: Der Beitrag von familialem Kapital für Bildungsaspirationen, Selbstkonzept und Schulerfolg von Kindern. In: *Zeitschrift für Familienforschung*. Vol. 27(2), S. 173–192.

Hadjar, Andreas/Berger, Joel (2011): Geschlechtsspezifische Bildungsungleichheiten in Europa: Die Bedeutung des Bildungs- und Wohlfahrtsstaatssystems. Geschlechtsspezifische Bildungsungleichheiten. In: Hadjar, Andreas (Hrsg.): Geschlechtsspezifische Bildungsungleichheiten. Wiesbaden: VS Verlag für Sozialwissenschaften, S. 23–54.

Höjer, Ingrid/Johansson, Helena/Hill, Margreth (2008): State of the Art Consolidated Literature Review The Educational Pathways of Young People from a Public Care Background in Five EU countries. URL: https://www.researchgate.net/profile/Ingrid-Hoejer-2/publication/242180735_The_Educational_Pathways_of_Young_People_from_a_Public_Care_Background_in_Five_EU_countries/links/53e4c3280cf21cc29fc91e73/The-Educational-Pathways-of-Young-People-from-a-Public-Care-Background-in-Five-EU-countries?_tp=eyJjb250ZXh0Ijp7ImZpcnN0UGFnZSI6InB1YmxpY2F0aW9uIiwicGFnZSI6InB1YmxpY2F0aW9uIn19 (abgerufen am 16.01.2025).

Kempert, Sebastian/Edele, Aileen/Rauch, Dominique/Wolf, Katrin M./Paetsch, Jennifer/Darsow, Annkathrin/Maluch, Jessica/Stanat, Petra (2016). Die Rolle der Sprache für zuwanderungsbezogene Ungleichheiten im Bildungserfolg. In: Diehl, Claudia/Hunkler, Christian/Kristen, Cornelia (Hrsg.): Ethnische Ungleichheiten im Bildungsverlauf: Mechanismen, Befunde, Debatten. Wiesbaden: VS Verlag für Sozialwissenschaften, S. 157–241.

Maaz, Kai/Dumont, Hanna (2019): Bildungserwerb nach sozialer Herkunft, Migrationshintergrund und Geschlecht. In: Köller, Olaf/Hasselhorn, Marcus/Hesse, Friedrich W./Maaz, Kai/Schrader, Josef/Solga, Heike/Spieß, C. Katharina/Zimmer, Karin (Hrsg.): Das Bildungswesen in Deutschland. Bestand und Potenziale, 1. Bad Heilbrunn: Klinkhardt utb, S. 299–332.

Paulus, Wiebke/Blossfeld, Hans-Peter (2007): Schichtspezifische Präferenzen oder sozioökonomisches Entscheidungskalkül? Zur Rolle elterlicher Bildungsaspirationen im Entscheidungsprozess beim Übergang von der Grundschule in die Sekundarstufe. In: *Zeitschrift für Pädagogik*, H. 53 (4), S. 491–508.

Piopiunik, Marc/Kugler, Franziska/Wößmann, Ludger (2017): Einkommenserträge von Bildungsabschlüssen im Lebensverlauf: Aktuelle Berechnungen für Deutschland. In: *ifo Schnelldienst*, H. 7, S. 19–30.

Starker, Anne/Kuhnert, Ronny/Hoebel, Jens/Almut Richter (2022): Rauchverhalten und Passivrauchbelastung Erwachsener – Ergebnisse aus GEDA 2019/2020-EHIS. In: *Journal of Health Monitoring (RKI)*, H. 7 (3), S. 7–22.

Teltemann, Janna (2022): Bildungssoziologie. Eine Einführung (2. erw. Auflage) Baden Baden: Nomos.

Erwerbsarbeit: Sichtweisen auf Beruf und Berufswünsche

Sibel Dönmez, Franziska Petersen

Erwerbsarbeit stellt in unserer heutigen Gesellschaft einen elementaren Teilhabeaspekt dar. Durch sie wird Einkommen generiert, welches faktisch für fast alle Bereiche des Lebens notwendig ist, so zum Beispiel, um Wohnraum anmieten, Lebensmittel kaufen oder die eigenen Freizeitgestaltungsmöglichkeiten erhöhen zu können. Erwerbsarbeit schafft nicht nur die Möglichkeit, durch (materiellen) Konsum am gesellschaftlichen Leben teilzuhaben, sondern erfüllt in heutigen Gesellschaften außerdem die Funktion der sozialen Integration. Die Bedeutung von Erwerbsarbeit wird vor allem dann ersichtlich, wenn sie fehlt beziehungsweise kein Zugang zu ihr besteht (Beckmann/Spohr 2022, S. 13 ff.). Studien zeigen, dass Erwerbslosigkeit mit einem geringeren Teilhabeempfinden sowie einem geringen Zugehörigkeitsgefühl zur Gesellschaft verknüpft ist (zum Beispiel Sthamer/Brülle/Opitz 2013; Böhnke 2015). Zudem kann Erwerbslosigkeit negative psychosoziale Folgen haben. In diesem Zusammenhang finden die fünf latenten Funktionen der Erwerbsarbeit von Jahoda et al. (1983) häufig Erwähnung. Erwerbsarbeit erfüllt eine (1) zeitliche Strukturierung des Alltags, (2) begünstigt Kontakte zu anderen Personen außerhalb des eigenen Haushaltes, (3) trägt zur Sinnvermittlung bei beziehungsweise bindet an kollektive Ziele, (4) hilft bei der Definition des eigenen sozialen Status beziehungsweise der Identität und (5) sorgt für ein höheres Aktivitätsniveau. Jene fünf latenten Funktionen konnten bereits in einigen Studien nachgewiesen werden (zum Beispiel Bähr/Collischon 2022; Paul/Batinic 2010; Zechmann/Paul 2018).

Für den weiteren Berufs- und Karriereverlauf stellen nun insbesondere der Arbeitsmarkteinstieg beziehungsweise die ersten Erwerbsjahre einen wichtigen Faktor dar. So deuten einige Studien darauf hin, dass längere Phasen der Erwerbslosigkeit in der frühen Phase des Erwerbslebens zu negativen Einkommenseffekten, einem niedrigeren beruflichen Status sowie einer erhöhten Wahrscheinlichkeit erneuter Erwerbslosigkeit führen können (zum Beispiel Brzinsky-Fay 2022; Dietrich 2015; Möller/Umkehrer 2014). Gleichzeitig ist jedoch auch darauf hinzuweisen, dass ein erfolgreicher Arbeitsmarkteinstieg maßgeblich mit dem Bildungsniveau zusammenhängt. So haben es besonders junge Menschen ohne beruflichen Abschluss schwer beim Arbeitsmarkteinstieg (Dietrich/Abraham 2008). Dass das Bildungsniveau wiederum von weiteren Merkmalen wie etwa sozialer Herkunft, Migrationsgeschichte und Geschlecht abhängt, wird im Beitrag zu Bildung und Qualifikation thematisiert.

Für (angehende) Care Leaver*innen bestehen beim Zugang zum Ausbildungs- und Arbeitsmarkt verschiedene Hürden. Der im Peer-Vergleich u. a. frühe Übergang von der Jugendhilfe in eine selbstständige Lebensführung, elternabhängige Transferleistungen und kommunal unterschiedlich geregelte Unterstützungsangebote in der Nachbetreuung führen oftmals zu einer unzureichenden Übergangsbegleitung, in der die jungen Menschen nach dem Hilfeende nicht selten auf sich gestellt sind (vgl. Ehlke/Sievers/Thomas 2022). Aus internationalen Studien ist zudem bekannt, dass im Hilfeverlauf ein erschwerter Zugang zu formeller Bildung besteht, was sich wiederum auf den weiteren Erwerbsverlauf auswirkt (Cameron et al. 2018). Auch sind Care Leaver*innen häufiger von Erwerbslosigkeit betroffen oder prekär beschäftigt, verdienen häufiger unterdurchschnittlich und gehen öfter unbezahlter Care-Arbeit nach (ebd.; Courtney et al. 2020).

Nachdem in der ersten Welle der CLS-Studie aufgrund des jungen Alters der Befragten nur ein sehr geringer Anteil der Studienteilnehmenden einer Erwerbsarbeit nachging, werden die Erwerbsverläufe der jungen Menschen erst in den nachfolgenden Wellen an Relevanz dazugewinnen. Jedoch wurden alle jungen Menschen dazu befragt, welche Faktoren ihrer Meinung nach für den Erfolg im Berufsleben beitragen und welche Berufswünsche sie haben. Diese werden folgend dargestellt.

Erfolg im Beruf

Beruflicher Erfolg und die berufliche Entwicklung sind von unterschiedlichen Faktoren abhängig. Neben soziodemografischen Merkmalen, Kompetenzen, der aktuellen Arbeitsmarktlage oder der eigenen Motivation (Hirschi et al. 2018) spielt unter anderem eine Rolle, welcher Ursache beruflicher Erfolg attribuiert wird. So können Individuen die Ursache für das Erreichen eines (beruflichen) Ziels internen Faktoren zuschreiben wie zum Beispiel den eigenen Anstrengungen oder Fähigkeiten oder aber externen Faktoren wie zum Beispiel dem Schwierigkeitsgrad, das angestrebte Ziel zu erreichen, oder Glück. Nun ist anzunehmen, dass Individuen, die Erfolg internen Faktoren zuschreiben, dazu tendieren, ihre Handlungen erfolgsdienlicher auszurichten als jene Personen, die Erfolg externen Faktoren zuschreiben. Das wiederum führt dazu, dass diese Individuen erfolgreicher sind beziehungsweise eher das angestrebte Ziel erreichen (vgl. Bar Tal 1978; Weiner 1972). Studien zeigen dahingehend unter anderem, dass eine hohe berufliche Selbstwirksamkeitserwartung zu einem erfolgreicheren Berufseinstieg führt (vgl. Abele-Brehm/Stief 2004) oder dass sich internale (arbeitsbezogene) Kontrollüberzeugungen im Vergleich zu externalen (arbeitsbezogenen) Kontrollüberzeugungen positiv auf arbeitsrelevante Faktoren wie zum Beispiel die Arbeitszufriedenheit oder -leistung auswirken (vgl. Ng/Sorensen/Eby 2006; Wang/Bowling/Eschleman 2010).

Tabelle 32, Erfolg im Beruf

Wovon hängt es Ihrer Meinung nach ab, ob man im Beruf Erfolg hat? Dass man Erfolg im Beruf hat, hängt ab …	… vom eigenen Einsatz. (n = 752)	… von den eigenen Kenntnissen und Fähigkeiten. (n = 749)	… von guten Kontakten und Beziehungen. (n = 746)	… von den wirtschaftlichen und politischen Bedingungen. (n = 720)	… vom Glück. (n = 751)
Stimme voll und ganz zu	72,7 %	50,0 %	25,2 %	19,9 %	10,7 %
Stimme eher zu	24,6 %	45,5 %	50,5 %	49,8 %	30,4 %
Stimme eher nicht zu	2,1 %	3,8 %	19,7 %	21,3 %	39,2 %
Stimme überhaupt nicht zu	0,6 %	0,7 %	4,6 %	9,1 %	19,7 %

Quelle: CLS-Studie, Welle 1a 2023; gewichtet nach Wohnform und Geschlecht

In der CLS-Studie wurden die jungen Menschen danach gefragt, von welchen Faktoren ihrer Meinung nach Erfolg im Beruf abhängt. In Tabelle 32 wird deutlich, dass sie vor allem jenen Aussagen zustimmten, welche sich auf die eigene Person beziehen beziehungsweise die von der eigenen Person kontrolliert werden können. So stimmten fast alle (eher) der Aussage zu, dass Erfolg im Beruf vom eigenen Einsatz (97,3 %) und von den eigenen Kenntnissen und Fähigkeiten (95,5 %) abhängig sei. 75,7 Prozent stimmten der Aussage (eher) zu, dass Erfolg im Beruf von guten Kontakten und Beziehungen abhängig sei. Die beiden Aussagen, die sich auf äußere Faktoren beziehen, erhielten dahingegen weniger Zustimmung. So stimmten 69,7 Prozent (eher) der Aussage zu, dass Erfolg im Beruf von wirtschaftlichen und politischen Bedingungen abhängig sei, und 41,1 Prozent, dass es auf Glück ankommt. Werden die Werte getrennt nach Wohnformen betrachtet, so sind keine größeren Unterschiede zu beobachten.

Berufswünsche

Erwerbsarbeit stellt, wie eingangs beschrieben, eine zentrale Teilhabedimension dar, die sich auf zahlreiche Lebensbereiche auswirkt. Dies unterstreicht die Bedeutsamkeit des Berufsfindungsprozesses insbesondere für Jugendliche und junge Erwachsene im Übergang von der Schule in den Beruf. Die Berufswahl hat oftmals langfristige Auswirkungen auf den Lebensverlauf einschließlich Einkommen, Arbeitsplatzsicherheit und Gesundheit. Für viele Jugendliche und junge Erwachsene stellt die Berufsfindungsphase eine Herausforderung dar, die Unsicherheit und Belastungen mit sich bringt (Dombrowski 2015, S. 11).

Untersuchungen verweisen darauf, dass das Vorhandensein von Berufswünschen einen positiven Einfluss auf die Berufsfindung hat und dazu beitragen kann, Übergangsphasen zu verkürzen und geringere Abbruchquoten in Ausbildung und Studium zu erreichen. Erklärt wird dies vor allem damit, dass Berufswünsche eine Beschäftigung mit den eigenen Fähigkeiten und Interessen sowie den Möglichkeiten auf dem Arbeitsmarkt voraussetzen (Dombrowski 2015, S. 17 f.; Maué/Schumann 2020, S. 45).

Mit zunehmendem Alter und näher rückendem Berufseintritt passen Jugendliche ihre Berufswünsche aktiv an die realen Möglichkeiten an. Das Spektrum der genannten Berufe wird breiter, wobei sich die Verteilung gleichmäßiger über verschiedene Tätigkeitsfelder erstreckt, anstatt sich auf eine kleine Auswahl von Berufen zu beschränken. Es findet eine Anpassung der Aspiration an die tatsächlichen (wahrgenommenen) Möglichkeiten statt, und die Orientierung am Arbeitsmarkt nimmt zu (Dombrowski 2015, S. 16). Auf der einen Seite kann es in dieser Phase vermehrt zu Unsicherheiten kommen, die eine Verstärkung von Ungleichheit nach sich ziehen können. Sowohl interne als auch externe Aspekte können hier eine Rolle spielen und dazu beitragen, dass zum Beispiel Faktoren wie Geschlecht, Migrationsgeschichte oder ein niedriger sozioökonomischer Status bereits bei der Auswahl der Berufswünsche Limitationen darstellen. Dies kann dazu beitragen, dass marginalisierte Personengruppen ihre beruflichen Potenziale nicht voll ausschöpfen, was zu einer Reproduktion von Ungleichheit führen kann (Rahn 2022, S. 34). Auf der anderen Seite können atypische, aufwärtsgerichtete Berufswünsche dazu beitragen, soziale Ungleichheiten zu überwinden (Schorlemmer 2015, S. 7).

Im Fragebogen wird im Abschnitt zu den Qualifikationen am Ende die Frage nach einem Wunschberuf gestellt, Teilnehmende haben die Möglichkeit, dort bis zu zwei Angaben zu machen. Es werden 648 Erstwünsche und 245 Zweitwünsche angegeben. 14,9 Prozent der Befragten machten keine Angabe oder gaben an, keinen Berufswunsch beziehungsweise noch keinen Berufswunsch zu haben.

Die Antworten wurden mittels der Klassifikation der Berufe (KldB) der Bundesagentur für Arbeit (BA) in zehn Berufsbereiche unterteilt. Innerhalb der Berufsbereiche gibt es diverse Unterpositionen, je konkreter die Berufsangaben der Befragten waren, desto präziser konnte eine Einteilung vorgenommen werden. Anhand der Einteilung kann ausgewertet werden, in welchen Berufsbereichen und Unterpositionen sich wie viele der Berufswünsche verorten lassen. 23 Antworten der Erstwünsche und fünf Antworten der Zweitwünsche sind nicht eindeutig einzuordnen gewesen, da sie entweder nicht in der KldB erfasst waren oder keine genaue Berufsangabe enthielten. Insgesamt lassen sich demnach 625 Erstwünsche und 245 Zweitwünsche identifizieren. Für die Auswertung wurden lediglich die auswertbaren Antworten verwendet, um das Verhältnis zwischen der Häufigkeit der Angabe der verschiedenen Berufsbereiche deutlicher zu machen. Die Ergebnisse finden sich in Tabelle 33.

Tabelle 33, Berufswünsche

Berufsbereich	Erstwunsch n = 648	Zweitwunsch n = 245
Gesundheit, Soziales, Lehre und Erziehung	42,6 %	37,0 %
Rohstoffgewinnung, Produktion und Fertigung	14,1 %	14,9 %
Verkehr, Logistik, Schutz und Sicherheit	9,3 %	13,2 %
Sprach-, Literatur-, Geistes-, Gesellschafts- und Wirtschaftswissenschaften, Medien, Kunst, Kultur und Gestaltung	8,0 %	8,9 %
Unternehmensorganisation, Buchhaltung, Recht und Verwaltung	5,4 %	6,4 %
Kaufmännische Dienstleistungen, Warenhandel, Vertrieb, Hotel und Tourismus	5,3 %	7,2 %
Naturwissenschaft, Geografie und Informatik	5,1 %	3,8 %
Land-, Forst- und Tierwirtschaft und Gartenbau	5,1 %	3,4 %
Bau, Architektur, Vermessung und Gebäudetechnik	3,7 %	2,6 %
Militär	1,4 %	2,6 %

Quelle: CLS-Studie, Welle 1a 2023, ungewichtet

Bei den Erstwünschen ergibt sich folgendes Ranking für konkrete Berufswünsche:

1. Erzieher*in (11,0 %)
2. Pfleger*in (7,7 %)
3. Polizist*in (5,3 %)

Bei den Zweitwünschen weicht dieses Ranking etwas ab:

1. Erzieher*in (7,2 %)
2. Polizist*in (5,1 %)
3. Tierärzt*in (4,2 %)

Der Bereich „Gesundheit, Soziales, Lehre und Erziehung" ist sowohl bei den Erst- als auch bei Zweitwünschen mit Abstand am häufigsten vertreten, wobei der Anteil bei den Zweitwünschen etwas geringer ausfällt (42,6 % zu. 37,0 %). Von den Erstwünschen lassen sich 43,6 Prozent der Angaben dieses Bereichs in der Unterposition „Erziehung, soziale und hauswirtschaftliche Berufe, Theologie" verorten und 41,7 Prozent der Angaben in „medizinische Gesundheitsberufe". Bei den Zweitwünschen ist das Verhältnis ein wenig anders, dort sind 48,3 Prozent der

Angaben bei „medizinische Gesundheitsberufe“ und nur 32,2 Prozent der Antworten in der Unterposition „Erziehung, soziale und hauswirtschaftliche Berufe, Theologie“.

„Rohstoffgewinnung, Produktion und Fertigung“ wird bei Erst- und Zweitwünschen am zweithäufigsten genannt (14,1 % zu 14,9 %). „Verkehr, Logistik, Schutz und Sicherheit“ gewinnt bei den Zweitwünschen an Bedeutung und steigt von 9,3 Prozent auf 13,2 Prozent. Der Bereich „Militär“ wird sowohl bei Erst- als auch bei Zweitwünschen am seltensten genannt (1,4 % bzw. 2,6 %).

Es lässt sich eine starke Tendenz zu sozialen und helfenden Berufen erkennen. Die Ausübung eines solchen Berufs erfordert eine außergewöhnliche Art der Verantwortungsübernahme für Mitmenschen (Hallmann/Sass 2022, S. 169).

Die Ergebnisse decken sich grundsätzlich mit anderen Studienergebnissen zu Berufswünschen von Jugendlichen und jungen Erwachsenen, auch hier lässt sich eine Tendenz zu sozialen, medizinischen und erziehenden Berufen feststellen (unter anderem Lohbeck 2022; OECD 2020; Calmbach et al. 2020). Die Anzahl der Befragten ohne Berufswunsch liegt mit unter 20 Prozent sogar unter dem Wert anderer Erhebungen (Lohbeck 2022). Abweichungen können teilweise durch unterschiedliche Kategorisierungen und Erhebungsmethoden erklärt werden. Bemerkenswert ist jedoch, dass der Beruf Erzieher*in bei den Befragten sowohl bei den Erst- als auch bei den Zweitwünschen am häufigsten genannt wurde. Im Vergleich dazu zeigen die Ergebnisse der PISA-Erhebung von 2018, dass nur 6,4 Prozent der weiblichen Befragten Erzieher*in als Berufswunsch angaben, womit der Beruf auf dem dritten Platz der beliebtesten Berufe landet. Bei den männlichen Befragten wurde dieser Beruf gar nicht in das Ranking der beliebtesten Berufe aufgenommen (OECD 2020).

Zum einen kann die hohe Präferenz für erzieherische Berufe auf positive Erfahrungen und eine konstruktive Verarbeitung der eigenen Jugendhilfeerfahrung hindeuten. Dies könnte ein Zeichen dafür sein, dass die Befragten möglicherweise positive Vorbilder in den Fachkräften der Jugendhilfe gefunden haben und nun selbst eine ähnliche Rolle einnehmen möchten. Weniger positiv interpretiert, könnte die Präferenz auch aus dem Wunsch entstehen, Personen in ähnlichen Situationen durch die eigene Berufswahl zu helfen und zu einer Verbesserung des Systems beizutragen.

Die Tendenz zu vertrauten Berufen wirft zum einen die Frage auf, welchen Einfluss das unmittelbare soziale Umfeld der Jugendhilfe auf die Berufswahl hat. Zum anderen stellt sich die Frage, wie berufliche Bildung und Orientierung im Rahmen der Jugendhilfe erfolgt, und ob diese das umfangreiche Spektrum an Berufsmöglichkeiten abdeckt. Weiterführende Untersuchungen könnten dazu dienen, ein umfassenderes Bild der Einflussfaktoren auf die Berufswahl von Jugendlichen mit Jugendhilfeerfahrung zu erhalten.

Fazit

Dadurch, dass sich die meisten der Studienteilnehmenden in der Schule oder in Ausbildung befinden, wird die Dimension Erwerbsarbeit erst in den nächsten Wellen an Bedeutung gewinnen. Unabhängig davon jedoch, ob die jungen Menschen arbeiten oder nicht, wurden alle danach gefragt, wovon ihrer Meinung nach Erfolg im Beruf abhängt. Es wird deutlich, dass für den Großteil der jungen Menschen Erfolg im Beruf ihrer Einschätzung nach durch den eigenen Einsatz beziehungsweise die eigenen Fähigkeiten und Kenntnisse zu erreichen ist. Externe Faktoren (wirtschaftliche und politische Bedingung beziehungsweise Glück), welche von den Befragten selbst kaum beeinflusst werden können, erhielten dagegen deutlich geringere Zustimmungswerte. Der Zustimmungswert zur Bedeutung guter sozialer Kontakte lässt ich zwischen diesen beiden Polen von internen und externen Faktoren verorten. Für die weiteren Wellen wird daher zum einen interessant zu beobachten sein, wie sich hohe Zustimmungswerte auf den tatsächlichen Bildungs- und Arbeitsmarkterfolg auswirken. Zum anderen kann analysiert werden, ob sich diese hohen Zustimmungswerte abhängig von den dann gemachten Erfahrungen bei Bildungs- beziehungsweise Berufsübergängen – zum Beispiel Erreichen des angestrebten Schulabschlusses – verändern.

Bei den Angaben zu den Berufswünschen wird ersichtlich, dass viele der jungen Menschen konkrete Wunschberufe haben. Dabei lässt sich ein Großteil dieser in die Kategorie der sozialen beziehungsweise helfenden Berufe einordnen. Der Längsschnitt ermöglicht es, zu überprüfen, ob die Wunschberufe erreicht werden können oder ob hier Anpassungen zu beobachten sind.

Literatur

Abele-Brehm, Andrea/Stief, Mahena (2004): Die Prognose des Berufserfolgs von Hochschulabsolventinnen und -absolventen. Befunde der ersten und zweiten Erhebung der Erlanger Längsschnittstudie BELA-E. In: *Arbeits- und Organisationspsychologie*, H. 48 (1), S. 4–16.

Bähr, Sebastian/Collischon, Matthias (2022): Erwerbsarbeit erfüllt wichtige psychologische Funktionen, In: *IAB-Forum 7*. URL: www.iab-forum.de/erwerbsarbeit-erfuellt-wichtige-psychologische-funktionen/ (abgerufen am 14.07.2024).

Bar-Tal, Daniel (1978): Attributional Analysis of Achievement-related Behavior. In: *Review of Educational Research*. H. 48 (2), S. 259–271.

Beckmann, Fabian/Spohr, Florian (2022): Arbeitsmarkt und Arbeitsmarktpolitik. Grundlagen, Wandel, Zukunftsperspektiven. Stuttgart: UVK Verlag.

Böhnke, Petra (2015): Wahrnehmung sozialer Ausgrenzung. In: *Aus Politik und Zeitgeschichte*, H. 10/2015, S. 18–25.

Brzinsky-Fay, Christian (2022): Manche Jugendliche fassen nur schwer Fuß auf dem Arbeitsmarkt. In: *WZB Mitteilungen*, H. 177, S. 1–6.

Bundesagentur für Arbeit (2020): Klassifikation der Berufe 2010 – überarbeitete Fassung 2020. Band 1: Systematischer und alphabetischer Teil mit Erläuterungen, Nürnberg.

Calmbach, Marc/Flaig, Bodo/Edwards, James/Möller-Slawinski, Heide,/Borchard, Inga/Schleer, Christoph (2020): SINUS-Jugendstudie 2020 – Wie ticken Jugendliche? Lebenswelten von Jugendlichen im Alter von 14 bis 17 Jahren in Deutschland. Bonn: Bundeszentrale für politische Bildung.

Cameron, Claire/Hollingworth, Katie/Schoon, Ingrid/Santen, Eric van/Schröer, Wolfgang/Ristikari, Tiina/Heino, Tarja/Pekkarinen, Elina (2018): Care leavers in early adulthood: How do they fare in Britain, Finland and Germany?. In: *Children and Youth Services Review*, H. 87, S. 163–172.

Courtney, Mark E./Okpych, Nathanael/Harty, Justin/Feng, Huiling/Park, Sunggeun/Powers, Jenna/Nadon, Melanie/Ditto, Dale J./Park, Keunhye (2020): Findings from the California youth transition to adulthood study (CalYOUTH): Conditions of youth at age 23. University of Chicago.

Dietrich, Hans (2015): Jugendarbeitslosigkeit aus einer europäischen Perspektive. Theoretische Ansätze, empirische Konzepte und ausgewählte Befunde. IAB Discussion Paper 24/2015. Nürnberg: Institut für Arbeitsmarkt- und Berufsforschung der Bundesagentur für Arbeit.

Dietrich, Hans/Abraham, Martin (2008): Einritt in den Arbeitsmarkt. In: Abraham, Martin/Hinz, Thomas (Hrsg.): Arbeitsmarktsoziologie. Probleme, Theorien, empirische Befunde. Wiesbaden: GWV Fachverlage GmbH.

Dombrowski, Rosine (2015): Berufswünsche benachteiligter Jugendlicher. Die Konkretisierung der Berufsorientierung gegen Ende der Vollzeitschulpflicht. Bielefeld: W. Bertelsmann Verlag.

Ehlke, Carolin/Sievers, Britta/Thomas, Severine (2022): Werkbuch Leaving Care. Verlässliche Infrastrukturen im Übergang aus stationären Erziehungshilfen ins Erwachsenenleben. Frankfurt am Main: IGFH-Eigenverlag.

Sthamer, Evelyn/Brülle, Jan/Opitz, Lena (2013): Inklusive Gesellschaft – Teilhabe in Deutschland. Soziale Teilhabe von Menschen in prekären Lebenslagen. ISS-aktuell: Frankfurt am Main.

Hallmann, Julia/Sass, Erich (2022): Potenziale der Kinder- und Jugendarbeit. Begriffe, Diskurse und empirische Befunde auf Basis von AID:A 2020 NRW. Weinheim und Basel: Beltz Juventa.

Hirschi, Andreas/Nagy, Noemi/Baumeler, Franziska/Johnston, Claire S./Spurk, Daniel (2018): Assessing Key Predictors of Career Success: Development and Validation of the Career Resources Questionnaire. In: *Journal of Career Assessment*, H. 26 (2), S. 338–358.

Jahoda, Marie (1983): Wieviel Arbeit braucht der Mensch? Arbeit und Arbeitslosigkeit im 20. Jahrhundert. Weinheim: Beltz.

Lohbeck, Anke (2022): Auswertebericht Online-Umfrage „Berufswahl bei Schülerinnen und Schülern der Abgangsklassen", Bundesanstalt für Straßenwesen, Bergisch Gladbach.

Maué, Elisabeth/Schumann, Stephan (2020): Berufswünsche geflüchteter Jugendlicher und junger Erwachsener. In: *BWP*, H. 49 (1), S. 45–47.

Möller, Joachim/Umkehrer, Matthias (2014): Are there long-term earnings scars from youth unemployment in Germany? (ZEW discussion paper 2014-089). Institut für Arbeitsmarkt- und Berufsforschung. Mannheim.

Ng, Thomas W. H./Sorensen, Kelly L./Eby, Lillian T. (2006). Locus of control at work: A meta-analysis. In: *Journal of Organizational Behavior*, H. 27 (8), S. 1057–1087.

OECD – Organisation for Economic Co-operation and Development (2020): Dream Jobs? Teenagers' Career Aspirations and the Future of Work. OECD Publishing: Paris.

Paul, Karsten I./Batinic, Bernad (2010): The need for work: Jahoda's latent functions of employment in a representative sample of the German population. In: *Journal of Organizational Behavior*, H. 31 (1), S. 45–64. URL: doi.org/10.1002/job.622 (abgerufen am 16.01.2025).

Rahn, Sylvia (2022): „Gläserne Decke" im Kopf? Berufswünsche und berufliche Erwartungen Jugendlicher. In: Faulstich-Wieland, Hannelore/Quenzel, Gudrun/Steiner, Christine/Tillmann, Klaus-Jürgen/Wohne, Kerstin (Hrsg.): Jugend und Zukunft. Hannover: Friedrich Verlag, S. 34–37.

Schorlemmer, Julia (2015). Typische und atypische Berufswünsche nach Geschlecht und sozioökonomischem Status: Mechanismen der Selbstselektion. Dissertation, Freie Universität Berlin.

Wang, Qiang/Bowling, Nathan A./Eschleman, Kevin J. (2010): A meta-analytic examination of work locus of control. In: *Journal of Applied Psychology*, H. 95 (4), S. 761–768.

Weiner, Bernard (1972): Attribution Theory, Achievement Motivation, and the Educational Process. In: *Review of Educational Research*, H. 42 (2), S. 203–215.

Wetter, Rebecca/Fingern, Claudia (2022): Wie Ungleichheit verstanden wird. Eigene Erfahrungen beeinflussen, ob junge Erwachsene an Erfolg durch Anstrengung oder an den Zufall glauben. In: *WZB Mitteilungen*, H. 177.

Zechmann, Andrea/Paul, Karsten I. (2018): Why do individuals suffer during unemployment? Analyzing the role of deprived psychological needs in a six-wave longitudinal study. Friedrich-Alexander University Erlangen-Nürnberg, Nürnberg.

Finanzen, Jobben und der Umgang mit Finanzen

Katharina Brüchmann, Sibel Dönmez

Die materielle Lage gilt als die elementarste Dimension von Teilhabe, da das verfügbare Einkommen eine wesentliche Funktion erfüllt, wenn es um die Ermöglichung von Teilhabe in anderen Bereichen des Lebens geht. So erhöht eine prekäre ökonomische Lebenslage das Risiko einer mangelnden sozialen Einbindung und nimmt Einfluss auf die Möglichkeiten der persönlichen Entfaltung (Middendorf 2024, S. 39). Gerade in der Phase des Aufwachsens spielt die materielle Lage in mehrfacher Hinsicht eine zentrale Rolle (van Santen/Tully 2022, S. 96). Es gilt als eine der Kernherausforderungen der Verselbstständigung, finanzielle Autonomie und ökonomische Selbstverwaltung zu erlangen (ebd.). Junge Menschen bilden eigene Konsumpräferenzen heraus, um sich selbst zu positionieren und sich abzugrenzen (ebd.). Dabei nimmt die materielle Lebenslage noch an Bedeutung zu: Eine wachsende Kommerzialisierung der Lebensphase Jugend bedingt, dass viele Freizeitaktivitäten, die in der Jugendphase relevant sind, kostenpflichtig sind (ebd.). Dies nimmt auch Einfluss auf die Ausgestaltung sozialer Beziehungen.

Trotz der Relevanz der materiellen Lage junger Menschen ist das Thema der Verfügbarkeit von finanziellen Ressourcen, und insbesondere Jugendarmut, bisher wenig als eigenständiger Gegenstandsbereich beleuchtet und mangelt es in der Forschung an altersadäquaten Armutsindikatoren (Schels 2022, S. 56). In der Armutsforschung wird der sozioökonomische Status junger Menschen mit der finanziellen Situation und Lebenslage des Elternhaushaltes bestimmt (ebd., S. 56). Als gängige Maße von Armut und Armutsgefährdung gelten das Nettoäquivalenzeinkommen, Transferleistungsquoten und Deprivationsindexe, die in der Regel auf die materielle Ausstattung des Elternhaushaltes rekurrieren. Junge Menschen, die in stationären Hilfen zur Erziehung aufwachsen, spielen in der bisherigen Betrachtung von Jugendarmut keine Rolle und werden in die Berechnung von Armuts- und Armutsgefährdungsquoten von Kindern und Jugendlichen nicht einbezogen. So erfasst beispielweise der Mikrozensus das Haushaltseinkommen aller Personen, die in der Woche der Erhebung im Haushalt leben. Die Befragung der leiblichen Eltern der jungen Menschen, die in Einrichtungen leben, inkludiert demnach nicht die materielle Lage der jungen Menschen selbst, sondern nur die der Herkunftsfamilie (Ehlke/Sievers/Thomas 2022, S. 92 f.). Für junge Menschen in Einrichtungen kann dieses Konzept keine Anwendung finden, da sie nicht in einem Haushalt, sondern in einer Gemeinschaftsunterkunft leben. Aus der Kinder- und Jugendhilfestatistik wissen wir, dass eine Mehrheit der (angehenden) Care Leaver*innen leibliche Eltern(-teile) haben, die Transferleistungen beziehen, wobei die Quote bei den jungen Menschen in Pflegefamilien nochmal deutlich höher ist als bei denen in Einrichtungen (Fendrich et al. 2023). In diesem Zusammenhang ist von besonderer Bedeutung, dass Pflegeeltern vermehrt aus privilegierteren Haushalten stammen und nach der gängigen Feststellung der ökonomischen Situation über das Nettoäquivalenzeinkommen vergleichsweise gut abschneiden (Erzberger 2003; Blandow/Walter 2004).

Taschengeld, Nebenjobs und andere Einnahmequellen

Kinder, Jugendliche und junge Erwachsene, die in der Jugendhilfe aufwachsen, erhalten gemäß § 39 SGB VIII Abs. 1 finanzielle Leistungen zur Deckung ihres notwendigen Unterhalts, die die Kosten des Sachaufwands sowie für die Pflege und Erziehung umfassen. Ein Teil dieser Leistungen umfasst gem. § 39 Abs. 2 S. 2 SGB VIII einen angemessenen Barbetrag zur persönlichen Verfügung (Taschengeld). Drei Viertel der Befragten der CLS-Studie (75,6 %) gaben an, ein Taschengeld oder andere Leistungen des Jugendamtes zu erhalten. Es zeigt sich ein deutlicher Unterschied zwischen den jungen Menschen in Einrichtungen zu denen in Pflegeverhältnissen: 34,7 Prozent der Befragten in Pflegefamilien gaben an, ein Taschengeld oder eine anderweitige Pauschale nach dem SGB VIII zu erhalten. Bei jungen Menschen in Einrichtungen sind es 87,0 Prozent. Unterschiede zwischen den Befragten aus stationären Einrichtungen und aus Pflegefamilien dürften daraus resultieren, dass die meisten jungen Menschen in Pflegefamilien ihr Taschengeld durch die Pflegeeltern ausgezahlt bekommen und es daher nicht als Taschengeld des Jugendamtes identifizieren. Andere Leistungen, die bezogen werden, sind Leistungen nach dem Bundesausbildungsförderungsgesetz (BAföG), Berufsausbildungsbeihilfe, (Halb-)Waisenrente oder Wohngeld.[1]

Für junge Menschen in Pflegefamilien gibt es keine Vorgaben zur Höhe des Taschengeldes. Die Höhe des Taschengeldes, das jungen Menschen in Einrichtungen zusteht, ist hingegen landesrechtlich geregelt. Die nach Landesrecht zuständigen Behörden legen fest, wieviel Taschengeld jungen Menschen in Einrichtungen je nach Alter zusteht. Sie liegt beispielsweise in Sachsen für 17-Jährige bei 51,00 Euro und bei 98,80 Euro in Niedersachsen. Mit der Auszahlung des Taschengeldes steht den jungen Menschen in Einrichtungen ein Betrag zur Verfügung, um ihren eigenen Bedürfnissen nachzugehen. Es wird jedoch angenommen, dass Care Leaver*innen in der Regel über geringere

1 Da die Einkommenssituation stark vom Einkommen der leiblichen Eltern, der Tätigkeit und der Wohnform der jungen Menschen abhängig ist und in der Regel eine Kombination aus unterschiedlichen Leistungen vorliegt, wird auf eine ausführliche Darstellung der Einkommenssituation verzichtet.

finanzielle Unterstützung als Peers verfügen, die bei ihren Herkunftseltern aufwachsen (Ehlke/Sievers/Thomas 2022, S. 92). Einkünfte über Nebenjobs könnten eine bedeutende Rolle einnehmen, um die verfügbaren finanziellen Mittel zu erhöhen und Rücklagen zu bilden. Wie andere Studien aufzeigen, stellt für junge Menschen der Hinzuverdienst die größte Motivation dar, einen Nebenjob aufzunehmen (Tully/van Santen 2020, S. 772). Nebenbei nehmen Nebenjobs weitere Funktionen wahr: Erste Erfahrungen mit der Arbeitswelt werden gemacht und Softskills für das Berufsleben herausgebildet (ebd., S. 765 ff.). Zudem bieten die Nebentätigkeiten den jungen Menschen die Möglichkeit, Anerkennung jenseits des Schulalltags zu erfahren (ebd., S. 768).

In der CLS-Studie geht knapp jede fünfte Person einem Nebenjob nach (18,3 %), was, verglichen mit der altersgleichen Bevölkerungsgruppe ohne Jugendhilfeerfahrung, einen niedrigen Wert darstellt. So üben circa 42 Prozent der 16-Jährigen ohne Jugendhilfeerfahrung einen Nebenjob aus und 51 Prozent der 17-Jährigen (van Santen/Tully 2022, S. 770). Auffällig ist, dass junge Menschen in Pflegefamilien im Vergleich zu denen in Einrichtungen häufiger einer Nebentätigkeit nachgehen (Pflegefamilie: 27,6 %; Einrichtung: 15,3 %). In der Vergangenheit wurde die Kostenheranziehung junger Menschen zur Hilfe zur Erziehung bei eigenem Einkommen als Grund betrachtet, warum (angehende) Care Leaver*innen seltener nebenbei jobben. Erzielten sie eigene Einkünfte, so musste ein großer Teil dieses Einkommens an das Jugendamt geleistet werden. Diese Kostenheranziehung wurde zum 01.01.2023 abgeschafft, womit die Motivation, einen Nebenjob aufzunehmen, gestiegen sein sollte. Jedoch stellen einige Jugendämter die Zahlung des Taschengeldes ein, sofern eigene Einkünfte erzielt werden, die das Taschengeld um das Doppelte übersteigen (DIJuF 2023, S. 1).

Tabelle 34, Gründe für einen Nebenjob (Mehrfachantworten)

Grund für Nebenjob	**Pflegefamilie[(1)] (n = 65)**	**Einrichtung[(1)] (n = 63)**	**Gesamt[(2)] (n = 128)**
Ein paar Euro hinzuverdienen	81,8 %	84,6 %	83,9 %
Interesse an der Tätigkeit	59,5 %	55,1 %	56,7 %
Erlernen neuer Dinge	64,5 %	50,0 %	55,4 %
Um etwas zu tun zu haben	52,5 %	44,2 %	46,9 %
Einblick in die Praxis	49,3 %	33,8 %	39,4 %
Bessere Chancen auf dem Arbeitsmarkt	29,8 %	24,6 %	26,4 %
Anderes	24,2 %	16,1 %	19,2 %

Quelle: CLS-Studie, Welle 1a 2023; [(1)]gewichtet nach Geschlecht, [(2)]gewichtet nach Wohnform und Geschlecht

Nach den Gründen für die Aufnahme eines Nebenjobs gefragt, ist der „Hinzuverdienst von ein paar Euro“ auch in der CLS-Studie der mit Abstand häufigste genannte Grund (83,9 %) (Tabelle 34). „Interesse an der Tätigkeit“ und „Erlernen neuer Dinge“ gaben etwas mehr als die Hälfte der jungen Menschen an (56,7 % und 55,4 %), „um etwas zu tun zu haben“ gaben 46,9 Prozent an, gefolgt von dem Grund „Einblick in die Praxis“ (39,4 %) und „bessere Chancen auf dem Arbeitsmarkt“ (26,4 %). Für knapp ein Fünftel gab es einen anderen Grund. Die größten Unterschiede bei den Angaben nach Wohnformen zeigen sich bei den Gründen „Erlernen neuer Dinge“ (Pflegefamilie: 64,5 %; Einrichtung: 55,0 %) und „Einblick in die Praxis“ (Pflegefamilie: 49,3 %; Einrichtung: 33,8 %).

Eigene Kontoführung und Sparen

Neben dem ersten Verdienst über Nebenjobs gehört es zur Herausbildung der ökonomischen Selbstständigkeit, das eigene Geld zu verwalten und eigene erste Zukunftspläne zu entwickeln. Laut einer aktuellen Studie sparen 86 Prozent der 17- bis 27-Jährigen in Deutschland regelmäßig oder ab und zu (Hurrelmann/Karch/Traxler 2022, S. 32). Die Befragten der CLS-Studie gaben mehrheitlich an, dass sie sparen: 78,0 Prozent der jungen Menschen bilden regelmäßig eine finanzielle Rücklage. Dabei liegt der Anteil der jungen Menschen in Pflegefamilien, die sparen, mit 82,8 Prozent etwas höher als der Anteil der jungen Menschen in Einrichtungen, von denen 76,5 Prozent sparen. Jedoch geben die Daten keinen Aufschluss darüber, wie hoch diese Rücklagen sind.

Ebenso verfügen die meisten der CLS-Befragten über ein eigenes Bankkonto: Insgesamt gaben 80,8 Prozent an, dass sie ein eigenes Konto haben. Der Unterschied zwischen jungen Menschen in Pflegefamilien und jungen Menschen in Einrichtungen ist in diesem Bereich größer: 88,3 Prozent der jungen Menschen in Pflegefamilien haben ein eigenes Bankkonto, bei jungen Menschen in Einrichtungen sind es 78,6 Prozent. Die ökonomische Selbstständigkeit nimmt mit steigendem Alter zu: Je älter die Befragten sind, desto häufiger verfügen sie über ein eigenes Konto, wie Tabelle 35 zeigt.

Tabelle 35, Eigenes Konto nach Alter

Haben Sie ein eigenes Konto?						
	16 (n = 130)	**17 (n = 222)**	**18 (n = 204)**	**19 (n = 134)**	**20 und älter (n = 67)**	**Gesamt (n = 756)**
Ja	57,2%	72,9%	91,0%	93,2%	95,9%	80,8%

Quelle: CLS-Studie, Welle 1a 2023; gewichtet nach Wohnform und Geschlecht; Alter in Jahren

Die selbstständige Kontoführung und damit einhergehende Selbstverwaltung der finanziellen Mittel sowie die Möglichkeit, Rücklagen zu bilden, sind zwei wichtige Aspekte, um ökonomische Selbstständigkeit zu erlernen und zu erlangen. Eine weitere Frage galt der Vorbereitung auf den eigenständigen Umgang mit finanziellen Belangen sowie dem Umgang mit Geld oder das Begleichen einer Rechnung. Knapp 60 Prozent (59,2 %) fühlen sich gut auf die finanzielle Selbstständigkeit vorbereitet. 30,2 Prozent gaben an, dass sie sich „teils, teils" gut vorbereitet fühlen, 10,6 Prozent fühlen sich nicht gut vorbereitet (Tabelle 36).

Tabelle 36, Vorbereitung auf ökonomische Selbstständigkeit

Wie gut werden Sie in den folgenden Bereichen auf die Selbstständigkeit vorbereitet? – Finanzen, wie zum Beispiel mit Geld umgehen, Rechnungen bezahlen oder ein Konto eröffnen			
	Einrichtung[1] (n = 492)	**Pflegefamilie[1] (n = 255)**	**Gesamt[2] (n = 747)**
Gut vorbereitet	58,3%	62,5%	59,2%
Teils, teils	29,8%	31,5%	30,2%
Nicht gut darauf vorbereitet	12,0%	6,0%	10,6%

Quelle: CLS-Studie, Welle 1a 2023; [1]gewichtet nach Geschlecht, [2]gewichtet nach Wohnform und Geschlecht

Schulden

Eine ökonomische Selbstständigkeit birgt das Risiko, sich zu ver- oder überschulden. Dabei nimmt der Themenbereich „Schulden" in der Herausbildung der ökonomischen Selbstständigkeit eine ambivalente Rolle ein. Eine Verschuldung gehört heutzutage zur gesellschaftlichen Normalität. Schulden durch Ratenkäufe und Kredite sind zentrale Elemente der ökonomischen Realität (Peters 2019, S. 1) und ermöglichen Teilhabe am Konsum in einem immer stärker kommerzialisierten Alltag. Eine Überschuldung hingegen ist stark normativ individualisiert und wird – gerade bei jungen Menschen – als mangelnde Finanzkompetenz angesehen (ebd.). 6,1 Prozent der Befragten der CLS-Studie geben an, Schulden zu haben. Diese relativ geringe Quote an Verschuldeten ist aufgrund des Alters der Befragten nicht verwunderlich, da die jungen Menschen in der betreffenden Altersgruppe, die noch nicht volljährig sind, nur begrenzt geschäftsfähig sind und noch keine Kaufverträge abschließen können. So bestehen am häufigsten auch private Schulden bei Freund*innen. Seltener handelt es sich um Konsumschulden oder Schulden bei Verkehrsbetrieben oder Behörden. Die Mehrheit der Befragten, die Schulden haben, zahlen diese zurück. Nur eine Minderheit gibt an, die Schulden momentan nicht zurückzahlen zu können. Die Höhe der Schulden liegt bei den meisten der Befragten unter 500 Euro.

Fazit

Der erste eigene Verdienst und die eigenständige Verwaltung finanzieller Mittel markieren wichtige Schritte hin zur ökonomischen Selbstständigkeit. Care Leaver*innen sparen in der Regel regelmäßig und führen größtenteils ein eigenes Bankkonto. Der Anteil der jungen Menschen mit einem eigenen Konto ist in Einrichtungen deutlich geringer als bei jungen Menschen in Pflegefamilien. Wenige der Care Leaver*innen sind bisher verschuldet. Wie sich diese Situation mit dem Älterwerden und Auszug aus der stationären Hilfe zur Erziehung verändert, werden folgende Befragungswellen zeigen.

Wie bereits im Bereich „Wohnen" dargestellt, fällt die Vorbereitung auf die finanzielle Selbstständigkeit geringer aus als die Vorbereitung auf die Haushaltsführung. Angesichts der Bedeutung dieses Themas sollte der Entwicklung von Finanzkompetenzen weitaus mehr Aufmerksamkeit geschenkt werden. Care Leaver*innen gehen deutlich seltener einem Nebenjob nach als der gleichaltrige Durchschnitt der Bevölkerung. Da Nebenjobs nicht nur einen Beitrag zu mehr ökonomischer Selbstständigkeit bieten, sondern auch Erfahrungsräume außerhalb des Schulalltags und erste Erfahrungen auf dem Arbeitsmarkt ermöglichen, sollte der Frage, warum Care Leaver*innen seltener einen Nebenjob ausüben als der Durchschnitt der jungen Menschen, nachgegangen werden.

Literatur

Blandow, Jürgen/Walter, Michael (2004): Bestandsaufnahme und strukturelle Analyse der Verwandtenpflege in der Bundesrepublik Deutschland. Universität Bremen.

DIJuF – Deutsches Institut für Jugendhilfe und Familienrecht e.V. (2023): DIJuF-Rechtsgutachten. Auswirkungen des neuen Gesetzes zur Abschaffung der Kostenheranziehung junger Menschen in der Kinder- und Jugendhilfe auf die (uneingeschränkte) Gewährung von Annexleistungen nach §39 SGB VIII. SN_2023_0173 vom 20.2.2023. URL: www.dijuf.de/news-detail?tx_news_pi1%5Baction%5D=detail&tx_news_pi1%5BcontrolBco%5D=News&tx_news_pi1%5Bnews%5D=163&cHash=ec828ac86a2177ba1cd73a5abab8071d. (abgerufen am 13.08.2024).

Ehlke, Carolin/Sievers, Britta/Thomas, Severine (2022): Werkbuch Leaving Care. Verlässliche Infrastrukturen im Übergang aus stationären Erziehungshilfen ins Erwachsenenleben. Frankfurt am Main: IGFH-Eigenverlag.

Erzberger, Christian (2003): Strukturen der Vollzeitpflege in Niedersachsen. Gesellschaft für innovative Sozialforschung und Sozialplanung e.V., Bremen. Bremen.

Fendrich, Sandra/Tabel, Agathe/Erdmann, Julia/Frangen, Valentin/Göbbels-Koch, Petra/Mühlmann, Thomas (2023): Monitor Hilfen zur Erziehung 2023. Arbeitsstelle Kinder- und Jugendhilfestatistik (AKJstat). Eigenverlag Forschungsverbund DJI/TU Dortmund. Dortmund. URL: www.hze-monitor.akjstat.tu-dortmund.de/fileadmin/user_upload/documents/Monitor_Hilfen_zur_Erziehung_2023.pdf (abgerufen am 13.08.2024).

Hurrelmann, Klaus/Karch, Heribert/Traxler, Christian (2022): Jugend, Vorsorge, Finanzen. MetallRente Studie 2022. Zwischen sozialstaatlichem Anspruch und Individualisierung. Weinheim und Basel: Beltz Juventa.

Middendorf, Tim (2024): Prekäre Lebenslagen junger Menschen in der Sozialen Arbeit – eine theoretische Einordnung. In: Middendorf, Tim/Parchow, Alexander (Hrsg.): Junge Menschen in

prekären Lebenslagen. Theorien und Praxisfelder der Sozialen Arbeit. Weinheim und Basel: Beltz Juventa, S. 32–42.
Peters, Sally (2019): Armut und Überschuldung. Bewältigungshandeln von jungen Erwachsenen in finanziell schwierigen Situationen. Wiesbaden: Springer VS.
Santen, Eric van/Tully, Claus (2022): Ökonomische Aspekte des Erwachsenwerdens. In: Berngruber, Anne/Gaupp, Nora: Erwachsenwerden heute. Lebenslagen und Lebensführung junger Menschen. Stuttgart: Kohlhammer, S. 91–102.
Schels, Brigitte (2022): Materielle Lebenslagen, Bildungs- und soziale Ungleichheiten im Jugend- und jungen Erwachsenenalter. In: Berngruber, Anne/Gaupp, Nora: Erwachsenwerden heute. Lebenslagen und Lebensführung junger Menschen. Stuttgart: Kohlhammer, S. 56–66.
Tully, Claus/Santen, Eric van (2020). Nebenjobs. In: Bollweg, Petra/Buchna, Jennifer/Coelen, Thomas/Otto, Hans-Uwe (Hrsg.): Handbuch Ganztagsbildung. Wiesbaden: Springer VS, S. 768–780.

Gesundheit als Teilhabedimension von Care Leaver*innen

Christian Koop, Martina Pokoj, Eric van Santen

Der persönliche Gesundheitszustand kann einen maßgeblichen Einfluss auf Teilhabechancen haben (vgl. Behrens 2009). Dies ist zum einen darin begründet, dass bestimmte Aktivitäten nur mit einem gewissen Maß an physischer und psychischer Gesundheit möglich sind, und zum anderen, dass diese Aktivitäten andere Lebensbereiche und Teilhabedimensionen beeinflussen können. Wenn eine Person ihren Gesundheitszustand als gut bewertet, hat sie in der Regel mehr Energie und bessere Möglichkeiten, um sich sozial zu engagieren, am Arbeitsplatz produktiv zu sein, Bildungs- und Freizeitaktivitäten nachzugehen und Beziehungen zu pflegen oder neue soziale Kontakte zu knüpfen, sich in verschiedenen Situationen zurechtzufinden oder komplexe Probleme zu lösen. Umgekehrt kann ein schlechter bewerteter Gesundheitszustand die Teilhabe einschränken, indem er zu Einschränkungen bei der Erwerbsarbeit bis hin zur Arbeitsunfähigkeit, Isolation, zu finanziellen Belastungen und einem reduzierten Zugang zu Bildung und sozialen Aktivitäten führen kann. Dabei ist der Gesundheitszustand allein nicht unbedingt für die Teilhabeeinschränkung ursächlich, sondern auch Bedingungen und Strukturen in unserer Gesellschaft können ihren Teil dazu beitragen, dass eine gesundheitliche Beeinträchtigung reale Teilhabehindernisse werden. Der Gesundheitszustand (und gesellschaftliche Reaktionsweisen darauf) kann sowohl als Ursache von verringerten Chancen in der Teilhabe als auch als Ursache von Benachteiligungen in anderen Teilhabedimensionen betrachtet werden. Dies unterstreicht die Interdependenzen zwischen den verschiedenen Dimensionen der Teilhabe.

Ein entscheidender Prädiktor für den Gesundheitszustand ist, auch in wohlhabenden Ländern wie Deutschland, der soziale Status (Hradil 2009, Lampert et al. 2022). Insbesondere für junge Menschen ist das Aufwachsen in Haushalten mit niedrigem sozialen Status mit einem erhöhten Risiko für einen schlechteren allgemeinen Gesundheitszustand und für psychische Auffälligkeiten verbunden (Lampert/Kuntz 2015). Eltern, die einen höheren sozialen Status aufweisen, bewerten die Gesundheit ihrer Kinder tendenziell besser als Eltern mit niedrigerem sozialem Status (Poethko-Müller et al. 2018). Die Ungleichheit im Gesundheitszustand lässt sich auf ein komplexes Zusammenspiel von materiellen, psychosozialen und verhaltensbezogenen Faktoren zurückführen (Lampert et al. 2022). Ein schlechter Gesundheitszustand kann dementsprechend auch ein Symptom von sozialer Ungleichheit sein.

Im deutschen Recht gibt es zwar das Recht auf körperliche Unversehrtheit, jedoch nicht auf Gesundheit. Mit einem Recht auf Gesundheit geht die Diskussion einher, wie Gesundheit definiert wird: Bezieht sich das Recht auf die Behandlung im Krankheitsfall und die Wiederherstellung von Gesundheit, oder fallen beispielsweise auch präventive Maßnahmen darunter (vgl. Schmitz 2012)? Grundlegend kann allerdings das Menschenrecht auf den „höchsten erreichbaren Stand an körperlicher und geistiger Gesundheit" herangezogen werden, das zu den wirtschaftlichen, sozialen und kulturellen Menschenrechten gehört (Artikel 12 des UN-Sozialpakts). Durch die Zuordnung von Gesundheit zu den wirtschaftlichen, sozialen und kulturellen Menschenrechten wird deutlich, dass Gesundheit einen Einfluss auf Teilhabe an einer (wirtschaftlichen, sozialen, kulturellen) Gesellschaft hat.

Oftmals wird der Gesundheitsstatus über Fachkräfte, Pflegeeltern und/oder durch standardisierte Instrumente wie zum Beispiel der SDQ (Strength and Diffulculties Questionaire) oder die CBCL (Child Behavior Checklist) erhoben. Auch wenn es Versionen dieser Instrumente gibt, bei denen die jungen Menschen diese Fragebögen selbst ausfüllen können und der Gesundheitszustand nicht von Dritten beurteilt wird, wird ihnen ihr Gesundheitszustand letztlich auch beim Selbst-Ausfüllen über den erreichten Gesamtscore zugeschrieben. Sie werden dabei als unauffällig, erkrankt, auffällig oder behandlungsbedürftig beschrieben, obwohl nicht ersichtlich wird, ob sie sich selbst auch so betrachten. Fremdeinschätzung und Selbsteinschätzung können also auch zu Fragen der Gesundheit voneinander abweichen.

Die CLS-Studie erhebt, im Unterschied zu den meisten anderen Studien, die Gesundheit bei jungen Menschen in stationären Hilfen zur Erziehung und deren Einschätzung zu ihrer Gesundheit bei den jungen Menschen selbst. Die Selbsteinschätzung des Gesundheitszustands stellt eine in Bevölkerungsstudien etablierte und international verbreitete Methode zur Messung der subjektiven Gesundheit dar (Lange et al. 2007). Studien zeigen, dass die subjektive Gesundheit ein guter Prädiktor für das spätere Auftreten chronischer, körperlicher und psychischer Erkrankungen sowie die Inanspruchnahme von Gesundheitsleistungen und Mortalität ist (vgl. zum Beispiel Neuhauser/Poethko-Müller/Kurth 2016; Ul-Haq et al. 2014).

Die Ergebnisse der CLS-Studie geben Aufschluss darüber, wie junge Menschen mit Jugendhilfeerfahrung in oder vor der Phase des Verlassens ihrer Einrichtung oder Pflegefamilie ihren allgemeinen Gesundheitszustand selbst bewerten und ob sie aus ihrer Perspektive eine körperliche, psychische oder Sucht-Erkrankung haben. Darüber hinaus wird dargestellt, ob sich die Einschätzung des eigenen Gesundheitszustandes von jungen Menschen mit und ohne Erkrankung unterscheidet. Ebenso wird der Frage nachgegangen, ob junge Menschen eine Einschränkung durch (eine) vorhandene Erkrankung(en) im Alltag spüren und wie sich diesbezüglich die Einschätzung des Gesundheitszustandes unterscheidet.

Subjektiver Gesundheitszustand

Insgesamt bewerteten die jungen Menschen ihren Gesundheitszustand eher besser als schlechter. 18,5 Prozent gaben an, einen ausgezeichneten Gesundheitszustand zu haben, 50,1 Prozent gaben an, einen guten Gesundheitszustand zu haben. 28,5 Prozent schätzten ihren Gesundheitszustand als einigermaßen ein und 3,0 Prozent als schlecht.

Tabelle 37, Subjektiver Gesundheitszustand

Wie würden Sie zurzeit Ihren Gesundheitszustand beschreiben?			
	Einrichtung(1) (n = 498)	**Pflegefamilie**(1) (n = 257)	**Gesamt**(2) (n = 755)
Ausgezeichnet	15,1 %	30,4 %	18,4 %
Gut	50,3 %	48,9 %	50,1 %
Einigermaßen	31,2 %	19,1 %	28,5 %
Schlecht	3,5 %	1,7 %	3,0 %

Quelle: CLS-Studie, Welle 1a 2023; (1)gewichtet nach Geschlecht, (2)gewichtet nach Wohnform und Geschlecht

Junge Menschen in der CLS-Studie beschrieben ihren Gesundheitszustand in beiden Hilfe-Settings überwiegend als ausgezeichnet oder gut (vgl. Tabelle 37). Junge Menschen aus Pflegefamilien scheint es gesundheitlich besser zu gehen als jungen Menschen aus Einrichtungen: Der Anteil der Personen, denen es ausgezeichnet geht, ist in Pflegefamilien etwa doppelt so hoch wie bei Personen in Einrichtungen. Nichtsdestotrotz zeichnet sich im Vergleich zu Bevölkerungsstudien mit der Altersgruppe der CLS-Studie eine negativere Einschätzung des eigenen Gesundheitszustandes bei den jungen Menschen in der CLS-Studie ab. Jugendliche beschreiben in allgemeinen Bevölkerungsumfragen, wie beispielsweise AID:A 2019[1], ihren Gesundheitszustand noch deutlich positiver.

Verschiedene Befunde deuten darauf hin, dass es bei der Einschätzung des allgemeinen Gesundheitszustands signifikante Geschlechtereffekte bei jungen Menschen gibt. Weibliche junge Menschen (amtliches Geschlecht) bewerten ihren allgemeinen Gesundheitszustand schlechter als die männlichen (vgl. Poethko-Müller et al. 2018; Kaman et al. 2020). Dies lässt sich auch an den Ergebnissen der CLS-Studie ablesen: 59,3 Prozent der nach amtlichem Geschlecht weiblichen Personen schätzten ihren Gesundheitszustand als „ausgezeichnet“ oder „gut“ ein, wohingegen 76,0 Prozent der nach amtlichem Geschlecht männlichen Personen ihren Gesundheitszustand als „ausgezeichnet“ oder „gut“ beschrieben.

1 Eigene Berechnungen mit AID:A 2019

Selbsteinschätzung der jungen Menschen zu ihren Erkrankungen

Insgesamt gaben 53,1 Prozent an, eine länger anhaltende oder chronische Erkrankung zu haben. Der Anteil bei den jungen Menschen in Einrichtungen liegt mit 57,4 Prozent deutlich höher als bei den jungen Menschen in Pflegefamilien mit 38,5 Prozent. Davon beschrieben 71,9 Prozent sich als psychisch krank, 40,2 Prozent als körperlich krank und 24,9 Prozent als suchtkrank. 34,2 Prozent der jungen Menschen gaben an, sich in mehr als einer dieser drei Bereiche erkrankt zu fühlen. Die Werte zur psychischen Gesundheit liegen oberhalb der Werte dieser Altersgruppe in der Gesamtbevölkerung (vgl. zum Beispiel MHS o. J.; Klipker et al. 2018), andererseits aber, was die psychischen Erkrankungen betrifft, auch unter der durch Fremdeinschätzungen ermittelteten Werte zu jungen Menschen, die noch in stationären Hilfen zur Erziehung leben (vgl. Schmid 2007; Kindler 2011).

Subjektiver Gesundheitszustand und vorhandene Erkrankung(en)

Tabelle 38, Subjektiver Gesundheitszustand nach vorhandener Erkrankung und Hilfesetting

	Keine Erkrankung vorhanden			Erkrankung vorhanden		
	Einrichtung[1] (n = 190)	Pflegefamilie[1] (n = 150)	Gesamt[2] (n = 340)	Einrichtung[1] (n = 297)	Pflegefamilie[1] (n = 98)	Gesamt[2] (n = 395)
Ausgezeichnet	24,4 %	35,4 %	27,7 %	8,4 %	19,5 %	10,1 %
Gut	56,2 %	53,6 %	55,6 %	45,1 %	44,2 %	45,0 %
Einigermaßen	1,8 %	11,0 %	16,2 %	41,0 %	31,7 %	39,6 %
Schlecht	0,8 %	0 %	0,5 %	5,5 %	4,5 %	0,5 %

Quelle: CLS-Studie, Welle 1a 2023; [1]gewichtet nach Geschlecht, [2]gewichtet nach Wohnform und Geschlecht

Die Tabelle 38 zeigt den Zusammenhang zwischen subjektivem Gesundheitszustand und einer nach Auskunft der jungen Menschen vorhandenen Erkrankung. Hier zeigt sich – nicht weiter überraschend – dass die jungen Menschen, die sich selbst als nicht erkrankt bezeichnen, ihren Gesundheitszustand häufiger als „ausgezeichnet" oder „gut" beschreiben als diejenigen, die sich als erkrankt bezeichnen.

Man sieht aber auch, dass eine Erkrankung von der Mehrheit der (angehenden) Care Leaver*innen dennoch mit einer positiven Einschätzung („ausgezeichnet" oder „gut") ihres Gesundheitszustands einhergehen kann. Es ist also nicht allein das Vorhandensein einer Erkrankung als Einflussfaktor für die Einschätzung des eigenen Gesundheitszustandes ausschlaggebend, sondern zum Beispiel auch, wie es gelingt, mit der Krankheit umzugehen (medizinische Versorgung, Unterstützung, etc.), oder wie das soziale Umfeld auf eine Erkrankung reagiert.

Einschränkung im Alltag

Die folgende Tabelle zeigt die Ergebnisse zu der Frage, ob eine Einschränkung im Alltag vorhanden ist, unterschieden danach, ob eine körperliche, psychische oder Suchterkrankung vorliegt.

Tabelle 39, Einschränkung im Alltag (körperliche Erkrankung)

Sind Sie durch Ihre körperliche, psychische oder Suchterkrankung im Alltag eingeschränkt? (Anteil der Personen, die eine Einschränkung erfahren)			
Art der Einschränkung	**Einrichtung(1)**	**Pflegefamilie(1)**	**Gesamt(2)**
Körperlich (n = 155)	56,7 %	48,1 %	53,9 %
Psychisch (n = 270)	66,3 %	67,4 %	66,5 %
Suchterkrankung (n = 88)	35,0 %	11,1 %	31,5 %

Quelle: CLS-Studie, Welle 1a 2023; (1)gewichtet nach Geschlecht, (2)gewichtet nach Wohnform und Geschlecht

In Einrichtungen stationärer Hilfen zur Erziehung fühlten sich mehr (angehende) Care Leaver*innen mit einer körperlichen Erkrankung im Alltag beeinträchtigt als dies bei den körperlich erkrankten (angehenden) Care Leaver*innen in Pflegefamilien der Fall ist. Einschränkungen im Alltag, die auf psychische Erkrankungen zurückzuführen sind, sind in beiden Wohnformen die häufigsten. Zwischen den Wohnformen bestehen hier nur marginale Unterschiede. Bei den Einschränkungen durch Suchterkrankungen gibt es deutliche Unterschiede zwischen den Wohnformen. Junge Menschen, die in Einrichtungen wohnen, fühlten sich durch ihre Suchterkrankung im Alltag häufiger eingeschränkt als junge Menschen, die mit einer Suchterkrankung in Pflegefamilien leben. Es ist jedoch anzumerken, dass die Fallzahlen hier sehr klein ausfallen.

Subjektiver Gesundheitszustand und Einschränkung im Alltag

Die Einschätzung zum Gesundheitszustand dürfte damit zusammenhängen, ob eine vorhandene Erkrankung mit Teilhabehindernissen wie Einschränkungen im Alltag verbunden ist. Betrachtet man nur die jungen Menschen, die sich als erkrankt bezeichneten (also 53,1 %) zeigt sich, dass eine Erkrankung nicht zwangsläufig mit einer Einschränkung im Alltag einhergehen muss. Gut ein Drittel aller jungen Menschen bezeichneten sich als psychisch, körperlich, sucht- oder mehrfach erkrankt und beschrieben trotzdem, keine Einschränkungen im Alltag zu erfahren.

Abbildung 8, Subjektiver Gesundheitszustand und Einschränkungen im Alltag

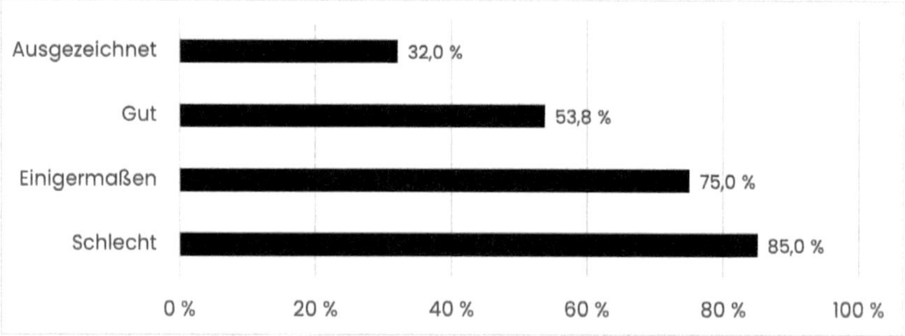

Quelle: CLS-Studie, Welle 1a 2023; gewichtet nach Wohnform und Geschlecht; n = 380

Es ist ein ausgeprägter Zusammenhang zwischen subjektivem Gesundheitszustand und im Alltag erfahrenen Einschränkungen sichtbar: Je schlechter der eigene Gesundheitszustand eingeschätzt wird, desto häufiger sind auch Einschränkungen im Alltag vorhanden (vgl. Abb. 8). Das subjektive Erleben des eigenen Gesundheitszustands hängt also sehr stark – aber nicht nur – von den erfahrenen Einschränkungen im Alltag ab. Diese Einschränkungen können auch als Teilhabehindernisse betrachtet werden.

Fazit

Insgesamt zeigt sich, dass der subjektiv wahrgenommene allgemeine Gesundheitszustand von Care Leaver*innen schlechter ist als der Gleichaltriger, obwohl etwa zwei Drittel angaben, dass es ihnen „gut" oder „ausgezeichnet" gehe. Der Anteil derer, die einen „ausgezeichneten" Gesundheitszustand angaben, ist um 17,6 Prozentpunkte geringer, wenn eine psychische, körperliche oder Suchterkrankung vorlag, im Vergleich zu den jungen Menschen, bei denen keine Erkrankung vorlag. Der Anteil derer, die einen „guten" Gesundheitszustand hatten, ist um 10,6 Prozentpunkte niedriger, und der Anteil derer, die „einigermaßen" angaben, ist um 23,4 Prozentpunkte höher bei den Care Leaver*innen mit einer Erkrankung. Ist eine Erkrankung vorhanden, zeigen die Ergebnisse, dass es einen ausgeprägten Zusammenhang zwischen der Einschränkung im Alltag und der Einschätzung des Gesundheitszustandes gibt. Je besser der allgemeine Gesundheitszustand eingeschätzt wird, desto weniger fühlen sich junge Menschen mit einer Erkrankung im Alltag eingeschränkt.

Diese Ergebnisse unterstreichen die Bedeutung des Zugangs zu gesundheitlicher Versorgung und niedrigschwelliger Beratung sowie von Gesundheitsförderung auch im Bereich der stationären Kinder- und Jugendhilfe.

In der Längsschnittperspektive wird zu beobachten sein, wie sich der subjektive Gesundheitszustand von Care Leaver*innen mit und nach der Beendigung der Jugendhilfe entwickelt, und ist der Frage nachzugehen, welchen Einfluss der Übergang und seine Gestaltung und Unterstützung auf den subjektiv empfundenen Gesundheitszustand hat. Besonders der Zusammenhang mit anderen Teilhabedimensionen wie Schul-, Ausbildungswege, Studium, Arbeit, soziale Beziehungen, Freizeit, aber auch der Umgang mit verschiedenen Situationen und komplexen Problemen, bieten weiterführende Analysemöglichkeiten. Im Vergleich zu Gleichaltrigen ohne Jugendhilfeerfahrung wird weiterhin betrachtet werden, ob und wie der soziale Status der Care Leaver*innen deren Gesundheit beeinflusst.

Literatur

Behrens, Johann (2009): Meso-soziologische Ansätze und die Bedeutung gesundheitlicher Unterschiede für die allgemeine Soziologie sozialer Ungleichheit. In: Richter, Matthias/Hurrelmann, Klaus (Hrsg.): Gesundheitliche Ungleichheit: Grundlagen, Probleme, Perspektiven. Wiesbaden: VS Verlag für Sozialwissenschaften, S. 55–76.

Hradil, Stefan (2009): Was prägt das Krankheitsrisiko: Schicht, Lage, Lebensstil? In: Richter, Matthias/Hurrelmann, Klaus (Hrsg.): Gesundheitliche Ungleichheit: Grundlagen, Probleme, Perspektiven. Wiesbaden: VS Verlag für Sozialwissenschaften, S. 35–54.

Kaman, Anne/Ottová-Jordan, Veronika/Bilz, Ludwig/Sudeck, Gorden/Moor, Irene/Ravens-Sieberer, Ulrike (2020): Subjektive Gesundheit und Wohlbefinden von Kindern und Jugendlichen in Deutschland – Querschnittergebnisse der HBSC-Studie 2017/18. In: *Journal of Health Monitoring*, H. 5 (3), S. 7–21. DOI 10.25646/6891.

Kindler, Heinz (2011): Pflegekinder: Sorgerechtssituation und Ergebnisqualität in der Pflegekinderhilfe. In: *Ergebnisse aus dem Projekt „Pflegekinderhilfe" von DJI und DIJuF. Recht der Jugend und des Bildungswesens*, Jg. 59, H. 4, S. 410–422.

Klipker Kathrin/Baumgarten, Franz/Göbel, Kristin/Lampert, Thomas/Hölling, Heike (2018): Psychische Auffälligkeiten bei Kindern und Jugendlichen in Deutschland – Querschnittergebnisse aus KiGGS Welle 2 und Trends. In: *Journal of Health Monitoring*, H. 3 (3), S. 37–44.

Lampert, Thomas/Hoebel, Jens/Kuntz, Benjamin/Waldhauer, Julia (2022): Soziale Ungleichheit und Gesundheit. In: *Gesundheitswissenschaften*. Heidelberg: Springer Berlin, S. 159–168.

Lampert, Thomas/Kuntz, Benjamin (2015): Gesund aufwachsen – Welche Bedeutung kommt dem sozialen Status zu? In: *GBE Kompakt (RKI)*, H. 1/2015. DOI 10.2546/3059.

Lange, Michael/Kamtsiuris, Panagiotis/Lange, Cornelia/Rosario, Angelika Schaffrath/Stolzenberg, Heribert/Lampert, Thomas (2007). Messung soziodemografischer Merkmale im Kinder- und Jugendgesundheitssurvey (KiGGS) und ihre Bedeutung am Beispiel der Einschätzung des allgemeinen Gesundheitszustands. In: *Bundesgesundheitsblatt – Gesundheitsforschung – Gesundheitsschutz*, H. 50 (5–6), S. 578–589.

MHS – Mental Health Surveillance (o. J.): Beobachtung der psychischen Gesundheit der erwachsenen Bevölkerung in Deutschland. URL: www.public.data.rki.de/t/public/views/hf-MHS_Dashboard/Dashboard?%3Aembed=y&%3AisGuestRedirectFromVizportal=y (abgerufen am 16.01.2025).

Neuhauser, Hannelore K./Poethko-Müller, Christina/Kurth, Bärbel-Maria (2016): Prognostic value of a single item child health indicator (self-rated health) for health outcomes. In: *European Journal of Public Health*, H. 26 (Supplement 1), S. 298–299.

Poethko-Müller, Christina/Kuntz Benjamin/Lampert, Thomas/Neuhauser, Hannelore (2018): Die allgemeine Gesundheit von Kindern und Jugendlichen in Deutschland – Querschnittergebnisse aus KiGGS Welle 2 und Trends. In: *Journal of Health Monitoring*, H. 3 (1), S. 8–15.

Schmid, Marc (2007): Psychische Gesundheit von Heimkindern. Eine Studie zur Prävalenz psychischer Störungen in der stationären Jugendhilfe. Weinheim und München: Juventa.

Schmitz, Barbara (2012): Menschenrechte im Einzelnen. In: Pollmann, Arnd/Lohmann, Georg (Hrsg.) Menschenrechte. Stuttgart: J. B. Metzler, S. 233–329.

Ul-Haq, Zia/Mackay, Daniel F./Pell, Jill P. (2014): Association between self-reported general and mental health and adverse outcomes: a retrospective cohort study of 19,625 Scottish adults. In: *PLoS One eCollection*, H. 9 (4). DOI 10.1371/journal.pone.0093857.

Wenzel, Tobias-Raphael/Morfeld, Matthias (2016): Das biopsychosoziale Modell und die Internationale Klassifikation der Funktionsfähigkeit, Behinderung und Gesundheit. In: *Bundesgesundheitsblatt- Gesundheitsforschung – Gesundheitsschutz*, H. 59, S. 1125–1132.

Soziale Netzwerke und Einsamkeitserleben

Katharina Brüchmann, Sibel Dönmez, Anna Lips

In der Phase des Aufwachsens nehmen Peerbeziehungen eine wichtige Rolle ein: Sie sind ein elementarer Erfahrungs- und Handlungsraum, in dem Prozesse und Erfahrungen der Selbstpositionierung und Verselbstständigung gemacht werden und Lebensthemen und Lebenslagen verarbeitet werden (Grunert 2022, S. 109). Auch die jungen Menschen selbst heben die Bedeutung von Peerbeziehungen hervor. So weisen die Daten der Shell Jugendstudie und der AID:A Studie den hohen Stellenwert, den die Beziehungen zu Peers einnehmen, aus. Neben den Peerbeziehungen sind in der Jugendphase auch weitere soziale Beziehungen von Bedeutung. So gehören soziale Kontakte für die befragten Jugendlichen der SINUS-Studie zu den wichtigsten Dimensionen, um ein gutes Leben führen zu können (Calmbach et al. 2024, S. 191), und stellen eine elementare Ressource dar, über die der Zugang zu Teilhabe in anderen Lebensbereichen ermöglicht werden kann. Soziale Beziehungen und Unterstützung können sich positiv auf andere Teilhabebereiche wie die Gesundheit oder den Bildungserfolg auswirken (Roth 2014; Wicht/Stawarz/Ludwich-Mayerhofer 2018).

Für Care Leaver*innen erfüllen tragfähige soziale Beziehungen und kontinuierliche soziale Unterstützung eine wichtige Funktion. Peerbeziehungen können für junge Menschen aus belastenden familialen Konstellationen eine Kompensationsfunktion einnehmen (Grunert 2022, S. 107) und als Familienersatz fungieren (Quenzel/Hurrelmann 2022, S. 158). Junge Menschen in Einrichtungen erachten Beziehungen zu Mitarbeitenden, die durch Wahrnehmung und Anerkennung geprägt sind, als wichtig für ihre Persönlichkeitsentwicklung (Burschel/Klein-Zimmer/Seckinger 2022, S. 115 f.). Eine gelingende professionelle Beziehungsgestaltung trägt dazu bei, dass die jungen Menschen sich wertgeschätzt und zugehörig fühlen (ebd.).

Die Beziehungen zwischen jungen Menschen in Pflegeverhältnissen und ihren Pflegeeltern unterscheiden sich von den Beziehungen zwischen Mitarbeitenden und den jungen Menschen in Einrichtungen. Die jungen Menschen kommen meist schon im frühen Kindesalter in die Pflegefamilie (vgl. Koop/Brüchmann/Lips 2025 in diesem Band), sodass langjährige soziale Beziehungen zwischen Pflegeeltern und den jungen Menschen aufgebaut werden können.

Der Auszug aus dem Jugendhilfesetting kann mit einem Um- oder gar Abbruch von sozialen Beziehungen einhergehen. Professionelle Beziehungen werden häufig mit dem Ende der stationären Hilfe beendet, Beziehungen zu Peers können mit dem Auszug ebenfalls wegbrechen oder sich zumindest verändern. Empirische Studien zeigen auf, dass sich die Netzwerke mit dem Auszug aus dem

Jugendhilfesetting häufig verringern (Ehlke/Thomas 2023, S. 187) und damit auch Einsamkeitserfahrungen einhergehen können (Lunz 2021, S. 106).

Sowohl in der Forschung als auch in der Planung des Übergangs wurde der Transformation von Beziehungen bisher noch nicht viel Aufmerksamkeit geschenkt (Ehlke/Thomas 2023, S. 189). Dabei ist aus nationalen wie internationalen Studien bekannt, dass tragfähige soziale Beziehungen Einfluss auf das Gelingen des Übergangs nehmen (ebd., S. 187).

Netzwerke der CLS-Befragten

Die CLS-Studie untersucht die sozialen Beziehungen der Befragten vorrangig anhand ihres Netzwerks. Bei der Analyse von sozialen Netzwerken interessiert vor allem die Beziehung zwischen einzelnen Personen, also sowohl der befragten Personen (Ego) zu den von ihr genannten Bezugspersonen (Alteri) als auch dieser Bezugspersonen zueinander sowie die Eigenschaften jener Beziehungen. In dieser Studie liegt das Augenmerk auf der Analyse der Beziehungen von Ego zu den Alteri sowie gewissen Merkmalen jener Alteri (unter anderem Alter, Geschlecht, Beziehungskontext). Um ferner die Eigenschaften von Beziehungen zu untersuchen, wird im Wesentlichen zwischen Quantität und Qualität unterschieden. So stellen die Anzahl und die Kontakthäufigkeit beispielsweise ein Maß für die Quantität dar, soziale Unterstützung dagegen ein Maß für die Qualität. Je vielfältiger sowohl die Unterstützungsarten als auch die Kontexte sind, in denen sich Alteri befinden, desto wahrscheinlicher ist es, dass (Belastungs-)Situationen leichter bewältigt werden können (Lin 2017; Sichling 2020; Na et al. 2022).

Abbildung 9, Netzwerkgröße – Anzahl der Bezugspersonen

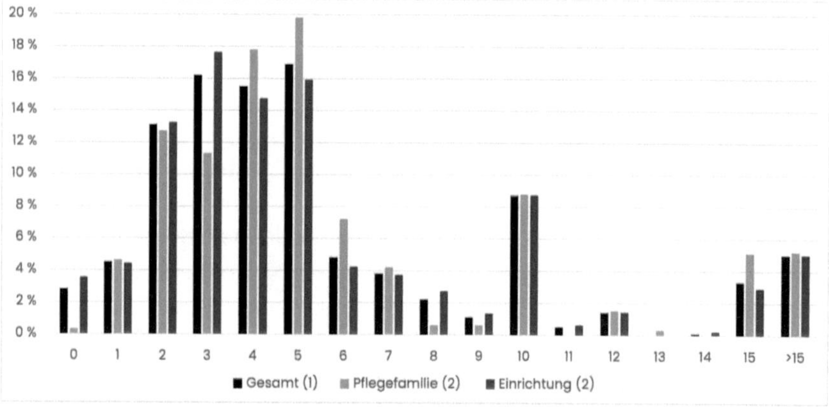

Quelle: CLS-Studie, Welle 1a 2023; n = 695, (1)gewichtet nach Wohnform und Geschlecht, (2)gewichtet nach Geschlecht

In einem ersten Schritt wurden die Studienteilnehmenden gefragt, mit wie vielen Personen sie im letzten Jahr über für sie wichtige Dinge gesprochen haben. Abbildung 9 zeigt die Angaben der jungen Menschen: Am häufigsten wurde eine Anzahl zwischen zwei und fünf Personen genannt. Gleichzeitig wird auch ersichtlich, dass 3,5 Prozent der jungen Menschen in Einrichtungen keine Person hatten, mit der sie über wichtige Dinge sprechen konnten. Bei jungen Menschen in Pflegefamilien liegt dieser Wert mit 0,3 Prozent deutlich niedriger. Insbesondere mit Blick auf den Übergang beziehungsweise die Übergangsplanung kann davon ausgegangen werden, dass hier eine wichtige Ressource für die jungen Menschen fehlt. Wird wiederum die durchschnittliche Netzwerkgröße betrachtet, so liegt diese bei 6,1 Personen. Verglichen mit der altersgleichen Bevölkerung ohne Jugendhilfeerfahrung haben die Befragten ungefähr eine Person mehr in ihrem Netzwerk (AID:A 2019: 4,9 Personen; eigene Berechnung). Auch wenn AID:A speziell nach Freundschaftsbeziehungen fragt, auf die Verlass ist, so wird doch ersichtlich, dass die Netzwerke von jungen Menschen in stationären Hilfen zur Erziehung nicht zwangsläufig kleiner ausfallen müssen als die ihrer Peers ohne Jugendhilfeerfahrung. Interessant wird dahingehend, wie sich die Netzwerkgröße mit dem Übergang verändert.

Abbildung 10, Anteil Personengruppen im Netzwerk

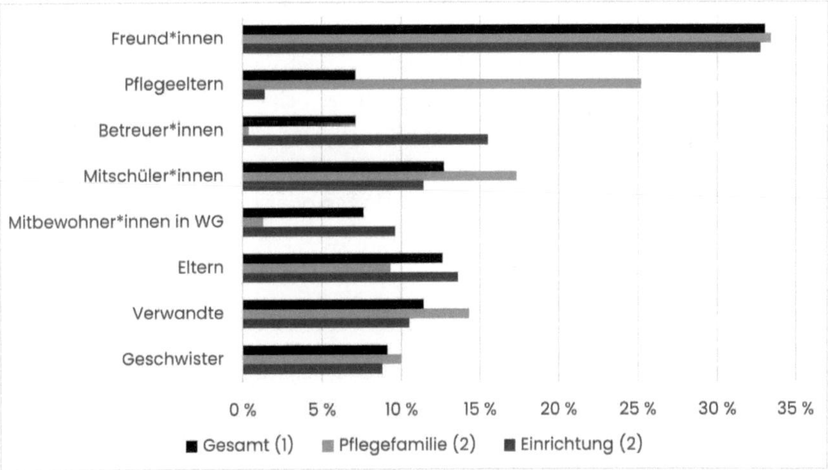

Quelle: CLS-Studie, Welle 1a 2023; n = 680, (1)gewichtet nach Wohnform und Geschlecht, (2)gewichtet nach Geschlecht; Mehrfachangaben, Reduzierung auf die acht häufigsten Personengruppen

Im zweiten Schritt wurden die Studienteilnehmenden gebeten, die zu Beginn genannte Anzahl auf die wichtigsten fünf Personen zu beschränken, falls die Anzahl über fünf lag, und diese dann Personengruppen zuzuordnen. Die Antwortmöglichkeiten für die Personengruppen unterschieden sich nicht nach Wohnformen, da einige Teilnehmende sowohl in Wohngruppen als auch in Pflegefamilien gewohnt haben. Mehrfachantworten waren möglich, um anzugeben, dass man eine Person zum Beispiel als Mitschüler*in und als Freund*in bezeichnet oder eine Person aus der Freizeit kennt und aus der Schule. Diese Möglichkeit wurde aber selten genutzt. Für die erste Person im Netzwerk wurden im Schnitt 1,3 Personengruppen angegeben. Für jede weitere der bis zu fünf Personen nimmt dieser Wert ab. Wie bereits einleitend aufgeführt, wird auch in der CLS-Studie die hohe Bedeutung von Peerbeziehungen für junge Erwachsene deutlich. In den Netzwerken der Teilnehmenden stellen Freund*innen mit durchschnittlich 33 Prozent den mit Abstand größten Anteil dar.

Bei jungen Menschen in Pflegefamilien bilden die Pflegeeltern mit 25,2 Prozent die zweithäufigste Gruppe im Netzwerk. Mitschüler*innen folgen mit 17,3 Prozent und stellen die drittgrößte Gruppe dar. Viele dieser Mitschüler*innen zählen vermutlich auch zu den Freund*innen, was weitere Analysen klären müssen. Danach kommen die Verwandten mit 11,4 Prozent, gefolgt von Eltern und Geschwistern mit 9,3 und 9,1 Prozent.

Junge Menschen aus Einrichtungen nennen professionelle Beziehungen am zweithäufigsten: Betreuer*innen sind im Durchschnitt mit 15,5 Prozent im Netzwerk vertreten. Im Unterschied zu den jungen Menschen in Pflegefamilien stellen die leiblichen Eltern mit durchschnittlich 13,6 Prozent die drittgrößte Gruppe im Netzwerk dar. Danach folgen Mitschüler*innen, Verwandte, Mitbewohner*innen und Geschwister mit einem jeweiligen durchschnittlichen Anteil von 11,4, 10,5, 9,6 und 8,8 Prozent. In der CLS-Studie wurden weitere Personengruppen beziehungsweise Kontexte wie zum Beispiel Verein, Arbeit oder Nachbarschaft abgefragt, welche aufgrund der sehr geringen Werte hier nicht aufgeführt werden. Im weiteren Studienverlauf und mit dem Übergang wird interessant zu sehen, ob und wie einige Kontexte an Bedeutung gewinnen oder verlieren.

Einsamkeit und Ansprechpersonen

In den letzten Jahren ist die Einsamkeit junger Menschen in den Blickpunkt von Politik und Wissenschaft gerückt. Während der Corona-Pandemie ist das Einsamkeitsempfinden der gesamten Bevölkerung gestiegen (BMFSFJ 2024, S. 19). Junge Menschen zwischen 18 und 29 Jahren wiesen eine signifikant höhere Einsamkeitsbelastung auf als über 75-Jährige (ebd.). Ging sie bei den älteren Menschen 2023 auf das Niveau vor der Pandemie zurück, blieb sie bei jungen Menschen zwischen 18 und 29 Jahren auf einem konstant höheren Niveau als vor der Pandemie (ebd.). Weitere Studien aus der Pandemiezeit bestätigen, dass Einsamkeit unter jungen Menschen weit verbreitet ist und stark zugenommen hat (Baarck et al. 2021, S. 20 f.; Thomas 2022, S. 101).

In der CLS-Studie gaben mehr als ein Drittel der Studienteilnehmenden an, sich oft einsam zu fühlen: 10,6 Prozent stimmten der Aussage „ich fühle mich oft einsam" „voll und ganz" zu, 26,8 Prozent stimmten „eher" zu. 37,6 Prozent gaben an, sich „eher nicht" oft einsam zu fühlen. Für ein Viertel (25,0 %) traf die Aussage überhaupt nicht zu. Deutliche Unterschiede zeigen sich bei einer differenzierten Betrachtung nach Wohnformen (Abbildung 11). Der Anteil derer, die der Aussage „voll und ganz" oder „eher" zustimmten, liegt bei Bewohner*innen von Einrichtungen deutlich höher als bei denen in Pflegeverhältnissen.

Abbildung 11, Einsamkeitserleben

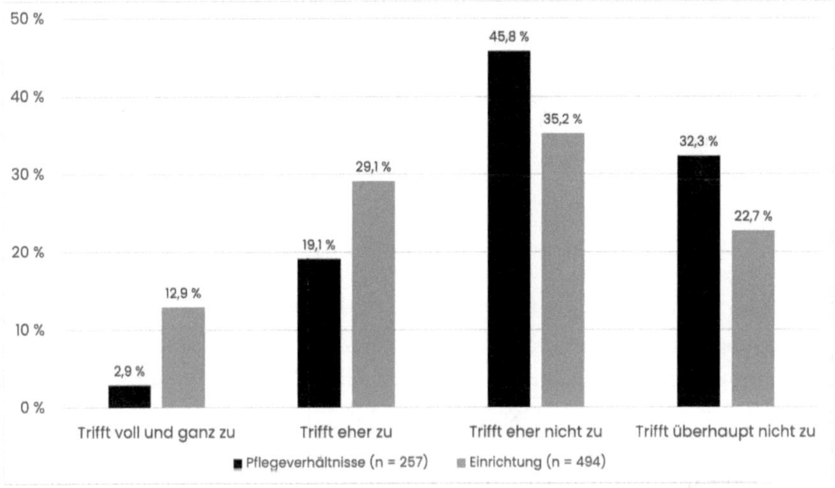

Quelle: CLS-Studie, Welle 1a 2023; n = 751, gewichtet nach Geschlecht

Das Gefühl der Einsamkeit junger Menschen hängt nicht von der Größe ihres Netzwerks ab. Auch wer viele Kontakte hat, kann sich einsam fühlen. So zeigen auch die CLS-Daten, dass es keinen signifikanten Zusammenhang zwischen der Netzwerkgröße und dem Einsamkeitsempfinden bei (angehenden) Care Leaver*innen gibt. Welche Faktoren das Einsamkeitsempfinden beeinflussen, können weitere Analysen aufzeigen.

Ergänzend erfasst die CLS-Studie, ob die jungen Menschen bei Problemen eine Ansprechperson finden. Für den überwiegenden Teil der jungen Menschen trifft dies zu. So stimmten 54,2 Prozent der Befragten „voll und ganz" und weitere 33,2 Prozent „eher" zu. Für 10,7 Prozent trifft dies „eher nicht", für 2,0 Prozent „überhaupt nicht" zu. Auch hier zeigen sich bei einer vertiefenden Betrachtung nach Wohnformen Differenzen zwischen den Gruppen (Tabelle 40).

Tabelle 40, Ansprechpersonen bei Problemen

Finden Sie bei Problemen eine Ansprechperson?		
	Einrichtung (n = 496)	**Pflegefamilie (n= 256)**
Trifft voll und ganz zu	51,0%	64,6%
Trifft eher zu	34,9%	27,3%
Trifft eher nicht zu	11,7%	7,6%
Trifft überhaupt nicht zu	2,4%	0,6%

Quelle: CLS-Studie, Welle 1a 2023; n = 754, gewichtet nach Geschlecht

Junge Menschen, die in Pflegefamilien leben, finden bei Problemen leichter eine Ansprechperson als jene, die in Einrichtungen untergebracht sind. 91,9 Prozent der Befragten aus Pflegefamilien stimmten dieser Aussage „voll und ganz" oder „eher" zu, während der Anteil bei den Befragten aus Einrichtungen mit 85,9 Prozent niedriger ist.

Fazit

Die Daten zu den wichtigsten Personen im Netzwerk zeigen, dass für die Gruppe der (angehenden) Care Leaver*innen Freund*innen eine besonders wichtige Rolle einnehmen. Auch zeigt sich, dass das Hilfesetting die Bildung sozialer Beziehungen beeinflusst. Bei jungen Menschen in Einrichtungen spielen Personen im institutionellen Kontext – Professionelle und Mitbewohner*innen – eine große Rolle. In den Netzwerken junger Menschen in Pflegeverhältnissen sind die Pflegeeltern besonders wichtig. Die leiblichen Eltern haben hier eine geringere Bedeutung als bei jungen Menschen in Einrichtungen.

Die Ursache dafür könnte sein, dass Pflegeverhältnisse in der Regel früh im Kindesalter beginnen und über einen längeren Zeitraum andauern. Eine detaillierte Analyse der Daten aus den Lebenslaufkalendern könnte dazu dienen, diese Hypothese zu überprüfen. Einige (angehende) Care Leaver*innen fühlten sich trotz großer Netzwerke einsam. Diese Gruppe verdient besondere Aufmerksamkeit, und es sollten Faktoren identifiziert werden, die das Einsamkeitsempfinden beeinflussen.

Die bisherige Auswertung der Netzwerke konzentriert sich auf die Netzwerkgröße und die wichtigsten Personen darin. Weitere Analysen können die Beziehungen zu den Alteri vertiefend betrachten und die emotionale sowie instrumentelle Qualität der Beziehungen oder deren Konflikthaftigkeit bewerten.

Ein Teil der (angehenden) Care Leaver*innen hat keine oder nur wenige Personen, mit denen sie über wichtige Dinge sprechen können. Längsschnittanalysen werden zeigen, welche Auswirkungen diese geringen sozialen Ressourcen auf die Teilhabe in anderen Lebensbereichen haben. Die Längsschnittdaten werden auch beleuchten, wie stabil oder dynamisch die Netzwerke von Care Leaver*innen sind, wie sich deren Zusammensetzung verändert und welche Qualität die Beziehungen haben. Um noch aussagekräftigere und vertiefte Aussagen zur sozialen Unterstützung der jungen Menschen – auch im Zeitverlauf – geben zu können, wurde der Fragebogen der zweiten Befragungswelle um eine kurze Skala ergänzt, die den Grad der wahrgenommenen sozialen Unterstützung – unabhängig von den Personen im Netzwerk – misst (Kliem et al. 2015).

Literatur

Baarck, Julia/Balahur, Alexandra/Cassio, Laura G./d'Hombres, Beatrice/Pásztor, Zsuzsanna/Tintori, Guido (2021): Loneliness in the EU. Insights from surveys and online media data. Publications Office of the European Union. Belgium. URL: www.appliedsciencecommons.net/artifacts/2162363/loneliness-in-the-eu/2917885/ (abgerufen am 16.01.2025).

BMFSFJ – Bundesministerium für Familie, Senioren, Frauen und Jugend (Hrsg.) (2024): Einsamkeitsbarometer 2024. Langzeitentwicklung von Einsamkeit in Deutschland. URL: www.bmfsfj.de/bmfsfj/service/publikationen/einsamkeitsbarometer-2024-237576. (abgerufen am 28.07.2024).

Burschel, Maria/Klein-Zimmer, Kathrin/Seckinger, Mike (2022): Gute Heime – Möglichkeiten der Sichtbarmachung der Qualitäten stationärer Hilfen zur Erziehung. Weinheim und Basel: Beltz Juventa.

Calmbach, Marc/Flaig, Bodo/Gaber, Rusanna/Gensheimer, Tim/Möller-Slawinski, Heide/Schleer, Christoph/Wisniewski, Naima (2024): Wie ticken Jugendliche? 2024. Lebenswelten von Jugendlichen im Alter von 14 bis 17 Jahren in Deutschland. Bundeszentrale für politische Bildung. Bonn.

Ehlke, Caroline/Thomas, Severine (2023): Leaving Care und die Veränderung persönlicher Beziehungen im Übergang aus stationären Erziehungshilfen ins Erwachsenenleben. In: *Österreichisches Jahrbuch für Soziale Arbeit*, H. 1, S. 183–203.

Grunert, Cathleen (2022): Peerbeziehungen. In: Berngruber, Anne/Gaupp, Nora: Erwachsenwerden heute. Lebenslagen und Lebensführung junger Menschen. Stuttgart: Kohlhammer, S. 103–112.

Kliem, Sören/Mößle, Thomas/Rehbein, Florian/Hellmann, Deborah/Zenger, Markus (2015): A brief form of the Perceived Social Support Questionnaire (F-SozU). In: *Journal of Clinical Epidemiology*, H. 68, S. 551–562

Lin, Nan (2017): Building a network theory of social capital. In: Lin, Nan/Cook, Karen/Burt, Ronald (Hrsg.): Social Capital. Routledge, S. 3–26.

Lunz, Marei (2021): Übergänge bewältigen. Handlungsfähigkeit junger Erwachsener im Leaving Care aus der Heimerziehung. 1. Auflage. Weinheim und Basel: Beltz Juventa.

Na, Peter Jongho/Bommersbach, Tanner/Pietrzak, Robert H./Rhee, Taeho Greg (2022): Durkheim's Theory of Social Integration and Suicide Revisited: Is It Diversity of Social Networks or Perceived Strength of Social Support That Matters? In: *The Journal of Clinical Psychiatry*, 2022-12, Vol. 84 (1).

Quenzel, Gudrun/Hurrelmann, Klaus (2022): Lebensphase Jugend. Eine Einführung in die sozialwissenschaftliche Jugendforschung. 14., überarbeitete Auflage. Weinheim und Basel: Beltz Juventa.

Roth, Tobias (2014): Die Rolle sozialer Netzwerke für den Erfolg von Einheimischen und Migranten im deutschen (Aus-)Bildungssystem. Mannheim: Shaker, S. 102–177.

Sichling, Florian (2020): Diversity on the urban margin: The influence of social networks on the transition to adulthood of disadvantaged immigrant youth. In: *Geoforum*, Jg. 11, H. 116, S. 313–321.

Thomas, Severine (2022): Einsamkeitserfahrungen im Jugendalter – nicht nur in Zeiten der Pandemie. In: *Soziale Passagen*, H. 14, S. 97–112.

Wicht, Alexandra/Stawarz, Nico/Ludwich-Mayerhofer, Wolfgang (2018): Bildungsarmut und soziale Einbettung. In: Quenzel, Gudrun/Hurrelmann, Klaus (Hrsg.): Handbuch Bildungsarmut. Wiesbaden: Springer, S. 213–239.

Freizeitgestaltung

Martina Pokoj

Freizeit ist ein Menschenrecht. Artikel 24 der Allgemeinen Erklärung der Menschenrechte formuliert dieses Recht: „Jeder hat das Recht auf Erholung und Freizeit und insbesondere auf eine vernünftige Begrenzung der Arbeitszeit und regelmäßigen bezahlten Urlaub." Die UN-Kinderrechtskonvention bezieht sich konkreter auf die Dimension Freizeit in Artikel 31 Absatz 2 und führt aus, dass „das Recht des Kindes auf volle Beteiligung am kulturellen und künstlerischen Leben und [...] die Bereitstellung geeigneter und gleicher Möglichkeiten für die kulturelle und künstlerische Betätigung sowie für aktive Erholung und Freizeitbeschäftigung" zu achten und fördern sei. Daran wird deutlich, dass Freizeit, besonders für junge Menschen, aus einem speziellen Blickwinkel betrachtet werden muss. Sie ist unabhängig als Lebens- und Sozialisationskontext zu sehen (Harring 2018). Dies gilt aus zweierlei Hinsicht besonders für junge Menschen: 1) Schule oder Ausbildung/Studium sind anders zu bewerten als Arbeit, für die man entlohnt wird. 2) Die Idee von jungen Menschen, wie sie gerne leben möchten und was für sie Lebensqualität ausmacht, befindet sich noch in der Entwicklung beziehungsweise Anpassung. Daher sollte der Fokus bezüglich ihrer Freizeit vor allem darauf liegen, die Zeit und die Möglichkeiten zu haben, sich auszuprobieren, zu experimentieren, sich mit ihrer Umwelt auseinanderzusetzen, eigene Interessen zu entwickeln und durch diese Erfahrungen ihren eigenen Lebensstil zu entwerfen (unter anderem Opaschowski/Preis 2008; Harring 2018). Um dies zu erreichen, ist ein Raum möglichst frei von Zwängen, in dem junge Menschen individuell und selbstbestimmt und zu ihrem Wohlbefinden agieren können, notwendig.

Für Menschen als soziale, in eine Gesellschaft eingebundene Wesen beeinflusst das Zusammensein in einer (Peer-)Gruppe Aushandlungs-, Aneignungs-, Abgrenzungs- und Positionierungsprozesse. Diese Prozesse können der informellen Bildung zugeordnet werden (unter anderem Harring 2018). Allerdings laufen diese nicht ausschließlich in informellen Bildungskontexten ab, sondern ebenfalls in formalen und non-formalen Bildungskontexten. Diese im Freizeitbereich ablaufenden bildenden Prozesse sind für die Akteur*innen nicht immer in dem Moment erkennbar und bewusst, prägen jedoch die Teilhabe und damit auch den weiteren Lebensweg. Kompetenzen, die durch Freizeitaktivitäten erlernt werden, können sich positiv auf andere Teilhabebereiche auswirken: Durchhaltevermögen, Selbstwirksamkeit, Selbsteinschätzung, Empathie, Organisationsfähigkeit, Kommunikation, aber auch die im Freizeitbereich aufgebauten Netzwerke können positive Effekte haben (Harring 2018; 2022). Freizeitverhalten von Erwachsenen kann als Vorbild dienen und dazu beitragen, sich inspirieren zu lassen für die eigene Freizeitgestaltung. Es kommt vor, dass beispielsweise die Kinder in einer Familie den gleichen Sport wie ihre Eltern / älteren Geschwister machen und/oder alle im gleichen Verein aktiv sind (zum Beispiel Berngruber/Gaupp/Langmeyer-Tornier 2021). Aspekte wie Unterstützung durch Erwachsene können sich sowohl negativ als auch positiv auswirken. Wenn beispielsweise die Unterstützung von Erwachsenen fehlt oder als zu wenig wahrgenommen wird, können junge Menschen ihre Freizeit nicht so gestalten, wie sie es gerne möchten, was zu einer Teilhabebarriere führen kann. Zudem hängt vom sozioökonomischen Hintergrund ab, welche Freizeitaktivitäten in welcher Häufigkeit ausgeübt werden können. So grenzen geringe finanzielle Ressourcen Möglichkeiten ein, da im Verhältnis das zur Verfügung stehende Geld mehr in Miete und Lebensmittel fließt und nicht genug übrig bleibt für kostenpflichtige Freizeitaktivitäten. Haushalte mit niedrigem Einkommen geben beispielsweise 4,5-mal weniger Geld für Freizeit, Unterhaltung und Kultur aus als Haushalte mit hohem Einkommen. Freizeit ist damit der Bereich, in dem nach Gesundheitspflege (zum Beispiel Medikamente, Arztkosten) und Innenausstattung, Haushaltsgeräten und -gegenständen der drittgrößte Unterschied aufgrund der finanziellen Lage besteht (van Santen/Tully 2022).

Was nun Freizeit ist und was sie ausmacht, lässt sich nicht pauschal sagen. Daher wird den Befragten der CLS-Studie keine Definition von Freizeit vorgegeben, sondern sie können aus einer Liste mehrere Freizeitaktivitäten auswählen, die sie gerne machen.

In diesem Beitrag werden die Ergebnisse zu Freizeitaktivitäten und Freizeitorten dargestellt. Es wird darauf eingegangen, ob junge Menschen sich von ihren Betreuer*innen oder Pflegeeltern bei der Freizeitgestaltung unterstützt fühlen und ob sie sich gegenüber Peers bei der Gestaltung ihrer Freizeit benachteiligt fühlen. Abschließend wird beschrieben, ob die Befragten über ihre freie Zeit selbst verfügen können.

Freizeitaktivitäten

Abbildung 12, Freizeitaktivitäten, die (angehende) Care Leaver*innen gerne machen

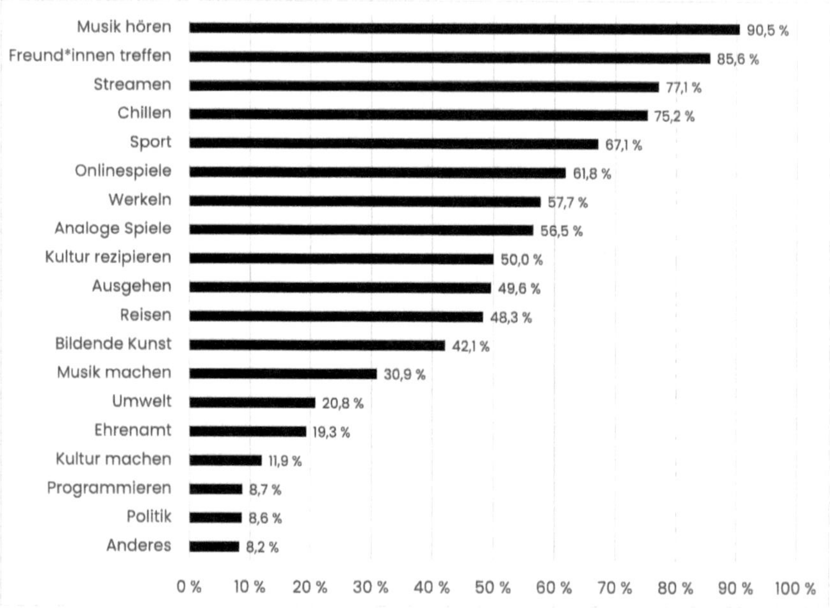

Quelle: CLS-Studie, Welle 1a 2023; gewichtet nach Wohnform und Geschlecht

Die beliebtesten Freizeitaktivitäten lassen sich unterschiedlichen Kategorien zuordnen: „Aktives", „Soziales", „Erholung", „etwas erschaffen/reparieren", „Passives". (Angehende) Care Leaver*innen verbringen ihre Freizeit vielfältig und nutzen die Bandbreite, die Freizeit bietet, umfassend aus. Durch die Ergebnisse wird ein erster Eindruck gewonnen, was junge Menschen als Freizeit definieren.

Die größten Unterschiede zwischen Personen, die zum Zeitpunkt der Einwilligung zur Teilnahme an der CLS-Studie in Pflegefamilien oder in einer Einrichtung gelebt haben, zeigen sich bei den folgenden Aktivitäten: „Reisen", „Ehrenamt", „Werkeln", „Streamen", „Ausgehen", „Kultur rezipieren" und „Sport". All diese Freizeitaktivitäten werden mehr von jungen Menschen in Pflegefamilien gemacht. Beide Gruppen setzten sich gleichermaßen in ihrer Freizeit für die Umwelt ein oder engagieren sich politisch.

Keine Person gab an, keiner Freizeitaktivität gerne nachzugehen. Die Range der Anzahl von Freizeitaktivitäten reicht von 1 bis 17 von 20 Freizeitaktivitäten. Im Durchschnitt werden 8,9 Freizeitaktivitäten gerne gemacht. Junge Menschen aus Pflegefamilien haben mit einem Durchschnitt von 9,8 etwas mehr Freizeitaktivitäten, die sie gerne machen, als junge Menschen aus Einrichtungen mit einem Durchschnitt von 8,4.

Freizeitorte

Tabelle 41, Orte an denen (angehende) Care Leaver*innen ihre Freizeit verbringen

	Einrichtung[1] (n = 485)	Pflegefamilie[1] (n = 251)	Gesamt[2] (n = 736)
Mit anderen in zum Beispiel einem Verein, in einer Organisation oder Initiative	28,1 %	47,2 %	32,4 %
Mit anderen außerhalb zum Beispiel eines Vereins, Organisation, Initiative	66,1 %	79,5 %	69,2 %
Alleine	62,6 %	67,8 %	63,7 %
In der Schule[3]	36,8 %	43,1 %	38,3 %
Bei Angeboten der Einrichtung/Wohngruppe[4]	60,9 %		

Quelle: CLS-Studie, Welle 1a 2023; [1]gewichtet nach Geschlecht, [2]gewichtet nach Wohnform und Geschlecht, [3]nur Schüler*innen (n = 412), [4]nur Befragte, die zum Zeitpunkt der Befragung in Einrichtungen gelebt haben (n = 445)

Freizeit wird hauptsächlich gemeinsam „mit anderen außerhalb von Organisationen oder Vereinen" oder „allein" verbracht. Betrachtet man allerdings die Anzahl derer, die ihre Freizeit organisiert in festen, teils verbindlichen Strukturen verbringen, so sinkt der Anteil etwa um die Hälfte. Richtet man hier den Blick auf die Angaben von jungen Menschen aus Pflegefamilien und Einrichtungen, ist zu erkennen, dass junge Menschen aus Pflegefamilien häufiger ihre Freizeit (auch) organisiert verbringen, wohingegen junge Menschen aus Einrichtungen dies weniger tun.

38,3 Prozent derjenigen, die zur Schule gehen, verbringen ihre Freizeit (auch) in der Schule. Unterscheidet man junge Menschen aus Pflegefamilien und aus Einrichtungen, so zeigt sich, dass junge Menschen aus Pflegefamilien mit 43,1 Prozent häufiger ihre Freizeit (auch) im schulischen Kontext verbringen als junge Menschen aus Einrichtungen mit 36,8 Prozent. Schule wird nicht nur als rein formaler Bildungsort gesehen, sondern mehr als ein Drittel verbringen auch einen Teil ihrer Freizeit dort. Dies unterstreicht, dass Schule nicht nur als formaler Bildungsort und somit auf die klassische Bildungsteilhabe Einfluss hat, sondern junge Menschen auch in ihrer Interessensbildung und der Entwicklung einer Identität und eines Lebensstils unterstützen kann.

Gefühlte Benachteiligung in der Freizeitgestaltung

Allgemein fühlen sich 71,1 Prozent der (angehenden) Care Leaver*innen genauso gutgestellt gegenüber anderen jungen Menschen in ihrem Alter, die nicht in einer Einrichtung oder in Pflegefamilien leben. 15,5 Prozent fühlen sich eher bessergestellt, und 13,4 Prozent fühlen sich eher schlechtergestellt.

Die Unterscheidung nach Wohnform zeigt:

- Pflegefamilie: 81,2 Prozent der (angehenden) Care Leaver*innen fühlen sich genauso gutgestellt gegenüber anderen jungen Menschen in ihrem Alter, die nicht in einer Einrichtung oder in Pflegefamilien leben. 14,2 Prozent fühlen sich eher bessergestellt und 4,6 Prozent fühlen sich eher schlechtergestellt.
- Einrichtung: 68,1 Prozent der (angehenden) Care Leaver*innen fühlen sich genauso gutgestellt gegenüber anderen jungen Menschen in ihrem Alter, die nicht in einer Einrichtung oder in Pflegefamilien leben. 15,9 Prozent fühlen sich eher bessergestellt, und 16,0 Prozent fühlen sich eher schlechtergestellt.

Es wurden auch Gründe für eine gefühlte Benachteiligung erhoben. Die Teilnehmenden konnten aus einer Liste Gründe auswählen, aber auch offene Angaben dazu machen. Als Gründe für eine gefühlte Benachteiligung wurden hauptsächlich „weniger Geld“ mit 64,6 Prozent, „mehr Aufgaben im Haushalt“ mit 40,5 Prozent, „strengere Regeln“ mit 39,3 Prozent und „weniger Bekannte“ mit 38,6 Prozent angegeben. „Fehlende Unterstützung“ wurde von 23,1 Prozent als Benachteiligungsgrund angegeben. 20,0 Prozent gaben (auch) an, dass sie andere Gründe für die Benachteiligung sehen. Diese sind beispielsweise aus schlechten Erfahrungen entstandene Vertrauensprobleme oder negative Reaktionen und Vorurteile von Dritten gegenüber Personen, die in Pflegefamilien oder Einrichtungen aufwachsen. Aber auch als umständlich empfundene Abstimmungsprozesse mit Betreuer*innen oder Pflegeeltern werden als Benachteiligungsgrund angegeben.

Unterstützung der Freizeitgestaltung durch Pflegeeltern beziehungsweise Betreuer*innen

Um seine Freizeit zu gestalten, braucht es gelegentlich Anregung, Motivation oder Zuspruch von anderen Personen. Vor allem aber sind einige Freizeitaktivitäten mit finanziellem Aufwand (Equipment, passende/spezifische Kleidung) verbunden oder liegen mit öffentlichen Verkehrsmitteln schwer erreichbar an Orten, die junge Menschen ohne Unterstützung von Erwachsenen nicht erreichen würden. In diesem Kontext zeigt die folgende Grafik die wahrgenommene Unterstützung durch Pflegeeltern beziehungsweise Betreuer*innen bei der Freizeitgestaltung.

Abbildung 13, wahrgenommene Unterstützung bei Freizeitgestaltung durch Pflegeeltern beziehungsweise Betreuer*innen

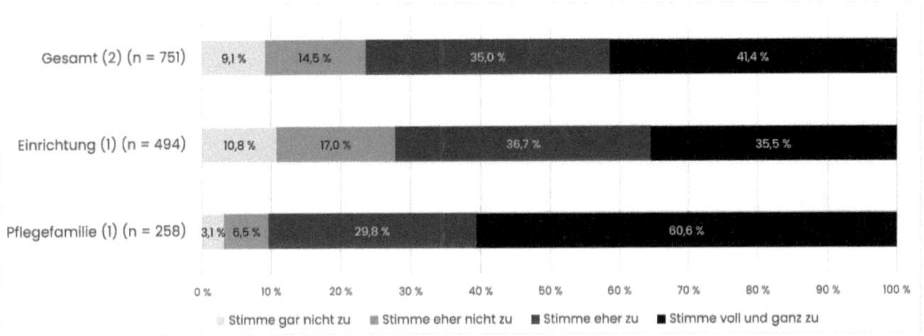

Quelle: CLS-Studie, Welle 1a 2023; (1)gewichtet nach Geschlecht, (2)gewichtet nach Wohnform und Geschlecht

Auffällig ist, dass junge Menschen aus Pflegefamilien sich zu 90,4 Prozent „voll und ganz“ oder „eher“ bei der Freizeitgestaltung von ihren Pflegeeltern unterstützt fühlen, wohingegen dies bei jungen Menschen aus Einrichtungen bei knapp 20 Prozentpunkten weniger der Fall ist. Ebenfalls bemerkenswert ist, dass sich insgesamt über 20 Prozent „eher nicht“ oder „gar nicht“ von ihren Pflegeeltern oder Betreuer*innen bei der Freizeitgestaltung unterstützt fühlen. Inwiefern dies eine Teilhabebarriere darstellt (oder von den jungen Menschen keine Unterstützung gewünscht ist), bleibt es im Verlauf der Studie zu überprüfen.

Über freie Zeit selbst entscheiden können

Trotz wichtiger Anregung und Unterstützung von Erwachsenen sollten junge Menschen selbstbestimmt entscheiden können, was sie in ihrer Freizeit gern tun möchten. Unterstützung kann auch in Einmischung übergehen oder als bevormundend wahrgenommen werden, beispielsweise, wenn Erwachsene nicht verstehen, dass manchen jungen Menschen Bewegung und Sport keinen Spaß macht, wobei es ihnen selbst doch so viel Freude bereitet.

Bei Antworten auf die Frage „Wie häufig können Sie selbst entscheiden, was Sie in Ihrer freien Zeit machen?“ gibt es keine Unterschiede zwischen jungen Menschen, die in Einrichtungen oder Pflegefamilien leben. Insgesamt gaben 62,9 Prozent an, dass Sie „immer“ selbstständig entscheiden können, was sie in ihrer freien Zeit machen. 31,1 Prozent gaben an, dass sie „oft“ selbstständig entscheiden können. Nur 5,0 Prozent gaben an, dass sie „manchmal“ oder „selten“ selbstständig entscheiden können. Keine Person gab an, dass sie „nie“ selbstständig entscheiden kann, wie sie ihre freie Zeit verbringt. Das Ergebnis, dass etwa ein Drittel nicht immer selbstständig entscheiden können, was sie in ihrer Freizeit machen, muss vor dem Hintergrund, dass Freizeit eine Zeit ist, in der Personen sich ausprobieren, experimentieren und Selbstbestimmung erfahren sollen, als einschränkend interpretiert werden.

Fazit

Junge Menschen in den Hilfen zur Erziehung gehen gerne einem breiten Spektrum an Freizeitaktivitäten nach – durchschnittlich etwa neun verschiedenen. Bei der Unterstützung der Freizeitgestaltung durch Pflegeeltern oder Betreuer*innen gibt es bedeutende Unterschiede. Junge Menschen in Pflegefamilien fühlen sich zu etwa 90 Prozent von ihren Pflegeeltern unterstützt, wohingegen junge Menschen aus Einrichtungen sich zu etwa 18 Prozentpunkte weniger von ihren Betreuer*innen unterstützt fühlen. Es zeigt sich ebenfalls, dass junge Menschen nicht immer selbst entscheiden können, was sie in ihrer freien Zeit machen. Weniger als zwei Drittel können immer selbst bestimmen, was sie in ihrer Freizeit machen. Die Teilhabedimension Freizeit ist eine, in der junge Menschen Vorteile, aber auch Benachteiligung erfahren können. Gründe für Benachteiligung sind unter anderem strengere Regeln, weniger Geld oder weniger Unterstützung. Die Gründe für Vorteile werden in der nächsten Befragungswelle erfasst.

Die Teilhabedimension Freizeit bietet zahlreiche weitere Analysemöglichkeiten. In Bezug auf den Aufbau und die Stabilität von Netzwerken können die Ergebnisse aus dem Bereich „soziale Beziehungen“ herangezogen werden. Ergebnisse aus dem Bereich „Finanzen“ können spannende Hinweise darauf geben, wie der Zusammenhang der finanziellen Ressourcen und der Freizeitgestaltung bei (angehenden) Care Leaver*innen ist und sich vor allem über die Zeit hinweg verändert. Darüber hinaus wird zu beobachten sein, ob und wie sich mit einem Wechsel des Wohnorts – Auszug aus der Jugendhilfe, aber auch eventuelle Wechsel von Stadt und Land – die Freizeitaktivitäten ändern. Nicht zuletzt hat der Schulkontext einen Effekt auf die Wahl der Freizeitaktivitäten (Berngruber/Gaupp/Langmeyer-Tornier 2021).

Literatur

Berngruber Anne/Gaupp, Nora/Langmeyer-Tornier, Alexandra (2021): Datenreport 2021. Ein Sozialbericht für die Bundesrepublik Deutschland. Bonn: Bundeszentrale für politische Bildung, S. 80–86.

Harring, Marius (2018): Freizeit und informelles Lernen. In: Harring, Marius/Witte, Matthias D./Burger, Timo (Hrsg.): Handbuch informelles Lernen. Interdisziplinäre und internationale Perspektiven. Weinheim und Basel: Beltz Juventa, S. 455–478.

Harring, Marius (2022): Die Rolle von Freizeit im Prozess des Erwachsenwerdens. In: Berngruber Anne/Gaupp, Nora (Hrsg.): Erwachsenwerden heute. Lebenslagen und Lebensführung junger Menschen. Stuttgart: Kohlhammer, S. 239–252.

Opaschowski, Horst W./Preis, Michael (2008): Freizeit, freie Zeit, Muße und Geselligkeit. In: Coelen, Thomas/Otto, Hans-Uwe (Hrsg.): Grundbegriffe Ganztagsbildung. Das Handbuch, Wiesbaden: VS Verlag für Sozialwissenschaften, S. 422–431.

Santen, Eric van/Tully, Claus (2022): Ökonomische Aspekte des Erwachsenwerdens. In: Berngruber, Anne/Gaupp, Nora (Hrsg.): Erwachsenwerden heute. Lebenslagen und Lebensführung junger Menschen. Stuttgart: Kohlhammer, S. 91–102.

Resilienz und Sense of Coherence als Grundlage für Handlungsbefähigung

Mike Seckinger, Eric van Santen

Handlungsbefähigung wird als eine „Schlüsselkompetenz erster Ordnung" (Höfer et al. 2017, S. 173) beschrieben, die es Menschen ermöglicht, selbstbewusst und neugierig und eher optimistisch auf neue, überraschende, eventuell auch schwierige Herausforderungen zugehen zu können. Sie erleichtert es, Ressourcen zu erkennen und zu nutzen sowie Ambivalenzen ausbalancieren zu können (ebd., S. 173). Handlungsbefähigung kann somit als ein wichtiger Faktor auf der persönlichen Ebene dafür angesehen werden, dass Teilhabe hinsichtlich der unterschiedlichen Teilhabedimensionen gelingen kann (Grundmann 2006).

Im Rahmen der CLS-Studie wird deshalb untersucht, in welchem Ausmaß die jungen Menschen über Resilienz und Sense of Coherence verfügen. Beide Konzepte beschreiben mit unterschiedlichen Schwerpunkten die persönlichen Fähigkeiten, mit Anforderungen des Lebens umzugehen. Die beiden Konzepte sind aus unterschiedlichen Forschungstraditionen hervorgegangen.

Resilienz und Sense of Coherence

Resilienz wird drei Funktionsweisen zugeordnet: Resistenz, also die Widerständigkeit gegenüber bestimmten Stressoren, Regeneration, also die Fähigkeit, sich von Belastungen zu erholen und in den Alltag zurückzufinden, und Rekonfiguration als die Kompetenz, sich widrigen Umweltbedingungen anzupassen, also Stressoren nicht mehr als Stressoren zu erleben (Lenz 2023, S. 420). Resilienz wird als ein dynamisches Konzept verstanden. Sie entwickelt sich prozesshaft, kann je nach Lebensphase und nach Situation mal größer und mal kleiner sein (Reinelt/Schipper/Petermann, 2016).

Zur Erhebung der Resilienz wurde eine in klinischen Kontexten getestete Skala, nämlich die RS-13 (Leppert et al. 2008) eingesetzt. Die RS-13 wurde ausgewählt, weil sie mit 13 Items eine vertretbare Länge für eine Studie hat, die nicht nur auf Resilienz fokussiert und sich als besser als die RS-11 erwiesen hat, Resilienz zu erfassen (Leppert et al. 2008). Die RS-13 erhebt Resilienz als Zweifaktorenmodell. Der erste Faktor ist die „persönliche Kompetenz" und der zweite Faktor die „Akzeptanz des Selbst und des Lebens". Man kann diese Operationalisierung insofern kritisieren, als sie Faktoren wie Beziehungsqualität zu signifikanten Erwachsenen, soziale Unterstützung, Strategien der Krankheitsbewältigung oder das Konzept der familiären Resilienz (Walsh 2016) nicht berücksichtigt. Auch Ungar und Theron (2020) weisen auf den interaktionellen Charakter der Resilienz hin und stellen fest, dass eine gesunde Entwicklung durch die Interaktion zwischen verschiedenen Systemen im Umfeld eines Individuums begünstigt wird. Das Konzept der Resilienz verweist also auf mehr als auf ein persönliches Merkmal von Individuen. Die Skala zur Resilienz wird in der CLS-Studie eingesetzt, obwohl die gemessene Resilienz auf Aussagen zu individuellem Verhalten, Einstellungen und Umgang mit Herausforderungen beruht, weil diese auch als die aktuelle Folge der Umweltinteraktionen verstanden werden können. RS-13 ermöglicht einerseits den Vergleich mit der Allgemeinbevölkerung und stellt andererseits ein anerkanntes Instrument zu quantitativer Erfassung von Resilienz dar.

Das zweite in der CLS-Studie verwendete Konstrukt zur Handlungsbefähigung, der Sense of Coherence (SOC), ist einer der zentralen Bestandteile des Konzepts der Salutogenese von Antonovsky (1979; 1987), das als ein Gegenmodell zur Pathogenese verstanden werden kann. Gesundheit und Krankheit werden in diesem Konzept nicht als sich ausschließende Kategorien, sondern als Kontinuum („Health Ease – Dis-Ease", HEDE-Kontinuum) konzipiert. Das Modell erklärt nicht Gesundheit oder Krankheit, sondern die Bewegung von Menschen auf dem Kontinuum in eine positive oder negative Richtung (Faltermeier 2023). Der Kohärenzsinn steht im Zentrum der von Antonovsky beschriebenen Widerstandsressourcen, die dem Menschen helfen, mit widrigen Umständen zurechtzukommen und sich dabei möglichst weit auf dem HEDE-Kontinuum in Richtung Gesundheit zu bewegen. Für die Entwicklung eines hohen SOC sind zum einem die Verfügbarkeit unterschiedlicher Ressourcen (zum Beispiel materielle Ressourcen, soziale Beziehungen und Bindungen, Religion beziehungsweise stabile Überzeugungen) und zum anderen die Erfahrungen, die Menschen in der Bewältigung von Stress beziehungsweise Spannungssituationen machen, ausschlaggebend. Der SOC hängt davon ab, in welchem Ausmaß ein Mensch davon überzeugt ist, dass sein Leben im Prinzip verstehbar, sinnvoll und zu bewältigen ist (ebd.; Bengel/Lyssenko 2012, S. 19 f.). Dies sind auch die Dimensionen, die durch die SOC-Skala abgebildet werden: (1.) Verstehbarkeit („sense of comprehensibility"), also die Überzeugung, dass das eigene Leben verstehbar, kognitiv klar und strukturiert (nicht chaotisch) ist., (2.) Bewältigbarkeit beziehungsweise Handhabbarkeit („sense of manageability"), also die Zuversicht, dass die Anforderungen und Belastungen im Laufe des Lebens im Wesentlichen zu bewältigen sind, sowie (3.) das Gefühl der Sinnhaftigkeit („sense of meaningfulness"), also das Grundgefühl, dass das eigene Leben sinnvoll ist und die auf einen zukommenden Anforderungen es wert sind, dafür Energie zu investieren.

Die Originalskala zur SOC hat 29 Items. In der CLS-Studie wird die Leipziger Kurzskala (SOC-L9) verwendet, die mit neun Items deutlich kürzer ist, aber dennoch gute Testeigenschaften aufweist (vgl. Schumacher et al. 2000). Wie auch bei Schumacher et al. (2000), weisen in der CLS-Stichprobe die Korrelationen zwischen den Dimensionen „Verstehbarkeit", „Handhabbarkeit" und „Sinnhaftigkeit" hohe Werte auf, weshalb der SOC als Generalfaktor und nicht in seinen drei einzelnen theoretischen Dimensionen zu interpretieren ist.

Im Folgenden werden erste Ergebnisse zu Resilienz und Sense of Coherence dargestellt. Sie geben einen Eindruck davon, dass in vertiefenden Analysen, die insbesondere durch die Wiederholungsbefragungen möglich werden, großes Potenzial liegt sowohl hinsichtlich eines besseren Verständnisses der besonderen Herausforderungen der befragten Personen als auch hinsichtlich der Beantwortung der Fragen, mit denen sich die Praxis auseinandersetzen könnte, um die Teilhabechancen dieser Menschen zu verbessern.

Ergebnisse

Die RS-13-Skala weist für alle Befragten der CLS-Studie einen Durchschnittswert von 68,9 bei einer Standardabweichung von 11,9 aus. Ein Vergleich zwischen den jungen Menschen, die zum Befragungszeitpunkt bei einer Pflegefamilie leben, und denjenigen, die in einer Einrichtung leben, zeigt, dass der Wert auf der RS-13 bei denjenigen in einer Pflegefamilie mit 71,6 (SD 9,8) gegenüber 68,1 (SD 12,3) bei denjenigen in Einrichtungen signifikant höher ist (p = 0,000). Ob dies ein Hinweis darauf ist, dass junge Menschen in einer Pflegefamilie höhere Resilienzwerte entwickeln können als in einer Einrichtung oder darauf, das junge Menschen, die in Einrichtungen leben, in ihrer Biografie höheren Belastungen ausgesetzt waren, lässt sich aus diesem Vergleich nicht ableiten und bedarf auch auf der Basis der Ergebnisse der weiteren Erhebungswellen vertiefter Analysen.

Um den Resilienzwert der CLS-Stichprobe einordnen zu können, werden zwei Vergleichswerte herangezogen. Der erste Vergleichswert ist der Durchschnittswert der sieben unterschiedlichen Stichproben, an denen Leppert et al. (2008) die Skala überprüft haben. Diese Stichproben umfassen in Summe 2.671 Personen mit einem Anteil an Frauen von knapp 56 % und einem Durchschnittsalter von „46,6 Jahren (SD 17,04)" bei den Frauen und „47,84 Jahren (SD 16,11)" (ebd.) bei den Männern. Der größte Anteil der Befragten stammt aus einer repräsentativen Bevölkerungsstichprobe (n = 1.940), die anderen Personen wurden in medizinischen Kontexten befragt. Der durchschnittliche Gesamtwert für die RS-13-Skala beträgt 70 bei einer Standardabweichung von 12[1] (ebd.) und liegt damit höher als der durchschnittliche Gesamtwert RS-13 bei den (zukünftigen) Care Leaver*innen der CLS-Studie (68,9; SD 11,9). Auf der Ebene der Einzelitems finden sich bei den Items „Ich kann mehrere Dinge gleichzeitig bewältigen" und „Ich behalte an vielen Dingen Interesse" die größten Negativabweichungen

1 In der Veröffentlichung wurden keine Nachkommastellen angegeben.

und bei dem Item „Ich kann es akzeptieren, wenn mich nicht alle Leute mögen“ die größte Positivabweichung (vgl. Tabelle 42) in der CLS-Stichprobe. Das bedeutet also, die befragten (angehenden) Care Leaver*innen trauen sich hinsichtlich der gleichzeitigen Bewältigung mehrerer Dinge sowie beim Dranbleiben an einem Thema, für das sie schon einmal Interesse entwickelt haben, weniger zu. Hinsichtlich der Akzeptanz, nicht von allen geliebt zu werden, erreichen sie hingegen höhere Werte. Sie signalisieren hiermit eine größere Unabhängigkeit vom Urteil anderer Menschen. Aber insgesamt ist es aufgrund des großen Altersunterschieds zwischen den beiden Befragungsgruppen sowie der relativ langen Zeitspanne zwischen den Erhebungen schwierig, die Werte direkt zu vergleichen.

Tabelle 42, Ergebnisse der RS-13 Skala (Einzelitems) in der CLS-Studie und bei Leppert et al. 2008

	CLS-Studie			**Leppert et al. 2008**	
	n	**Mittelwert**	**SD**	**Mittelwert**	**SD**
Wenn ich Pläne habe, verfolge ich sie auch.	= 752	5,67	1,336	5,57	1,34
Normalerweise schaffe ich alles irgendwie.	= 756	5,57	1,365	5,54	1,21
Ich lasse mich nicht so schnell aus der Bahn werfen.	= 752	4,85	1,687	4,97	1,5
Ich mag mich.	= 753	5,11	1,875	5,32	1,39
Ich kann mehrere Dinge gleichzeitig bewältigen.	= 755	4,82	1,666	5,48	1,29
Ich bin entschlossen.	= 753	5,35	1,497	5,31	1,31
Ich nehme die Dinge, wie sie kommen.	= 752	5,38	1,591	5,26	1,38
Ich behalte an vielen Dingen Interesse	= 756	5,21	1,51	5,55	1,2
Normalerweise kann ich eine Situation aus mehreren Perspektiven betrachten.	= 752	5,38	1,59	5,47	1,32
Ich kann mich auch überwinden, Dinge zu tun, die ich eigentlich nicht machen will.	= 755	4,97	1,52	5,57	1,34
Wenn ich in einer schwierigen Situation bin, finde ich gewöhnlich einen Weg heraus.	= 756	5,26	1,423	5,54	1,21
In mir steckt genügend Energie, um alles zu machen, was ich machen muss.	= 754	5,07	1,654	4,97	1,5
Ich kann es akzeptieren, wenn mich nicht alle Leute mögen.	= 755	5,89	1,571	5,23	1,39

Quelle: CLS-Studie, Welle 1a 2023; gewichtet nach Geschlecht und Wohnform; Leppert et al. 2008; keine Angaben zu n auf der Ebene der Einzelitems

Der durchschnittliche Skalenwert der SOC-L9 liegt bei den Studienteilnehmenden der CLS-Studie bei 42,1 mit einer Standardabweichung von 9,6 und damit niedriger als die Normstichprobe von Schumacher et al. (2000), die einen durchschnittlichen Wert von 48,90 bei einer Standardabweichung von 8,6 berichten.

Auch eine aktuellere Erhebung in Deutschland (vgl. Lin/Bieda/Margraf 2020) kommt zu höheren SOC-L9 Werten (Mittelwert 49,91) (SD 8,17).[2] Der Vergleich zwischen den jungen Menschen, die zum Befragungszeitpunkt bei einer Pflegefamilie lebten, und denjenigen, die in einer Einrichtung lebten, zeigt, dass der Wert der SOC-L9 bei denjenigen in einer Pflegefamilie mit 45,6 (SD 8,7) gegenüber 41,0 (SD 9,6) bei denjenigen in Einrichtungen signifikant höher ist ($p < = 0{,}001$).

Eine weitere Frage, die sich stellt, ist, ob sich in der CLS-Stichprobe Zusammenhänge zwischen Belastungen und der Ausprägung des Resilienzwertes sowie des Wertes auf der SOC-Skala zeigen lassen. Dieser Frage wurde anhand einer Reihe von ausgewählten Belastungen nachgegangen. Eine erste Gruppe von Belastungen bezieht sich auf das Vorhandensein einer Erkrankung. In der CLS-Studie wurden die jungen Menschen gefragt, ob bei ihnen eine körperliche, psychische oder Suchterkrankung vorliegt (vgl. Koop/Pokoj/van Santen 2025 in diesem Band). Hier zeigt sich, dass sowohl der Wert auf der RS-13-Skala als auch der SOC-Wert beim Vorliegen einer psychischen oder Suchterkrankung signifikant niedriger ist. Bei einer körperlichen Erkrankung gibt es keinen Zusammenhang (vgl. Tabelle 43). Bei denjenigen, die durch ihre Erkrankung Einschränkungen wahrnehmen, ist die Differenz des durchschnittlichen Gesamtwerts auf den beiden Skalen gegenüber denjenigen, die ihre Erkrankung nicht als mit Einschränkungen verbunden wahrnehmen, besonders groß (vgl. Tabelle 43).

Tabelle 43, Resilienz- und SOC-Werte (RS-13 bzw. SOC-L9) bei Vorliegen einer Erkrankung (Selbsteinschätzung)

		RS-13		SOC-L9	
Körperliche Erkrankung (n = 698)	vorhanden	67,9		41,4	
Körperliche Erkrankung (n = 698)	nicht vorhanden	69,2		42,2	
Psychische Erkrankung (n = 692)	vorhanden	65,1	signifikant	37,0	signifikant
Psychische Erkrankung (n = 692)	nicht vorhanden	71,4		45,2	
Suchterkrankung (n = 695)	vorhanden	66,9		38,8	signifikant
Suchterkrankung (n = 695)	nicht vorhanden	69,2		42,7	
Wahrgenommene Einschränkungen durch Erkrankung (n = 353)	ja	64,3	signifikant	36,5	signifikant
Wahrgenommene Einschränkungen durch Erkrankung (n = 353)	nein	70,7		43,1	

Signifikant ($p < = 0.05$); RS-13: Resilienzskala 13; SOC_L9 Leipziger Kurzskala; jeweils signalisieren niedrigere Werte eine geringere Ausprägung; RS-13 min = 13, max = 91; SOC_L9 min = 9, max = 63

Quelle: CLS-Studie, Welle 1a 2023; gewichtet nach Geschlecht und Wohnform

2 In beiden Stichproben (Schumacher et al. 2000 sowie Lin et al. 2020) ist das Durchschnittsalter deutlich höher als in der CLS-Stichprobe. In der Studie von Schumacher et al. (2020, S. 479) korrelieren die SOC-L9-Werte negativ mit dem Alter, das heißt, sie werden geringer mit zunehmendem Alter.

Eine zweite Gruppe von Belastungen, mit denen ein Teil der befragten jungen Menschen umzugehen hat, ist in der Tabelle 44 hinsichtlich des Zusammenhangs mit dem Resilienzwert und dem Wert auf der Skala zur Erfassung des Sense of Coherence dargestellt. Die ersten beiden Belastungen in der Tabelle 44 beziehen sich auf soziale Unterstützungsressourcen. Es zeigt sich, dass sowohl der Resilienzwert als auch der Wert auf der SOC-Skala bei einer entsprechenden Belastung auch im Vergleich zu den anderen Belastungen besonders niedrig ist. In der Stichprobe haben also diejenigen jungen Menschen besonders niedrige Werte auf den beiden Skalen, die sich manchmal oder häufig einsam fühlen, und diejenigen, die auf die Frage, ob sie denn bei Problemen eine Ansprechperson haben, mit „eher nein“ oder „nein“ antworten. Auch bei denjenigen, die sich in der Einrichtung oder bei der Pflegefamilie nicht zu Hause fühlen oder negative Erfahrungen bei Begegnungen mit anderen Personen aufgrund ihres Lebensortes in den Hilfen zur Erziehung machen, lassen sich signifikant niedrigere Werte auf den beiden Skalen feststellen.

Tabelle 44, Resilienz- und SOC-Werte (RS-13 bzw. SOC-L9) bei ausgewählten Belastungen

Belastungskonstellationen	Ausprägungen	RS-13		SOC-L9	
Ansprechperson bei Problemen vorhanden (n = 718)	stimmt eher nicht/ überhaupt nicht	63,1	signifikant	34,6	signifikant
	stimmt eher/voll und ganz	69,7		43,2	
Gefühl der Einsamkeit (n = 717)	manchmal oder häufig	63,7	signifikant	35,6	signifikant
	selten oder nie	71,9		46,0	
Fühlt sich zu Hause (n = 691)	ja	64,1	signifikant	38,3	signifikant
	nein	70,0		43,0	
Negative Erfahrungen bei Begegnungen aufgrund Unterbringung in der Jugendhilfe (n = 710)	überwiegend oder manchmal negativ	66,0	signifikant	38,7	signifikant
	überwiegend positiv	70,4		43,8	

Signifikant (p < = 0.05); RS-13: Resilienzskala 13; SOC_L9 Leipziger Kurzskala; jeweils signalisieren niedrigere Werte eine geringere Ausprägung; RS-13 min = 13, max = 91; SOC_L9 min = 9, max = 63

Quelle: CLS-Studie, Welle 1a 2023; gewichtet nach Geschlecht und Wohnform

Fazit

In der Summe zeigen diese ersten Auswertungen zu Resilienz und Sense of Coherence, die in einem engen Zusammenhang mit dem Konzept der Handlungsbefähigung stehen, dass es im Kontext der Hilfen zur Erziehung erforderlich ist, der Frage nachzugehen, wie Resilienz und der Kohärenzsinn gestärkt werden können. Denn die Auswertungen ergeben, dass die hier befragte Gruppe junger Menschen sowohl niedrigere Resilienz- als auch Sense of Coherence-Werte haben als Vergleichsgruppen und, was fast noch schwerwiegender ist, dass diejenigen innerhalb der Gruppe der (zukünftigen) Care Leaver*innen, die besondere Belastungen zu bewältigen haben, signifikant niedrigere Werte haben. Was bedeutet, dass sie weniger Ressourcen haben, mit diesen Belastungen umzugehen. Umso wichtiger erscheint es, diese Ressourcen zu stärken.

Literatur

Antonovsky, Aron (1979): Health, Stress and Coping. London: Jossey Bass.

Antonovsky, Aron (1987): Unraveling the Mystery of Health. London: Jossey Bass.

Bengel, Jürgen/Lyssenko, Lisa (2012): Resilienz und psychologische Schutzfaktoren von Gesundheit im Erwachsenenalter. Köln: Bundeszentrale für gesundheitliche Aufklärung (BZgA).

Faltermaier, Toni (2023): Salutogenese. In: Bundeszentrale für gesundheitliche Aufklärung (BZgA) (Hrsg.): Leitbegriffe der Gesundheitsförderung und Prävention. Glossar zu Konzepten, Strategien und Methoden. DOI 10.17623/BZGA:Q4-i104-3.0.

Grundmann, Matthias (2006): Sozialisation. Skizze einer allgemeinen Theorie. Konstanz: UTB.

Höfer, Renate/Sievi, Ylva/Straus, Florian/Teuber, Kristin (2017): Verwirklichungschance SOS-Kinderdorf. Handlungsbefähigung und Wege in die Selbstständigkeit. Sozialpädagogischen Institut des SOS-Kinderdorf e. V., Opladen: Verlag Barbara Budrich.

Lenz, Albert (2023): Resilienz als dynamischer Prozess. In: Behzadi, Asita/Lenz, Albert/Neumann, Olaf/Schürmann, Ingeborg/Seckinger, Mike (Hrsg.): Handbuch Gemeindepsychologie. Community Psychology in Deutschland. 1. Aufl. Tübingen: dgvt, S. 417–442.

Leppert, Karena/Koch, Benjamin/Brähler, Elmar/Strauß, Bernhard (2008): Die Resilienzskala (RS)– Überprüfung der Langform RS-25 und einer Kurzform RS-13. In: *Klinische Diagnostik und Evaluation,* H.1, S. 226–243.

Lin, Muyu/Bieda, Angela/Margraf, Jürgen (2020): Short Form of the Sense of Coherence Scale (SOC-L9) in the US, Germany, and Russia Psychometric Properties and Cross-Cultural Measurement Invariance Test. In: *European Journal of Psychological Assessment*, H. 36 (5), S. 796–804, DOI 10.1027/1015-5759/a000561.

Mikutta, Christian/Schmid, Julia J./Ehlert, Ulrike (2022): Resilience and Post-traumatic Stress Disorder in the Swiss Alpine Rescue Association. In: *Front. Psychiatry,* H. 13. DOI: 10.3389/fpsyt.2022.780498.

Reinelt, Tilman/Schipper, Marc/Petermann, Franz (2016): Viele Wege führen zur Resilienz. Zum Nutzen des Resilienzbegriffs in der Klinischen Kinderpsychologie und Kinderpsychiatrie. In: *Kindheit und Entwicklung*, H. 25, S. 189–199.

Schumacher, Jörg/Wilz, Gabriele/Gunzelmann, Thomas/Brähler, Elmar (2000): Die Sense of Coherence Scale von Antonovsky. Teststatistische Überprüfung in einer repräsentativen Bevölkerungsstichprobe und Konstruktion einer Kurzskala. In: *Psychotherapie Psychosomatik Medizinische Psychologie*, H. 50, S. 472–482.

Ungar, Michael/Theron, Linda (2020): Resilience and mental health: how multisystemic processes contribute to positive outcomes. In: *Lancet Psychiatry*, H. 7, S. 441–448. DOI 10.1016/S2215-0366(19)30434-1.

Walsh, Froma (2016): Strengthening Family Resilience (3. Auflage). New York: Guilford Press.

Fachlicher Ausblick: Teilhabe (angehender) Care Leaver*innen

Katharina Brüchmann, Mike Seckinger, Wolfgang Schröer

Dieser Band bietet einen Einblick in die Lebenslagen von jungen Menschen, die einen Teil ihres Lebens in der Kinder- und Jugendhilfe gelebt haben.[1] Es wird ihre Teilhabe (Brüchmann/Schäfer 2025 in diesem Band und Brüchmann et al. 2025) beleuchtet und dabei auch ihre Zukunftswünsche sowie die Unterstützung, die sie erhalten, um diese zu verwirklichen. Die Studie belegt, dass die Care Leaver*innen durchaus hohe, aber nicht übersteigerte Ambitionen für ihre Zukunft haben: Die Ergebnisse zeigen, welchen Schulabschluss sie anstreben, welche Berufe sie erlernen möchten und wie sie wohnen möchten. Dabei blicken sie durchaus positiv in die Zukunft und sind zuversichtlich, dass sich ihre Wünsche realisieren.

Die Ergebnisse verdeutlichen aber vor allem, dass Care Leaver*innen keine homogene Gruppe darstellen. Ihre Lebensentwürfe und -formen sind so vielfältig – vielfach wie die aller jungen Menschen. Sie streben verschiedene Berufe an, pflegen unterschiedliche soziale Beziehungen und gehen einer Vielzahl unterschiedlicher Hobbys und Freizeitaktivitäten nach.

Gemeinsam ist den Befragten allein, dass sie kurz vor dem Verlassen der Kinder- und Jugendhilfe stehen oder mehrheitlich dies in absehbarer Zeit tun werden. Der Übergang aus einer Pflegefamilie oder einer Einrichtung birgt Risiken für die zukünftige Teilhabe, wenn Unterstützung nicht weitergeführt wird, die materielle Situation ungeklärt bleibt oder die Wohnsituation nicht gesichert ist. Internationale Studien haben gezeigt, dass Care Leaver*innen in diversen Teilhabebereichen Risiken ausgesetzt sind und soziale Benachteiligung erfahren.

Der Prozess des Leaving Care fällt mit wichtigen Übergängen in anderen Lebensbereichen zusammen. Das junge Erwachsenenalter (Stauber/Walther 2018) ist generell geprägt durch eine Reihe von Umbrüchen, Veränderungen und Statusübergängen: Der Übergang von der Schule in die Ausbildung und später in den Beruf, die Gründung eines eigenen Haushaltes, die Entscheidung für oder gegen Beziehungs- und Lebenskonzepte, mitunter Heirat und Familiengründung, können mit dem Verlassen der Pflegefamilie oder Einrichtung zeitgleich stattfinden. Diese Übergänge weisen Chancen, aber ebenfalls Risiken auf, und sie haben insgesamt Folgen auf die Teilhabe junger Menschen: Misslingen etwa Übergänge in eine Ausbildung, kann dies Folgen für die spätere Erwerbstätigkeit

1 Mit den Daten der Erhebungswelle 1a der CLS-Studie liegen Angaben von 757 Erstbefragten vor, die in den Analysen, die diesem Band zugrunde liegen, berücksichtigt wurden.

haben. Werden junge Menschen wohnungslos, wirkt sich dies benachteiligend auf sämtliche anderen Teilhabedimensionen aus (Henke 2025, S. 99 ff.). Care Leaver*innen haben somit neben den allgemeinen Anforderungen, die alle jungen Menschen generell beim Übergang ins Erwachsenenalter meistern müssen, weitere Herausforderungen zu bewältigen, die sich aber insgesamt auf ihre Teilhabe auswirken können.

Die Kumulation von Benachteiligungen und Ausschlüssen aus unterschiedlichen Teilhabebereichen wie dem Bildungssystem, dem Arbeits- oder Wohnungsmarkt oder dem Gesundheitssystem kann sich auch zersetzend auf die Teilhabemöglichkeiten der jungen Menschen auswirken. Wolff und De-Shalit (2007) sprechen von „corrosive disadvantages", wenn Benachteiligungen und Ausschlüsse aus mehreren Teilhabedimensionen nicht nur situativ zusammentreffen, sondern sich gegenseitig beeinflussen und zerstörerisch auf die gesamte Lebenslage auswirken (ebd., S. 121). Einer Kumulation von Ausschlüssen aus elementaren Teilhabebereichen der Gesellschaft und somit einer Lebenslage von „corrosive disadvantages" können Care Leaver*innen umso eher ausgesetzt sein, wenn Übergänge ins eigenständige Leben nicht abgesichert sind, elementare Aspekte sozialer Sicherheit wie Wohnen und materielle Sicherheit ungeklärt sind und mit Umbrüchen und Unsicherheiten in anderen Lebensbereichen zusammentreffen (Henke 2025, S. 100). Care Leaver*innen sind dieser Konstellation jedoch nicht einfach ausgeliefert. Sie begegnen ihnen einerseits mit ihren Stärken, ihrem Können und Wollen und sind anderseits darauf angewiesen, dass sie auf (Infra-) Strukturen zurückgreifen können, die sie in ihrem Übergang stärken und ihnen Möglichkeitsräume eröffnen.

Gleichzeitig zeigen die ersten Auswertungen der CLS-Studie zu Resilienz und Kohärenzsinn, die eng mit dem Konzept der Handlungsbefähigung verbunden sind (Höfer et al. 2017; Straus/Höfer 2025), dass im Kontext der Hilfen zur Erziehung untersucht werden muss, wie Resilienz und Kohärenzsinn gestärkt werden können. Die in der CLS-Studie befragten jungen Menschen weisen niedrigere Resilienz- und Kohärenzwerte auf als Vergleichsgruppen, wobei besonders psychisch oder gesundheitlich belastete zukünftige Care Leaver*innen nochmal signifikant niedrigere Werte aufweisen. Dies bedeutet, dass sie weniger Ressourcen haben, um mit diesen Belastungen umzugehen. Daher ist es wichtig, diese Ressourcen und ihre Handlungsbefähigung insbesondere auch durch Beteiligung und soziale Unterstützung zu stärken, um einem möglichen Prozess der „corrosive disadvantages" in der alltäglichen Lebensbewältigung etwas entgegenzusetzen.

Im Folgenden werden darüber hinaus noch einmal zentrale Dimensionen von Teilhabe getrennt herausgestellt, die zur weiteren Diskussion in der Fachpolitik, in der Fachöffentlichkeit, aber auch mit Care Leaver*innen anregen sollen. Dabei handelt es sich um eine erste Auswahl. Die Reihenfolge orientiert sich an den Beiträgen zur Soziodemografie der Studienteilnehmenden und der Ergebnisdarstellung entlang der Teilhabedimensionen in diesem Buch.

Wer sind die Studienteilnehmenden? Soziodemografische Informationen

Die Studienteilnehmenden sind zum Befragungszeitpunkt zwischen 16 und 21 Jahre alt, wobei drei Viertel zwischen 16 und 19 Jahre alt sind. Das Durchschnittsalter derjenigen, die in einer Pflegefamilie wohnen, ist etwas niedriger als das derer, die in einer Einrichtung wohnen. Es ist statistisch davon auszugehen, dass sich also die Mehrzahl der Befragten an der Schwelle des Leaving Care oder bereits mittendrin befindet. Der Anteil an Care Leaver*innen, die nicht in Deutschland geboren sind, ist erwartungsgemäß in betreuten Wohnformen mit 13,3 Prozent deutlich höher als in Pflegefamilien mit 2,0 Prozent. Für alle Teilnehmenden gilt, dass bei drei Vierteln die Mutter und bei zwei Dritteln der Vater in Deutschland geboren wurde. Bei einem Fünftel der Teilnehmenden ist ein oder sind beide Elternteil(e) verstorben.

Bemerkenswert hinsichtlich der Geschlechtszuordnung, weil diese in der Fachdiskussion bisher wenig Beachtung findet, ist die Differenz zwischen dem amtlichen Geschlechtseintrag und dem sozialen Geschlecht. Legt man die Angaben zum sozialen Geschlecht zugrunde, so sinkt der Anteil weiblicher Personen in der Gruppe der Care Leaver*innen von 43,1 Prozent auf 39,3 Prozent. Ein auffallendes Ergebnis der CLS-Studie ist auch, dass der Anteil der Teilnehmenden, die sich der LSBTIQ+-Community zuordnen, deutlich über dem gesellschaftlichen Durchschnitt der Altersgruppe in Deutschland liegt.

Fast jede*r elfte Teilnehmende hat eine amtliche Schwerbehinderung attestiert. Der Anteil an jungen Menschen mit einer anerkannten Schwerbehinderung ist in Pflegefamilien deutlich höher als in Einrichtungen und in beiden deutlich höher als im bundesweiten Durchschnitt.[2] Dieses Ergebnis ist von daher insbesondere beachtenswert, da die Studie nicht die Eingliederungshilfe einschließt und nicht alle jungen Menschen – im Sinne einer Gesamtzuständigkeit der Kinder- und Jugendhilfe, wie sie aktuell diskutiert wird – berücksichtigt hat. Mit anderen Worten: Die Kinder- und Jugendhilfe begleitet junge Menschen mit Behinderungen bereits in einem größeren Umfang als es häufig angenommen wird.

Etwas über die Hälfte der Befragten (54,5 %) gehen auf eine Schule, und etwas mehr als ein Fünftel (21,4 %) absolvieren eine berufliche Ausbildung. Der Anteil derjenigen, die studieren, ist mit 0,8 Prozent bisher gering, was sich auch aus dem Lebensalter der Studienteilnehmenden erklärt. Die anderen sind entweder arbeitssuchend (4,0 %), absolvieren ein Berufsgrund- oder Berufsvorbereitungsjahr (6,5 %), machen einen Freiwilligendienst (2,6 %), nehmen an einer

2 Gemäß der online abzurufenden Tabelle des Statistischen Bundesamtes beträgt der Anteil bei den 15- bis 18-Jährigen 2,1 Prozent und bei den 18- bis 25-Jährigen 2,4 Prozent (Destatis 2024).

Maßnahme der Arbeitsagentur teil (2,2 %), sind berufstätig (2,9 %) oder machen etwas anderes (5,0 %).

Aufwachsen in einer Pflegefamilie oder Einrichtung – Stärken und Vorteile

In ihrem aktuellen Lebensumfeld der Pflegefamilie oder Einrichtung fühlen sich die meisten jungen Menschen (83,8 %) zu Hause. Sie verfügen fast durchgehend über ein eigenes, abschließbares Zimmer und können über die Gestaltung des Zimmers mitbestimmen. Sie haben in der Regel (95,3 %) einen Zugang zu WLAN und können somit am digitalen Leben teilhaben. Auch wenn mehrheitlich die Lebenssituation in diesem Sinne positiv beschrieben wird, darf nicht übersehen werden, dass fast jede sechste Person in einer Einrichtung sich dort nicht zu Hause fühlt. Bei jungen Menschen in Pflegefamilien ist dies lediglich bei knapp drei Prozent der Fall. Dieses Ergebnis ist ebenso hervorzuheben wie die Tatsache, dass fast die Hälfte der Befragten nicht länger als drei Jahre an ihrem jetzigen Ort leben.

Care Leaver*innen können durch die Bedingungen des Aufwachsens bei einer Pflegefamilie oder in einer Wohngruppe etc. Stärken entwickeln. Auf die Frage, welche Stärken sie entwickelt haben, wurde am häufigsten darauf hingewiesen, dass sie sich ein starkes Selbstbewusstsein zuschreiben und sich auch im Vergleich zu Altersgenoss*innen als sozial kompetent erleben. Die Fähigkeit zur selbstständigen Lebensführung wird in den Antworten ebenso hervorgehoben. Die Ergebnisse zeigen bei einer großen Stichprobe, dass ein Aufwachsen außerhalb des Elternhauses von den jungen Menschen selbst auch mit der Entwicklung spezifischer Stärken verbunden wird. Bei den Antworten in Bezug auf die Vorteile des Aufwachsens in einer Pflegefamilie oder Einrichtung wird der Vergleich mit der vorherigen Lebenssituation sichtbar. Die Teilnehmenden betonen insbesondere die verlässliche Infrastruktur und die Sicherheit sowie Verlässlichkeit in Bezug auf die alltäglichen Abläufe sowie die emotionale und lebenspraktische Unterstützung.

Eigenständiges Wohnen wird angestrebt, heißt aber nicht, ohne Unterstützung zu leben

Die meisten jungen Menschen möchten nach der Kinder- und Jugendhilfe eigenständig wohnen. Bei der Befragung konnten sie Mehrfachangaben zu potenziellen Wohnmöglichkeiten angeben und äußerten verschiedene Wünsche. Selbstständige Wohnformen erhielten den höchsten Zustimmungswert: 81,9 Prozent möchten alleine, in einer Wohngemeinschaft oder mit ihrer*m Partner*in leben. 45,0 Prozent bevorzugen Wohnformen, die keine Selbstständigkeit darstellen. Sie möchten in der Kinder- und Jugendhilfe verbleiben, in einer anderen betreuten Wohnform leben oder mit ihren leiblichen Eltern zusammenleben. Dabei geben knapp 20 Prozent der Befragten an, dass sie in einer Einrichtung der Jugendhilfe oder einer anderen betreuten Wohnform leben möchten. Wie genau sich die Unterstützungswünsche und Wohnformen darstellen, werden die weiteren Erhebungen zeigen. Ob dies den Wunsch nach einem Verbleib in der Kinder- und Jugendhilfe oder nach weiterer, auch ambulanter Begleitung ausdrückt, kann gegenwärtig aus den Daten noch nicht genau differenziert werden.

Über 12 Prozent der (angehenden) Care Leaver*innen wünschen sich, nach dem Auszug aus der Wohngruppe etc. oder der Pflegefamilie bei ihren Eltern einziehen zu können. Dieser Anteil verweist darauf, dass auch bei Care Leaver*innen Einrichtungen und Pflegefamilien – soweit die jungen Menschen es wünschen – die Zusammenarbeit mit Eltern gestalten sollten, wollen sie für die jungen Menschen alle Wege offenhalten.

Die Teilnehmenden sind zu einem sehr hohen Anteil zuversichtlich (90,3 % entweder sehr oder eher zuversichtlich), ihre Wohnwünsche realisieren zu können. Zu ihrer Zuversicht trägt sicherlich bei, dass sie sich darin unterstützt fühlen.

Hinsichtlich der Vorbereitung auf den Übergang, insbesondere den Auszug aus der Kinder- und Jugendhilfe, gibt es jedoch deutlichen Verbesserungsbedarf. Denn die jungen Menschen fühlen sich zwar überwiegend gut auf die Haushaltsführung vorbereitet, die Vorbereitung auf den Umgang mit Finanzen oder Behörden sowie die allgemeine Vorbereitung auf den Auszug bewerten sie jedoch als weniger gut. Da sowohl der Umgang mit Behörden als auch ökonomische Kompetenzen elementare Aspekte der sozialen Sicherung für Care Leaver*innen und ihre Eigenständigkeit darstellen, sollte diesen Bereichen mehr Aufmerksamkeit geschenkt werden.

Die Verwirklichung von Mitbestimmung variiert

Mitbestimmung ist ein zentrales Recht junger Menschen, verankert in der UN-Kinderrechtskonvention und in Bezug auf die spezifische Situation der (angehenden) Care Leaver*innen im SGB VIII weiter ausgeführt. Grundsätzlich gilt, junge Menschen müssen an allen Entscheidungen, die sie betreffen, beteiligt und ihre Selbstorganisationen gefördert werden. Mitbestimmung umfasst alltägliche und perspektivische sowie organisationale Entscheidungen: In Einrichtungen kann dies die Gestaltung des Speiseplans oder des Zimmers betreffen. Es geht aber auch um die Einflussnahme auf Hilfeentscheidung und wichtige Fragen der Zukunftsgestaltung. Mitbestimmung umfasst ebenfalls die Beteiligung von Heimräten oder Selbstorganisationen an organisationalen Zukunftsentscheidungen, die Einbindung in die Kinder- und Jugendhilfeplanung in der Region oder die Beteiligung bei der Heimaufsicht auf Länderebene (Loh 2023).

Bei alltagsnahen Entscheidungen ergeben die Antworten der CLS-Befragten ein gemischtes Bild. Sie können fast alle bei der Gestaltung ihrer Räume (97,1 %) und bei der Essensplanung (94,9 %) mitbestimmen. Bei der für Jugendliche und junge Erwachsene hingegen so wichtigen Teilhabe an Onlineaktivitäten sind die Mitbestimmungsmöglichkeiten für einen erheblichen Anteil beschränkt. So können nur noch 84,5 Prozent bei den Regeln zur Nutzung von Mobiltelefonen mitreden, es bleibt also mehr als jeder*m Sechsten verwehrt. Bei der Entscheidung über die Ausgestaltung der organisationalen Regeln zur WLAN-Nutzung ist der Anteil derer, die nicht mitentscheiden können, mit 39,8 Prozent noch größer. Insbesondere junge Menschen in Einrichtungen werden bei diesen Themen häufiger in ihren Beteiligungsrechten beschnitten.

Hinsichtlich des Einbezugs bei wichtigen perspektivischen Entscheidungen zeigt sich, dass zwar fast alle sich zumindest bei der einen oder anderen wichtigen Entscheidung einbezogen fühlen, ein vor dem Hintergrund der eindeutigen Rechtsnorm jedoch erschreckend niedriger Anteil, nämlich nur 46,5 Prozent, stimmt der Aussage zu, bei allen wichtigen Entscheidungen beteiligt zu sein. Was eine wichtige Entscheidung ist, haben die jungen Menschen für sich selbst definiert.

Im SGB VIII ist der § 36 mit „Mitwirkung, Hilfeplanung" überschrieben. Mit der Betonung der Mitwirkung durch die Nennung in der Überschrift zu dieser gesetzlichen Regelung verdeutlicht der Gesetzgeber die doppelte Bedeutung des Hilfeplanverfahrens. Es ist einerseits Aushandlungsort, an dem zwischen Fachkräften und Adressat*in ausgehandelt wird, durch welche Hilfe die gewünschte Veränderung erreicht werden kann, und damit auch integraler Bestandteil des perspektivischen Hilfeprozesses selbst. Deshalb ist im SGB VIII auch ausdrücklich festgehalten, dass die Hilfeplanung verständlich und nachvollziehbar gestaltet werden muss, damit junge Menschen vollumfänglich beteiligt werden. Andererseits ist die Hilfeplanung auch ein Prozess, an dessen Ende ein Verwaltungsakt erlassen wird, der die rechtliche Grundlage für die Durchführung der vereinbarten Leistung(en) darstellt. Es scheint so, dass dieser zweite Teil des Hilfeplanverfahrens ein besonderes Gewicht hat. Nur 55,8 Prozent der Befragten stimmten der Aussage uneingeschränkt zu, dass sie in den Hilfeplangesprächen ihre Sorgen und Ängste einbringen konnten, weitere 32,0 Prozent taten dies mit Einschränkungen. Auch bestätigen nur 52,3 Prozent (voll und ganz), dass sie Einfluss darauf hatten, was im Hilfeplan über sie geschrieben wird. Einfacher scheint es hingegen bei der Platzierung der ihnen wichtigen Themen zu sein, denn hier ist die uneingeschränkte Zustimmungsrate höher (76,0 %), ebenso bei der Frage danach, ob ihre Zukunftspläne in den Hilfeplan aufgenommen wurden (75,0 %).

Angesichts dessen, dass es sich in dieser Befragung um jugendhilfeerfahrene junge Menschen handelt und die allermeisten bereits an mehreren Hilfeplangesprächen teilgenommen haben dürften, ist der niedrige Anteil derjenigen, die uneingeschränkt zustimmen, ein deutlicher Hinweis darauf, dass Hilfeplanverfahren in Bezug auf die Beteiligung junger Menschen weiterhin verbessert werden müssen.

Ombuds- und Beschwerdestellen haben im letzten Jahrzehnt innerhalb der Kinder- und Jugendhilfediskussion stetig an Bedeutung gewonnen. Sie sind ein wichtiger Baustein in den Schutzkonzepten und sollen dazu beitragen, dass junge Menschen ihre Rechte verwirklichen können. Die Ergebnisse zeigen, dass nicht allen jungen Menschen, die sich über die Situation in ihrer Pflegefamilie oder Einrichtung beschweren möchten, eine Beschwerdestelle genannt wurde. Fast ein Viertel der Befragten können sich nicht daran erinnern, dass ihnen eine Beschwerde- oder Ombudsstelle genannt wurde. Besonders Care Leaver*innen aus Pflegefamilien bekommen seltener eine Beschwerdestelle genannt, wissen seltener, wo sie sich beschweren können, und tun dies seltener als jene in Einrichtungen. Bei ihnen gibt es allerdings auch weniger häufig einen Anlass, sich zu beschweren. 13,3 Prozent der Befragten gaben an, dass ihre Beschwerde völlig ohne Wirkung geblieben ist.

Bildungs- und Berufsaspirationen sind hoch

53,1 Prozent der Care Leaver*innen wollen eine Hochschulzugangsberechtigung erreichen (Abitur oder Fachabitur). Sie strahlen damit eine deutliche Zuversicht aus und haben quasi die gesellschaftlichen Normalitätserwartungen für sich übernommen. Dies steht in einem gewissen Spannungsverhältnis zu den empirischen Befunden, die darauf hinweisen, dass weiterführende Bildungsaspirationen nur selten zureichend in der Kinder- und Jugendhilfe gefördert werden (Arns et al. 2019 oder Köngeter/Mangold/Strahl 2016; Strahl 2019; Momm 2024). Der größte Anteil der Befragten fühlte sich im Erreichen des angestrebten Bildungsabschlusses durch Pflegeeltern oder Mitarbeiter*innen in der Einrichtung unterstützt (60,3 % voll und ganz, 29,1 % eher unterstützt).

(Angehende) Care Leaver*innen gehen deutlich weniger einem Nebenjob nach als Gleichaltrige in der Bevölkerung. Hier fehlt ihnen nicht nur ein Erfahrungsraum für Berufswahlentscheidungen, sondern auch eine im Jugendalter wichtige Quelle für finanzielle Unabhängigkeit.

Zum Zeitpunkt der ersten Welle befanden sich die wenigsten Befragten bereits in oder nach einer beruflichen Ausbildung. Es wurde deshalb ein Schwerpunkt darauf gelegt, mehr über ihre Perspektiven auf den bevorstehenden Übergang in das Arbeitsleben zu erfahren. Ein wichtiger Aspekt, insbesondere in Bezug auf die eigene Handlungsfähigkeit, ist, inwiefern sie ein Erreichen ihrer beruflichen Ziele Faktoren zuordnen, auf die sie Einfluss haben oder denen sie einfach ausgeliefert sind. Es zeigt sich, dass die mit Abstand höchsten Zustimmungswerte bei den Faktoren genannt werden, die sie selbst beeinflussen können, nämlich dem eigenen Einsatz (72,7 %) und den eigenen Kenntnissen und Fähigkeiten (50,0 %). Faktoren wie gute Kontakte (25,2 %), wirtschaftliche und politische Bedingungen (19,9 %) sowie Glück (10,7 %) erhalten hingegen erheblich niedrigere Zustimmungswerte.

Eine Bildungs- und Berufswegebegleitung erscheint geradezu zwingend erforderlich, soweit beachtet wird, dass kaum ein*e Care Leaver*in beim Verlassen der Pflegefamilie oder der Wohngruppe ihren*seinen Bildungsweg oder eine berufliche Qualifizierung bereits abgeschlossen haben wird.

Ökonomische Selbstständigkeit wird angestrebt, bleibt aber fragil

Die Befragten verfügen über eigene finanzielle Mittel, die sich aus dem ihnen gesetzlich zustehenden Taschengeld, Leistungen nach dem Bundesausbildungsfördergesetz, der Berufsbeihilfe, (Halb-)Waisenrente und Einkünften aus Nebenjobs, beruflicher Ausbildung und Arbeit speisen. Die Ergebnisse zeigen, dass die Befragten durch eigenes Sparen ökonomische Autonomie anstreben und regelmäßig einen Teil ihres Einkommens zurücklegen. Schulden hingegen hat fast keine*r der Befragten zu diesem Zeitpunkt angegeben.

Fast 81 Prozent verfügen über ein eigenes Bankkonto, der Anteil steigt mit zunehmendem Alter an. 59,2 Prozent fühlen sich gut auf ihre wirtschaftliche Selbstständigkeit vorbereitet. Dieser Wert ist mit Blick auf die Altersstruktur der Befragten gering. Gleichzeitig erscheint der Anteil an Anlaufstellen, die sie (ähnlich den jungen Menschen, die in Familien aufwachsen) haben, mit denen sie sich in Bezug auf ihre wirtschaftliche Selbstständigkeit beraten können, erstaunlich niedrig.

Gesundheitliche Selbsteinschätzung zeigt ein differenziertes Bild: Psychische Belastungen im Prozess des Care Leaving berücksichtigen

Die CLS-Studie erfasst die Selbsteinschätzung des Gesundheitszustands junger Menschen. Die Teilnehmenden bewerten ihren Gesundheitszustand überwiegend (68,5 %) als „gut“ oder „ausgezeichnet“, jedoch insgesamt schlechter als gleichaltrige Peers ohne Jugendhilfeerfahrung. Die Selbsteinschätzung zum Vorliegen chronischer oder länger anhaltender Erkrankungen fällt hoch aus. Besonders die Einschätzung der psychischen Belastungen übersteigt die Vergleichswerte dieser Altersgruppe. Junge Menschen in Einrichtungen berichten häufiger von chronischen Erkrankungen als jene in Pflegefamilien.

Wird gefragt, wie sehr eine körperliche, psychische oder Suchterkrankung den Alltag einschränkt, zeigt sich eine differenzierte Wahrnehmung. Eine Suchterkrankung führt nach der Selbsteinschätzung bei einem geringeren Anteil zu einer Einschränkung (31,5 %) als eine körperliche (53,9 %) oder psychische Erkrankung (66,5 %). Bei der Frage danach, welche Auswirkungen Erkrankungen auf die Teilhabe junger Menschen haben, sind also auch immer die hierdurch erlebten Einschränkungen mit abzufragen.

Insgesamt scheint es darum für die Kinder- und Jugendhilfe von besonderer Bedeutung zu sein, im Prozess des Leaving Care die gesundheitlichen Selbsteinschätzungen stärker zu berücksichtigen, da diese den Alltag der jungen Menschen zu einem nicht unbeträchtlichen Teil beeinflussen.

Soziale Beziehungen stärken und aufrechterhalten

Soziale Beziehungen zu Gleichaltrigen, unterstützenden Personen, leiblichen Eltern und Pflegefamilien nehmen eine wichtige Funktion in der Phase des Aufwachsens ein. Am häufigsten geben die Befragten der CLS-Studie eine Netzwerkgröße von zwei bis fünf Personen an. Insgesamt ist jedoch festzuhalten, dass im Vergleich zu anderen Studien deutlich wird, dass die Netzwerke der Befragten nicht kleiner sind als die von jungen Menschen, die nicht in Pflegefamilien oder Einrichtungen leben.

Peer-Beziehungen spielen für die Befragten eine wichtige Rolle: Freund*innen haben im Netzwerk die größte Bedeutung, gefolgt von Betreuer*innen und Pflegeeltern. In Einrichtungen folgen auf die Betreuenden die leiblichen Eltern, in Pflegefamilien werden Eltern als Bezugspersonen an vierter Stelle genannt.

Bemerkenswert ist, dass 3,5 Prozent der jungen Menschen in Einrichtungen keine Person haben, mit der sie wichtige Dinge besprechen könnten beziehungsweise würden. Hier wird Alleinsein unmittelbar sichtbar. In der Studie wurde auch direkt nach Einsamkeit gefragt, und es zeigt sich, dass das Gefühl der Einsamkeit nicht unmittelbar mit der Größe des Netzwerks zusammenhängt. Denn auch wer viele Kontakte hat, kann sich einsam fühlen.

Insgesamt erscheint es von großer Bedeutung, in den Folgeuntersuchungen genauer zu betrachten, welche Akteur*innen in den sozialen Beziehungen den Prozess des Leaving Care begleiten und welche sozialen Beziehungen nicht weitergeführt werden.

Beyond the peers – Freizeitangebote und Unterstützung in der Freizeitgestaltung haben eine große Bedeutung

Angehende Care Leaver*innen gehen vielfältigen Freizeitaktivitäten nach. Sie verbringen ihre freie Zeit aktiv, lassen sich von Neuem anregen und entspannen. Ihre Freizeit verbringen die jungen Menschen gern mit Peers, und sie fühlen sich bei der Freizeitgestaltung weitestgehend gleichgestellt mit Gleichaltrigen, die in ihrer Herkunftsfamilie aufwachsen. Die Schule spielt als Freizeitort außerhalb des formellen Unterrichts eine wichtige Rolle. Teilnehmende aus Pflegefamilien verbringen ihre Freizeit häufiger organisiert und stimmen eher zu, dass sie ihren Peers gleichgestellt sind. Dagegen fühlen sich Teilnehmende aus Einrichtungen in der Freizeitgestaltung weniger unterstützt.

Alterstypisch verbringen die meisten der Befragten ihre Freizeit entweder mit anderen außerhalb eines organisierten Settings (69,2 %) oder alleine (63,7 %). Ungefähr ein Drittel verbringt auch einen Teil der Freizeit in Vereinen oder anderen Organisationen. Diejenigen, die in einer Einrichtung leben, gaben am dritthäufigsten an, ihre Freizeit bei Angeboten der Einrichtung (60,9 %) zu verbringen.

Ein wenig überraschend mag sein, dass sich 15,5 Prozent der Befragten hinsichtlich ihrer Möglichkeiten zur Freizeitgestaltung gegenüber denjenigen, die bei den leiblichen Eltern aufwachsen, bevorteilt fühlen. Ein etwas geringerer Anteil (13,4 %) fühlt sich hingegen benachteiligt und begründet dies mit geringeren finanziellen Mitteln, mehr Aufgaben im Haushalt, strengeren Regeln, weniger Bekannten, fehlender Unterstützung und manchmal auch mit erlebten Stigmatisierungen.

Nicht nur zwei Untersuchungsorte – Unterschiede zwischen Pflegefamilien und Einrichtungen

In vielen Bereichen unterscheiden sich die Antworten junger Menschen in Pflegefamilien von denen in Einrichtungen. Diese Unterschiede scheinen den unterschiedlichen Hilfesettings und ihren strukturellen Bedingungen geschuldet. Das Aufwachsen in einer Einrichtung unterliegt anderen Rahmenbedingungen und pädagogischen Interventionen als das Leben in einer Pflegefamilie. Hilfeepisoden von angehenden Care Leaver*innen in Pflegefamilien beginnen im Durchschnitt bereits im Kindesalter, während junge Menschen in Einrichtungen meist erst seit dem Jugendalter dort leben. Pflegeverhältnisse weisen im Vergleich zu Aufenthalten in Einrichtungen eine größere Kontinuität auf – sie bieten jungen Menschen im Durchschnitt längere und stabilere Lebensverhältnisse als Einrichtungen. Gleichzeitig leben in Wohngruppen auch eine beachtliche Zahl junger Menschen im Jugendalter, die vorher in Pflegefamilien gelebt haben und eine andere Umgebung gesucht haben oder brauchten. Es sind – wie die Auswertung der Lebenslaufkalender der CLS-Studie zeigen wird – nicht nur zwei Untersuchungsorte, sondern es liegen auch Verflechtungen in den Verläufen vor, die wiederum zu reflektieren sind.

Zudem: Der Entscheidung, ob ein Kind oder ein*e Jugendliche*r in einer Pflegefamilie oder in einer Einrichtung aufwachsen soll, liegen Selektionsprozesse zugrunde, die das Alter des jungen Menschen, diagnostizierte gesundheitliche oder psychische Einschränkungen oder Einschätzungen zu den Interaktionsmustern der Kinder berücksichtigen.

Diese unterschiedlichen Voraussetzungen und Hilfesystematiken wirken sich darauf aus, welche Erfahrungen Care Leaver*innen machen, welche Ressourcen ihnen zur Verfügung stehen und welche Möglichkeiten zur Realisierung von Teilhabe ihnen eröffnet werden. Die Daten und die Selbstbeschreibung der jungen Menschen verdeutlichen dies. Diese unterschiedlichen Faktoren gilt es bei der Interpretation der Daten zu berücksichtigen.

Anstatt eines Schlusses: Kinder- und Jugendhilfe matters – CLS analysiert und forscht weiter

Die Ergebnisse der Befragungswelle 1a zeigen, dass Care Leaver*innen vielfältige positive und krisenhafte Erfahrungen machen und in unterschiedlichen Lebensbedingungen aufwachsen, die sowohl ihre aktuelle als auch ihre zukünftige Teilhabe beeinflussen. Die Befunde weisen auch darauf hin, dass die Teilhabe gefährdet sein kann: Psychische Belastungen, Einsamkeitsempfinden, prekäre Wohnverhältnisse und geringere Ressourcen der Handlungsbefähigung können kumulieren und sich zu einem zerstörerischen Prozess der „corrosive disadvantages" zuspitzen, der wiederum die jungen Menschen viel Kraft in der alltäglichen Lebensbewältigung kostet und ihre existenziellen Grundlagen bedrohen kann.

So wurde beispielsweise aufgezeigt, dass das Einsamkeitsempfinden der jungen Menschen höher war, wenn sie angaben, unter einer psychischen Erkrankung zu leiden. Junge Menschen, die sich durch ihre Erkrankung im Alltag eingeschränkt fühlten, gaben an, einen schlechteren allgemeinen Gesundheitszustand zu haben. Weitere Auswertungen können Erkenntnisse dazu liefern, welche Dimensionen der Teilhabe sich günstig oder negativ beeinflussen und ob ein Teil der jungen Menschen besonders gefährdet ist, mehrdimensional Benachteiligungen und somit „corrosive disadvantages" zu erfahren. Datenauswertungen wie Regressionsanalysen können Aufschluss darüber geben, welche Teilhabedimensionen sich wechselseitig beeinflussen. Zunächst ist dies im Querschnitt geplant, da die Auswertung von Längsschnittdaten erst mit mindestens drei Messzeitpunkten empfohlen wird.

Es erscheint aber schon jetzt ersichtlich, dass es zu kurz gesprungen ist, wenn die Kinder- und Jugendhilfe ihre weitere Unterstützung und Leistungen nur an die Persönlichkeitsentwicklung der jungen Menschen, wie in § 41 SGB VIII formuliert, bindet und Teilhabebarrieren im Wohnen, in Bildung, Ausbildung und Arbeit etc. nicht unmittelbar berücksichtigt. Dies kann dazu führen, dass die jungen Menschen die strukturellen sozialen Herausforderungen ihrer Teilhabe als Defizit ihrer Persönlichkeitsentwicklung kategorisieren müssen, wollen sie Leistungen in Anspruch nehmen. Insgesamt benötigt die Realisierung von Teilhabe ausreichend verfügbare Ressourcen und strukturelle Bedingungen, die es Care

Leaver*innen ermöglichen, die vielfältigen Entscheidungen auf ihrem Lebensweg immer wieder neu und mit anderen Menschen treffen zu können.

Die dargestellten Ergebnisse verdeutlichen ebenfalls, dass das *Wie* der Gestaltung des Hilfesettings – die Begleitung im Hilfeplanverfahren, die Bedingungen und das Klima in der Pflegefamilie, der Einrichtung, der Wohngruppe etc. – einen Unterschied macht und einen Einfluss auf die Teilhabe der jungen Menschen hat. Unterstützung, Beteiligung in den Verfahren und die Qualität der Pflegefamilie und Wohngruppe *matter*! Sie machen einen Unterschied für die Teilhabe junger Menschen.

Dieser ersten Ergebnisdarstellung folgen vertiefende Analysen der CLS-Studie – auch und gerade mit Care Leaver*innen –, die Zusammenhänge zwischen Teilhabedimensionen aufzeigen werden. Die vorliegenden Befunde zeigen bereits in einzelnen Bereichen Zusammenhänge auf. In den zweiten, 2024 abgeschlossenen Befragungen ergänzen weitere Erstbefragte das Panel, sodass zusätzliche Daten von Erstbefragten vorliegen werden. Die höhere Fallzahl trägt entscheidend zur Erhöhung der Reliabilität bei. Sie minimiert zufällige Fehler, verbessert die Genauigkeit der Schätzungen und erhöht die statistische Aussagekraft der Ergebnisse.

Mit den Lebenslaufkalendern der Befragten liegen Verlaufsdaten zur Wohn- und Unterbringungssituation, zum Bildungsweg und zu längeren Krankheitszeiten und Auslandsaufenthalten im Lebenslauf von Care Leaver*innen von der Geburt bis zur Erstbefragung vor. Mit Hilfe von Sequenzmusteranalysen, die zu den strukturentdeckenden Verfahren gehören (pattern recognition), sollen die Verlaufsdaten weiter untersucht werden und ähnliche Verläufe als Gruppen (Cluster) identifiziert werden. Sowohl typische Verlaufsmuster als auch die Heterogenität der Lebensverläufe werden anhand des Verfahrens sichtbar und können mit den übrigen Befragungsdaten in Verbindung gebracht werden.

Mit den Ergebnissen der nächsten Befragungswellen werden erste Daten im Längsschnitt vorliegen. Die Folgebefragungen führen die Erfassung der Lebensverläufe der Care Leaver*innen fort und geben Aufschluss darüber, wie sich die Wohn- und Lebensverhältnisse der jungen Menschen entwickeln, welche professionellen Hilfeangebote beim Übergang in eigenständige oder andere Wohnformen unterstützend wirken und wie sich die sozialen Beziehungen mit dem Prozess des Leaving Care verändern. Zudem verdeutlichen sie, welche Bildungsaspirationen die jungen Menschen verwirklichen, welchen Beruf sie erlernen, welche Teilhabechancen sich ihnen auf dem Arbeitsmarkt bieten und welche Rolle Faktoren wie der Gesundheitszustand, Resilienz, Kohärenzgefühl oder das Freizeitverhalten spielen.

Literatur

Arns, Melanie/Böttcher, Nastassia-Laila/Frey, Johanna/Lucka, Maria/Mangold, Katharina/Schröder, Julia (2019): Queere Familien. Eine Broschüre für sozialpädagogische Fachkräfte und Interessierte.

Brüchmann, Katharina/Lips, Anna/Schäfer, Dorothee/Schröer, Wolfgang (2025) (i. E.): Teilhabe und Leaving Care – Care Leaver Statistics (CLS) als Dateninfrastruktur der Kinder- und Jugendhilfe-Teilhabe-Forschung (i. E.).

Destatis (2024): Schwerbehinderte Menschen in Deutschland nach Geschlecht und Altersgruppen. URL: www.destatis.de/DE/Themen/Gesellschaft-Umwelt/Gesundheit/Behinderte-Menschen/Tabellen/schwerbehinderte-alter-geschlecht-quote.html (abgerufen am 16.01.2025).

Henke, Jutta (2025): Zerstörte Chancen und folgenreiche Brüche. In: Bundesjugendkuratorium, 2025 (Hrsg.): Junge Erwachsene und soziale Mobilität. Chancengerechtigkeit im jungen Erwachsenenalter in Zeiten des Fachkräftebedarfs. Stellungnahme des Bundesjugendkuratoriums.

Höfer, Renate/Sievi, Ylva/Straus, Florian/Teuber, Kristin (2017): Verwirklichungschance SOS-Kinderdorf. Handlungsbefähigung und Wege in die Selbstständigkeit. Unter Mitarbeit von Silke Heiland, Vicky Täubig und Angela Wernberger. Opladen, Germany: Verlag Barbara Budrich. URL: https://content-select.com/de/portal/media/view/58c7ba8a-b848-416a-8905-4d7db0dd2d03 (abgerufen am 16.01.2025).

Köngeter, Stefan/Mangold, Katharina/Strahl, Benjamin (2016): Bildung zwischen Heimerziehung und Schule. Ein vergessener Zusammenhang. Weinheim: Beltz Juventa

Loh, Robin (2023): Fachkräfte der Einrichtungsaufsicht und -beratung im Kontakt mit jungen Menschen. Ein Forschungsprojekt zur Qualitätsentwicklung von Beteiligungs- und Beschwerderechten in Einrichtungen der Kinder- und Jugendhilfe. Hildesheim: Universitätsverlag.

Momm, Manuela (2024): (Nicht) Jeder hat ein (Grund-)Recht auf Bildung!? Care Leaver und das Recht auf Bildung. In: *Zeitschrift für Sozialpädagogik ZfSp*, (1), S. 62–81.

Stauber, Barbara/Walther, Andreas (2018): Übergänge im Lebenslauf und Übergangsforschung. In: Otto, Hans-Uwe/Thiersch, Hans/Treptow, Rainer/Ziegler, Holger (Hrsg.) Handbuch Soziale Arbeit, 6. überarbeitete Auflage, München: Ernst Reinhardt Verlag, S. 1790–1802.

Strahl, Benjamin (2019): Heimerziehung als Chance? Weinheim: Beltz Juventa.

Straus, Florian/Höfer, Renate (2025): Handlungsbefähigung. Empirische Grundlagen zur Konstruktion von Zuversicht. Leverkusen: Verlag Barbara Budrich.

Wolff, Jonathan/De-Shalit, Avner (2007): Disadvantage. Oxford. Oxford University Press.

CLS-Langzeitstudie – Ein kurzer Ausblick

Verbund Care Leaver Statistics

Sowohl „Care Leaver*innen" mit ihren Organisationen als auch die Forschung zum Prozess des „Leaving Care" und die fachlichen Diskussionen um die dahinterliegenden Fragen des Aufwachsens und der Unterstützung von jungen Menschen haben in den letzten Jahren der Kinder- und Jugendhilfeentwicklung in Deutschland deutliche Impulse gegeben. So ist es wohl keiner Gruppe junger Menschen im Kontext der stationären Hilfen zur Erziehung in vergleichbarer Weise – wie den Care Leaver*innen – gelungen, darauf aufmerksam zu machen, dass der viel zitierte Satz in der Kinder- und Jugendhilfe: „Nicht über uns, sondern mit uns!" zukünftig für die Kinder- und Jugendhilfepolitik, aber auch in der Kinder- und Jugendhilfeforschung Beachtung finden soll. Beispielsweise hat der Careleaver e. V. bereits von Beginn an die Entwicklung der Studie „Care Leaver Statistics" unterstützt und begleitet.

In Deutschland liegt dennoch nur wenig sozialstatistisches Wissen über den Prozess des Leaving Care und die Teilhabe von Care Leaver*innen im jungen Erwachsenenalter vor (Erzberger et al. 2019; vgl. Einleitung zu diesem Buch). Eine sowohl partizipative als auch wissenschaftsbasierte fachliche Weiterentwicklung der Hilfen zur Erziehung und der Kinder- und Jugendhilfe im jungen Erwachsenenalter sowie der rechtlichen Regulierungen (Raabe/Thomas 2024) bedarf aber einer entsprechenden sozialstatistischen Grundlage.

Vor diesem Hintergrund rückt die CLS-Langzeitstudie die Fragen in den Mittelpunkt, wie junge Menschen, die in Pflegefamilien oder Wohngruppen etc. aufgewachsen sind, ihre Teilhabe gestalten (können) und wie sie dabei durch die Kinder- und Jugendhilfe, aber auch insgesamt durch sozialstaatliche und (aus-)bildungsbezogene Infrastrukturen, zivilgesellschaftliche Akteur*innen, Freund*innen und Familien unterstützt werden. Es werden dabei sowohl die Übergänge junger Erwachsener nach der Kinder- und Jugendhilfe beleuchtet als auch ihr weiterer Lebensverlauf in seiner sozialen Komplexität empirisch analysiert. Im Vordergrund steht die Frage: „Wie sehen Lebensverläufe und die Teilhabeformen von jungen Menschen aus, die zuvor als Jugendliche in Einrichtungen oder Pflegefamilien gelebt haben?"

Für die Weiterentwicklung der Kinder- und Jugendhilfe in Deutschland ist es von grundlegender Bedeutung, differenzierte Daten zu den unterschiedlichen Formen der stationären Erziehungshilfen sowohl in der institutionalisierten Form wie zum Beispiel Wohngruppen als auch zu Pflegefamilien-Settings zu haben. Angesichts der international geäußerten Kritik (vgl. zum Beispiel Stockholm Declaration on Children and Residential Care 2003) an institutionalisierten

Formen der Erziehung außerhalb der Familie jenseits von familienanalogen Settings ist eine trägerübergreifende Langzeitstudie in Deutschland überfällig.

So ist die CLS-Langzeitstudie auch für den internationalen Forschungsstand weiterführend, da es nur in wenigen Ländern eine vergleichbare differenzierte und etablierte Ausgestaltung der Formen stationärer Erziehungshilfen gibt. Gerade in denjenigen Ländern (zum Beispiel USA), in denen bisher vor allem Langzeitstudien durchgeführt wurden, sind und waren die jungen Menschen überwiegend in Pflegefamilien platziert. Entsprechend bezieht sich die Mehrzahl der Studien international auf das Aufwachsen in Pflegefamilien. Insgesamt werden in internationalen Studien die organisationale Pluralisierung und Ausdifferenzierung der stationären Erziehungshilfe zu wenig berücksichtigt.

Mit den vorliegenden ersten Ergebnissen deutet sich bereits an, welche Bedeutung die Ergebnisse auch für Einzelaspekte in der Ausgestaltung von stationären Erziehungshilfen, aber auch für die weitere Fachdiskussion und -politik, haben kann. Jenseits der Anschlüsse und Bestätigungen von Forschungsbefunden, die in diesem Buch vorgestellt wurden, wird die Auswertung in den folgenden Jahren noch weitere grundlegende Perspektiven analysieren.

Ein Beispiel ist der Aspekt der Care Changer*innen, wie es in der CLS-Studie genannt wird, also derjenigen jungen Menschen, die während ihres Hilfeverlaufs die Hilfeform wechseln. Insgesamt besteht eine umfassende Fachdiskussion zu kontinuierlichen und diskontinuierlichen Hilfeverläufen, ohne dass umfassend Daten zu Hilfeverläufen vorliegen und nachgezeichnet werden kann, ob junge Menschen, die Wechsel in den Hilfesettings erlebt haben, später in der sozialen Teilhabe im jungen Erwachsenenalter benachteiligt sind oder ob sich Unterschiede ausmachen lassen.

Die CLS-Langzeitstudie hat erst damit begonnen, Verlaufsdaten über den Lebensweg von jungen Menschen zu generieren, die Teile ihrer Jugend in außerfamiliären Unterbringungen der Kinder- und Jugendhilfe verbracht haben. Die ersten Ergebnisse geben sowohl Auskunft über bisherige Lebensverläufe als auch bereits erste Informationen für die weitere Ausgestaltung von Bildungs-, Arbeitsmarkt- und Sozialpolitik sowie wichtige Hinweise für die weitere Ausgestaltung der Angebote der Kinder- und Jugendhilfe. Damit wird ein neuer Weg in der Kinder- und Jugendhilfeforschung beschritten, der auch die Weiterentwicklung der gesetzlichen und fachlichen Rahmungen der Kinder- und Jugendhilfe datenbasiert begleiten kann. Auch die aktuellen (2025) rechtlichen und organisationalen Vorschläge auf dem Weg zu einem inklusiven SGB VIII sowie Novellierungsabsichten im SGB III beziehungsweise für die Jugendsozialarbeit (§ 13 SGB VIII) können und sollten entlang der Ergebnisse der vorgelegten und zukünftigen CLS-Erhebungen reflektiert werden.

In den folgenden Befragungswellen wird es mehr Hinweise darauf geben, wie sich Teilhabe am Übergang zwischen der Kinder- und Jugendhilfe und dem Erwachsenenleben gestaltet, aber auch zu massiven Belastungen der jungen

Menschen führen kann. Daraus kann abgeleitet werden, wie Übergänge junger Menschen besser begleitet werden können und welche Strukturanpassungen vorgenommen werden müssen. Die Frage nach sozialer Teilhabe im Sozialstaat hängt mit den sozialen Realisierungsmöglichkeiten in bereitgestellten Infrastrukturen zusammen. Daher können durchaus auch Änderungen im BAföG-Gesetz oder Initiativen im Aktionsplan für ein diverses, inklusives Gesundheitswesen des Bundesministeriums für Gesundheit im Kontext der CLS-Studie betrachtet werden. Eine Politik gegen Wohnungslosigkeit sollte sich auch auf die Problemlagen beziehen, die sich für Care Leaver*innen in der CLS-Studie diesbezüglich abbilden. Schließlich sollte die Forderung nach einem Rechtsstatus „Leaving Care" im Licht der Daten der CLS-Studie ebenfalls diskutiert werden.

Die Ermöglichung diskriminierungsfreier selbstbestimmter sozialer Teilhabe für alle jungen Menschen ist geltendes Bundesrecht entsprechend der UN-Kinderrechtskonvention und der UN-Konvention für die Rechte von Menschen mit Behinderungen. Langzeitstudien wie die CLS-Studie können mit ihren Ergebnissen einen Beitrag leisten, zu analysieren, wie dieses Recht der jungen Menschen verwirklicht wird.

Zum Schluss dieser ersten Darlegung von Ergebnissen kann noch keine grundlegende Einschätzung vorgenommen werden. Jede*r von Ihnen wird beim Lesen gemerkt haben, welches Potenzial in den Ergebnissen liegt und in den weiteren Ergebnissen liegen wird. Das CLS-Team würde sich freuen, wenn die Ergebnisse umfassend in die Kinder- und Jugendhilfeforschung und -diskussion aufgenommen werden. Dieser Band ist der erste Band, in dem wir einige Daten aus der CLS-Studie präsentieren, in den kommenden Jahren werden regelmäßig weitere Bände in dieser Reihe folgen.

Ein großer Dank gilt allen, die die CLS-Studie ermöglicht haben!

Literatur

Erzberger, Christian/Herz, Andreas/Koch, Josef/Lips, Anna/Santen, Eric van/Schröer, Wolfgang/Seckinger, Mike (2019): Sozialstatistische Grundlage sozialer Teilhabe von Care Leaver*innen in Deutschland. Datenreport auf der Basis der Erziehungshilfeforschung und repräsentativer Paneluntersuchungen. Hildesheim: Universitätsverlag Hildesheim.

Raabe, Benjamin/Thomas, Severine (2024): Rechte von Care Leaver*innen. Verfügbare Leistungen auf Betreuung, Begleitung und finanzielle Unterstützung im deutschen Sozialleistungssystem. Frankfurt am Main: IGfH-Eigenverlag.

Stockholm Declaration on Children and Residential Care (2003): Stockholm Declaration on Children and Residential Care https://resourcecentre.savethechildren.net/document/stockholm-declaration-children-and-residential-care-12-15-may-2003/ (abgerufen am 05.02.2025).

Abbildungs-/Tabellenverzeichnis

Abbildungen

Tabellen

Verbund Care Leaver Statistics

Deutsches Jugendinstitut (DJI), München

Das Deutsche Jugendinstitut (DJI) ist eines der größten sozialwissenschaftlichen Forschungsinstitute Europas mit Sitz in München. Seit über 50 Jahren erforscht es die Lebenslagen von Kindern, Jugendlichen und Familien. Dabei berät das Institut Bund, Länder sowie Kommunen und liefert wichtige Impulse für die Fachpraxis. Träger des Instituts ist ein gemeinnütziger Verein mit Mitgliedern aus Politik, Wissenschaft, Verbänden und Einrichtungen der Kinder-, Jugend- und Familienhilfe.

Website: www.dji.de

Gesellschaft für innovative Sozialforschung und Sozialplanung e. V. (GISS), Bremen

Die Gesellschaft für innovative Sozialforschung und Sozialplanung e. V. (GISS) ist ein gemeinnütziges und unabhängiges Forschungsinstitut mit Sitz in Bremen. Seit ihrer Gründung 1989 beschäftigt sie sich mit Forschungs- und Evaluationsvorhaben im nationalen und internationalen Kontext. Ihre Arbeitsschwerpunkte liegen in den Bereichen Wohnungsnotfallhilfen, Kinder- und Jugendhilfe, Arbeitsmarktpolitik, Gesundheit, Sucht und Migration. Sie berät öffentliche und freie Träger lösungs- und praxisorientiert in Prozessen der Projekt- und Organisationsentwicklung.

Website: www.giss-ev.de

Internationale Gesellschaft für erzieherische Hilfen (IGfH), Frankfurt

Die Internationale Gesellschaft für erzieherische Hilfen (IGfH) ist eine bundesweit und international tätige Fachorganisation der erzieherischen Hilfen mit Sitz in Frankfurt am Main. Sie versteht sich als Lobby im Dienste des Wohls und der Rechte von jungen Menschen. Ihre Wirkungsbereiche liegen vor allem auf dem Gebiet der Hilfen für Kinder und Jugendliche, die außerhalb der Herkunftsfamilie leben, sowie für deren Familien. Sie vertritt, ausgehend vom Lobbygedanken für junge Menschen in den Hilfen zur Erziehung, die Interessen junger Menschen und sozialpädagogischer Fachkräfte. Ziel der IGfH ist es, das Gesamtsystem der Kinder- und Jugendhilfe mit den betroffenen Menschen weiterzuentwickeln.

Website: www.igfh.de

Universität Hildesheim, Institut für Sozial- und Organisationspädagogik, Hildesheim

Das Institut für Sozial- und Organisationspädagogik der Universität Hildesheim ist eine im Feld der Erziehungshilfen national und international renommierte universitäre Forschungseinrichtung. Im Mittelpunkt der vielfältigen lokalen, bundesweiten und internationalen Forschungsprojekte, Kooperationen und Netzwerke des Instituts stehen insbesondere die Pflegekinderhilfe und die Heimerziehung. Schwerpunkte liegen auf der Übergangs-, Beteiligungs- und Adressat*innenforschung sowie auf Fragen der Selbstorganisation von Hilfeadressat*innen und Care Leaver*innen. Einen weiteren Fokus stellt die Weiterentwicklung und Anwendung partizipativer Forschungsansätze dar.

Website: www.uni-hildesheim.de

Autor*innen

Abou, Tanja, M. A., Institut für Sozial- und Organisationspädagogik der Universität Hildesheim. Kontakt: mitmachen@cls-studie.de

Brüchmann, Katharina, Master of Social Work, Gesellschaft für innovative Sozialforschung und Sozialplanung e. V. Kontakt: kb@giss-ev.de

Demant, Marie, Dipl., Internationale Gesellschaft für erzieherische Hilfen. Kontakt: marie.demant@igfh.de

Dönmez, Sibel, M. A., Deutsches Jugendinstitut e. V. Kontakt: doenmez@dji.de

Erzberger, Christian, Dr., bis Mai 2024 Gesellschaft für innovative Sozialforschung und Sozialplanung e. V. Kontakt: cerz@uni-bremen.de

Koch, Josef, Dipl., bis Oktober 2024 Internationale Gesellschaft für erzieherische Hilfen. Kontakt: josefmariakoch@web.de

Koop, Christian, M. A., Gesellschaft für innovative Sozialforschung e. V. Kontakt: ck@giss-ev.de

Lips, Anna, Dr., Institut für Sozial- und Organisationspädagogik der Universität Hildesheim. Kontakt: lipsan@uni-hildesheim.de

Petersen, Franziska, M. A., Gesellschaft für innovative Sozialforschung und Sozialplanung e. V. Kontakt: fp@giss-ev.de

Pokoj, Martina, M. A., Deutsches Jugendinstitut e. V. Kontakt: pokoj@dji.de

Radtke, Charlotte, B. A., bis Juli 2024 Gesellschaft für innovative Sozialforschung und Sozialplanung e. V. Kontakt: charlotte.radtke@gmail.com

Santen, Eric van, Dr., Deutsches Jugendinstitut e. V. Kontakt: santen@dji.de

Schäfer, Dorothee, M. A., Internationale Gesellschaft für erzieherische Hilfen. Kontakt: dorothee.schaefer@igfh.de

Schröer, Wolfgang, Prof. Dr., Institut für Sozial- und Organisationspädagogik der Universität Hildesheim. Kontakt: schroeer@uni-hildesheim.de

Schube, Maria, Dipl. (Fh), Universität Hildesheim. Kontakt: maria.schube@uni-hildesheim.de

Seckinger, Mike, Dr., Deutsches Jugendinstitut. Kontakt: seckinger@dji.de